THE DOUBLE GOAL COACH

ダブル・ゴール・コーチ

勝利と豊かな人生を手に入れるための指導法

ジム・トンプソン
鈴木佑依子 訳

TOYOKAN BOOKS

JIM THOMPSON

THE DOUBLE GOAL

刊行に寄せて

フィル・ジャクソン
（元ニューヨーク・ニックス球団社長
元シカゴ・ブルズ、ロサンゼルス・レイカーズ監督）

十一年前のある日、ＮＢＡ選手であり、友人でもあるリッチ・ケリーから電話がかかってきた。ジム・トンプソンの一冊目の本、*Positive Coaching* を郵送したから読んでみてほしいと。当時スタンフォード大学ＭＢＡプログラムを履修中だったリッチは、きっと気に入ると思う、本書のことをよいと思ったら、ジムに激励の言葉を一言送ってほしいという。

読んでみると、なるほど、確かに素晴らしい本だった。子供たちを指導するときには常にポジティブに接することが大切だという点は、至極まっとうなことのように思えたし、彼らと接する中で、そのよいところを見つけて褒めれば、やる気に満ちたアスリートに育つという点もその通りだと思った。

実を言うと、当時の私はチームのある選手とうまく意思疎通が取れないことがあり、悩んでいた。ある日、私の下でシカゴ・ブルズのアシスタントコーチを務めていたジョニー・バックが「ホーレス！」と若くて優秀なホーレス・グラントを呼び付けた。「イェス・サー（はい）！」とホーレスは答えた。ジョニーは第二次世界大戦で海軍少尉に就いていたことがあった。

ジョニーは彼に、「規律のために自らの体を張る気はあるか」と問いかけた。「イェス・サー（はい）！」とホーレスは答えた。「よし！ 今後、ジャクソン監督がチーム全体の利益のためにお前を（見せしめとして）使ったとしても、お前は耐えられるな?」「もちろんです、サー！」ホーレスは叫ぶように答えた。

その二人のやりとりは、まるで海兵隊のやりとりのようだったので、私は思わず笑ってしまったことを覚えている。

ホーレスが去ると「隊員の規律が乱れた際に叫ぶ相手が必要な場合は、ホーレスを規律徹底の手本として使うべきだ」とジョニーは進言してきた。それがどういうことを意味しているか、私もよく理解していた。1970年代前半にニューヨーク・ニックスがチャンピオンシップ争いの常連チームだった頃、私自身がチームのスケープゴート（身代わり人形）としてよく使われていたからだ。

私の場合は、自ら志願してそうなったわけではなかった。ある日、私はレッド・ホルツマン監督に問題提起し抗議した。すると、チームメイトだったデイブ・ディバッシャーは、私にこう言った。

「監督から注意されても、何も言い返さず、受け入れた方がいい。監督は誰かにチームのフラストレーションをぶつけないと気が済まないんだ。それがたまたま、お前なんだ」と。

その指導方法は私の指導スタイルとは異なっていたが、ホーレスには合っているようだった。彼はチームの中で、最もサインやタイムアウト明けのシーケンス（手順）を忘れる選手だったからだ。しかし、二度のリーグ優勝を経た3年後、「チームのための自己犠牲はもう卒業してもいいはずだ」と感じていたホーレスとの関わり方を変える必要が出てきた。そこで、本書でも紹介されているポジティブ・コーチングが関係再構築にうってつけの強壮剤となったのである。

そのときから、私はジムが説くポジティブ・コーチングのファンとなり、ポジティブ・コーチング・アライアンスPositive Coaching Alliance（ＰＣＡ）の創設に注目し始めた。

昨年の夏、光栄なことに同組織のスポークスパーソン就任をジムに要請され、喜んで引き受けた。アスリート指導のための新モデルを熱心に探し求めていた興味深い若者たちを、ＰＣＡがここまでの短期間で惹きつけることができたのは、特筆すべきことだと思う。ジムは過去一年間かけて、ＰＣＡの開発過程について、そしてポジティブ・コーチングのコンセプトを拡張したものを一冊の本にまとめ上げた。

この新作『ダブル・ゴール・コーチ』には、全米中のユーススポーツプログラムの監督や運営陣に対し大規模に実施されているＰＣＡワークショップで用いられる新しいコンセプトが多く含まれている。これらのコンセプトは、運営陣、保護者、監督、ユース選手たちに歓迎され、快く受け入れられているようである。

過去一年間を振り返ってみると、ユーススポーツの試合や練習で保護者や監督が感情を抑えきれず、問題を起こしてしまった痛ましい例が散見された。

いくつかの州では、ユーススポーツ活動中に怒りを発散する成人を罰する法律が施行された。このような事実を見ていくと、ポジティブ・コーチングを提唱するＰＣＡという組織は絶対に必要だと思えてくる。

ＰＣＡでは、スポーツマンシップが試されるような緊迫した場面で、監督がどうすべきかなどのモデルケースも扱っている。スポーツをする誰もが一度は経験するシチュエーションとして、試合終盤に勝敗の決定打となるような判定が審判により下されることがある。その判定によって負けたチームの選手や保護者は、怒りを感じる。そのようなときに監督はどうすべきか、ＰＣＡは監督のための打開策を編み出している。

ＰＣＡでは、監督は広義の「チーム」のリーダーとして位置付けており、監督がその場を沈静化させるべきだと考えている（中年の保護者を指導したり、彼らの面倒を見るためにユースの監督を引き受けたのではない、というのが監督の本音だろうが）。広義のチームには、否応なしに選手の保護者も含まれるというのが現実である。

スポーツマンシップを推進するために、ＰＣＡでは「競技に敬意を払う」というフレーズと、それを理解するためのキーワードとして、「ＲＯＯＴＳ（ルーツ）」という合言葉、すなわちRules（ルール）、Opponents（対戦相手）、Officials（審判）、Teammates（チームメイト）、Self（自分自身）を用いている。

ルールとは、競技のプレーおよび審査が公平に行われることを目的として設定されたもの。ＰＣＡに賛同する監督には、いかなるときもルールを遵守することが求められ、規則《ルール》を曲げたり、違反することは許されない。ルールの遵守は、競技および参加者の精神に敬意を払うことにつながる。

対戦相手に対しては、野次を飛ばすのではなく、敬意を払うべきである。ＰＣＡでは「対戦相手は、自分の実力を最大限引き出してくれるギフト」と捉えているからだ。

本書の中で、対戦相手に敬意を払うとどのような結果に結びつくか、ある例が挙げられているが、私はそれを立証することができる。

それは１９９０年のことだった。シカゴ・ブルズは、三試合連続でデトロイト・ピストンズに負けた。イースタン・カンファレンスの一回戦、二回戦、そして最後に決勝でも負けてしまったのだ。虚しさと悔しさに苛まれていた私たちにとって、（ラフプレーをすることで知られ）「バッド・ボーイズ」と呼ばれていた彼らに対し嫌悪感を抱くことは容易なことだった。

ピストンズとの試合では、選手全員がコートに乱入し乱闘騒ぎになったり、試合中に激しく押し倒されるなど派手なファウルが発生したり（わがチームの新星スコッティー・ピッペンが相手のファウルで脳震盪を起こしたこともあった）、何年も衝突が続いている状況だった。私たちは彼らに対し抑えきれない憤りを感じるようになっていたあまり、チームとして直感的に機能する力が低下してしまっていた。

そこで私は、ノースダコタ州とサウスダコタ州の先住民族ラコータ族から学んだことを実践してみた。ラコータ族にはクロウ族という天敵がいた。クロウ族と対戦するときには勇気、知恵、そしてチームワークを要するため、ラコータ族は彼らを勇敢な戦士だと認め、敬意を払っていた。私はその考え方を拝借することにした。

対立は、両部族の長所を最大限に引き出すことができる好機だ。物理的・身体的に当たりの強いピストンズに対し憤り、翻弄されることはやめ、その代わりに、強固な意志、打たれ強さ、そしてチームワークをもって試合に挑むことにしようと心に決め、実践した。そのようにピストンズの力を認めて敬意を払って自分たちらしく彼らに挑んだところ、私たちに軍配が上がったのだ。

本書の中で筆者ジム・トンプソンは、難しく思える競技スポーツおよびそのコーチングの道徳的・倫理的アプローチについて、誰にでもわかりやすい方法を多数紹介している。

コーチであれ、保護者であれ、組織運営者であれ、本書はユーススポーツに関わる誰にとっても有効なツールとなるだろう。本書を読むことにとどまらず、読者の皆さんが筆者の勧めるポジティブ・コーチングやその他のコンセプトの提唱者となってくれることを心より願っている。

序文

ユーススポーツにおいても吠える犬に注目するのではなく、「大きな絵」を捉えよう

私の一番好きな漫画『ファミリー・サーカス』の場面は、真夜中の主人公の自宅である。ペットのバーフィーは大声で吠えている。寝不足で不機嫌な父親は、ベッドから降りて、バーフィーを大声で叱る。バーフィーは落ち込み、肩を落とす。次のコマで作者はズームアウトし、読者は場面の全体像が見えるようになる。庭の隅には何も持たずに退散する泥棒の姿が見えるが、父親はそれに気付いていない……。

登場人物と異なり広い視野をもった私たち、すなわち「大きな絵」（絵全体）を見ることができる読者の視点からすると、犬は泥棒から家を守った英雄だということがわかる。一方で、「小さな絵」（絵の一部）しか見えていない漫画の中の父親は、安眠を妨害され、犬に対し怒りを感じている。

わかりやすいので、この漫画をユーススポーツの比喩として用いてみよう。ユースコーチや保護者の目の前には、多数の吠える犬がいる無数の「小さな絵」が現れる。このような「小さ

な絵」には、「大きな絵」を見えにくくする力が宿っていることも多い。

ユースポーツでいう「小さな絵」とは、子供の試合の結果だ。試合の勝敗、子供のプレーのよし悪し、試合後に笑うか泣くか、これらはすべて「小さな絵」にすぎないのである。

私たちが見るべき「大きな絵」とは、子供たちがその後の人生で成功を手に入れるため、または充実した生活を手に入れるためにどのような術をユーススポーツから得るかということである。

一生を通じてアクティブで居続けること、困難に直面しても諦めずに新たな決意をもち再挑戦し続けられるようになること、チームという組織の中でチームメイト同士支え合うことの喜びを実体験として感じ取ること。これらがユーススポーツから得られる「大きな絵」なのである。

「小さな絵」は非常に魅惑的で、「大きな絵」を覆い隠してしまう力があるからこそ、私はダブル・ゴール・コーチ・モデルを開発した。

試合で成功を収めたいという気持ちは誰にでもある。その気持ちを妥協することなしに「大きな絵」を見続ける方法としては、本書で紹介するダブル・ゴール・コーチ・モデルが今まで私が用いてきた数々の方法の中で最も効果的なものだと自負している。

ＰＣＡがそうしているように、本書では、ユーススポーツにおいて絶えず「大きな絵」に焦点を当て続けることの重要性を伝えたい。

目次

はじめに

コーチの影響力

英語の「coach（コーチ）」という言葉は、ある種の馬車を言い表すために、１５００年代に使用され始めた名詞である。それから派生した動詞「to coach」の元の意味は、「高貴な人物を、その人物がいる場所から、その人物が希望する場所まで運び届けること」であった。

――ロジャー・D・エバード
ジェイムズ・C・セルマン
Coaching and the Art of Management より

１９９８年にＰＣＡ（ポジティブ・コーチング・アライアンス）を創設して以来、子供たちがスポーツでつらい経験をしたという残念な話をよく耳にしてきた。その中で最も悲しくなったエピソードは、野球が大好きな十歳の息子をもつ母親から聞いた話だ。

その子はシーズン前、シーズンが始まるのが待ち遠しくて、グローブを枕の下に置いて毎晩寝ていたそうだ。しかしシーズン後、彼はショベルを手に、グローブの入ったダンボール箱を裏庭に埋めようとしていた。シーズン中につらい経験をしたため、「二度と野球はしたくないし、もうグローブも見たくない」と思うようになってしまったのだ。

これが珍しいケースであればいいのだが、残念ながらそうではない。高校時代にレスリングの州大会で優勝経験のある友人がいるが、彼の息子の話を紹介しよう。友人は小柄で筋肉質で、相手が抑え込みづらそうな体型をしている。息子のベンも彼に似た体型で背はあまり高くないが、レスリングには全く興味を示さず、バスケットボール選手になりたがっていたそうだ。しかし、あるとき気まぐれで、市のレスリング大会に出ることにした。そして経験もなく、大した練習もしていなかったにもかかわらず、階級で優勝してしまったのである。

思いがけない勝利を経験したベンは、翌年高校に進学すると同時に、学校のレスリングチームに入部することにした。練習初日にコーチは、この新入部員のフレッシュマン（日本の中学三年生にあたる）に対し、「自分には人にはない才能があると思っているそうだな。どれだけのものか見てやる。やってみろ」と、部内でも実力の高いシニア（日本の高校三年生にあたる）と対戦するように指示した。三歳年上で経験値にも大きな開きがあったため、ベンはこてんぱんにやられてしまった。自尊心を傷つけられたベンは、州大会優勝者の遺伝子を受け継いでいるにもかかわらず、その後二度とレスリングをすることはなかった。

一方、コーチが選手にプラスの影響を与えた、素晴らしいケースもある。ある田舎の村に住むディックは、馬が好きで暇さえあれば馬と過ごしていた。そのような息子の姿を見た父親は、「教養のために、テニスレッスンを受けたらどうか」と強く勧めた。ディックは気乗りしなかったものの、一度だけ行ってみることにした（彼としては、それが最初で最後のレッスンのつもりだった）。

レッスン当日、テニスコーチはネットの反対側からディックに向かってボールを打ち、ディックはそれをリターンした。すると、コーチはラケットを落とし、大声でディックを称えた。「すごい！ ラケットの中心でボールを捉えたぞ！ まるでプロボクサーのロッキー・マルシアノが相手の顎にパンチをくらわせるみたいだった！ どうだ、最高の気分だっただろう?」

その瞬間から、ディック・グールドはテニスに夢中になった。現在、彼はスタンフォード大学男子テニス部の監督を務めており、これまでに十七回のNCAA（全米大学スポーツ協会）大会優勝の実績を誇る名監督になっている。

三十年以上前のことであっても、子供の頃にスポーツをしていたときに起こった出来事を事細かく思い出せる人は意外と多い。先に述べたエピソードは、そのごく一部にすぎない。ベンのような経験をした人にとっては、惨めな思い出として記憶に残るだろう。ディック・グールドのような経験をした人にとっては、興奮せずには語れない素晴らしい思い出として記憶に残る。ほとんどの場合、選手のスポーツ体験の質を左右するのは、監督なのだ。

本書の主題は、人生の糧となるような体験を子供たちにさせてあげるために、また、スポーツのみならず人生における勝者を育てるために監督はどうすればいいか、ということである。

ＰＣＡの活動を通じて、数百人に及ぶ全米のコーチや保護者との意見交換を四年以上続け、それが本書の執筆につながっている。

私がＰＣＡを設立した理由は、ユーススポーツがいかに素晴らしいものになりうるかを実体験として知っている一方で、多くの子供たちやその保護者たちが不必要につらい経験をしていることを見てきたからである。ユーススポーツでそのようなつらい経験をする必要は全くないのだ！　ＰＣＡの理念は、「スポーツがユース（子供たち）を変革できるように、ユーススポーツを変革すること」であり、私たちはその実現のために日々努力を重ねている。状況改善に努めてはいるものの、子供たちがグローブを庭に埋めたくなるようなつらい経験をしなくてもいい世界にはまだなっておらず、残念ながら道のりはまだ長い。

どうすれば子供たちの力を引き出すことができるのか。どうすればスポーツを通じて人生で成功するための術を教えることができるのか。それらの答えを知っているのは、学術界や一部のトップレベルのコーチに限られている。ユーススポーツのコーチや保護者が実際子供たちに適用できるような形にはまだ落とし込まれていないのが現状だ。私たちＰＣＡは、ユース選手やスポーツチームと関わりの深いコーチや保護者の皆さんを対象に、ワークショップやウェブサイト、またその他教材を用いて体系立てたわかりやすい形にしてお届けすることを心がけている。

本書は、ＰＣＡの活動と同じことを大前提としている。それは、（コーチの元々の意味のように）「子供は皆尊い存在であり、彼らには、彼らが希望するところまで導くことができるコーチから学ぶ権利がある」というものだ。

より多くの子供たちがディック・グールドのような体験ができるように、また、子供たちがベンのような経験をすることがないように本書を執筆した。本書が「スポーツ界のあるべき姿への変革」に貢献すると私は強く確信している。

本書について

読者の皆さんにとってダブル・ゴール・コーチ・モデルが実用的なものとなることを願い工夫した。第1章は、メンタルモデル（物事の見方や行動に大きく影響を与える固定観念や暗黙の前提）の影響力について、ダブル・ゴール・コーチ・モデルの紹介、ポジティブ・コーチングに関するありがちな誤解、また、締めくくりとして、私の夢についても述べている。

私たちPCAが構築したコーチングのダブル・ゴール・コーチ・モデルは、次の三原則から成り立っている。

1.「勝者」の再定義
2. エモーショナル・タンクの補給
3. 競技に敬意を払うこと

これらは、どの競技レベルにおいても、素晴らしいコーチは必ずやっていることだ。この三原則については、第2〜4章で実例を挙げて詳述している。また、各章の終わりには、コーチがチームのために用いることができる実用的な方法としてそれぞれのテーマに関する「ツール」を記載している。

第2章では、まず「勝者になるというのはどういうことか」について述べている。また、「成功する人はどのような人か」という長年にわたるスポーツ心理学の研究結果に基づき、「勝者」の再定義をしている。

興味深いことに、最も優れたアスリートの多くは、相手に勝つことよりも自分のパフォーマンスの改善を重視するということがわかってきている。スポーツ界ではよく「(自分やチームの)パフォーマンスに集中すれば、勝利は後からついてくる」と言われている。陳腐な決まり文句に聞こえるかもしれないが、これは真実である。

トップアスリートやトップレベルのコーチであれば、優秀なスポーツカウンセラーに相談し、メンタルトレーニングを取り入れることもできるが、ユースのコーチや選手たちの場合、なかなかそういうわけにはいかない。スポーツをするすべての子供たちのために、トップレベルのコーチと同じような知識をユースコーチにも広めることが、PCAの使命だと思っている。スポーツ心理学の原則がユースコーチの皆さんにとって理解しやすく、選手に教えやすく、さらにコーチにも選手にも覚えやすいものとするために、私たちは「熟達するためのELM(エルム)ツリー」(elm tree= 楡の木)という標語を考案した。

第3章では、エモーショナル・タンク(以下、Eタンク)の働きについて述べている。コーチの評価は、会社の管理職や軍隊の司令官にとってそうであるように、チームのパフォーマンスにかかっている。当たり前のことだが、コーチがグラウンドに出ていき、プレーするわけにはいかない。それは選手の役目である。

Eタンクとは、車の燃料タンクのようなものだ。燃料タンクが空っぽだと、車を遠くまで運転することはできない。同様に、Eタンクが空っぽだと、安定的なベストパフォーマンスは望めない。しかし、多くのユースコーチは、プロチームのコーチが失敗した選手を大声で叱り飛ばす光景をテレビで見慣れているため、いいコーチはそうするものだと思い込んでしまっているようだ。

確かに、スポーツのテレビ中継や解説の大半では、試合中に思うようにいかないことがあると、感情的になり選手にどなり散らすコーチ像が描かれている。しかし、本当に素晴らしいコーチは、それとは180度異なる行動を取っている。優秀なコーチは、選手の心を満たすことの重要性を心得ており、彼らのベストパフォーマンスを引き出すために、Eタンクに補給し続けているのである。PCAは、選手からよいパフォーマンスを引き出すためにトップレベルのコーチが用いている技術をユースコーチにも伝達することが使命だと考えている。

第4章では、競技に敬意を払う重要性について述べている。これは、ポジティブ・コーチングの基礎である。チームがどのような素晴らしいプレーをしようと、その過程で競技に敬意を払わないようなことがあると、台無しになってしまうからだ。選手、コーチ、アスリート、またはチームがルール違反をしたり、対戦相手に敬意を払わなかったり、自分の視点とは異なる判定をした審判に感情をぶつけたりすることにより、スポーツの素晴らしさが汚されてしまう。

ポジティブ・コーチにとって（もちろん、負けるのは悔しいことだが）、競技を冒瀆するくらいなら、負ける方がまだマシである。ＰＣＡのコーチングモデルは、コーチやアスリート、さらに観客にスポーツは特別なものであり敬意を払うべきものだという責任感を植えつけ、関係者の意識を高めることを目的としている。

第5〜7章は、チーム文化について述べている。チーム文化とは何か。練習を通じてどのようにチーム文化を育んでいけるか。チーム文化は試合にどのような影響をもたらすか。これらの点について説明する。

「鳴らない」チームと「鳴り響く」チームの差は何だろうか。それはチーム文化にある。優秀なビジネスリーダーと同様に優秀なコーチは、部員全員がベストパフォーマンスを出せるようにチーム内の物事の進め方を慎重に決め、よいチーム文化を醸成していくのである。

第8章では、「セカンド・ゴール・ペアレント」という考え方を紹介し、子供たちのスポーツ体験をより豊かなものにするために、親として何ができるかについて説明している。

第1章

「勝利がすべて」を超えて ―ダブル・ゴール・コーチ―

勝利がすべてじゃない。
それしかないんだ。

――キャロル・ウィリアムズ

映画『勝負に賭ける男』（１９５３）に登場する11歳の架空の人物。
David Maranis 作『When Pride Still Mattered』より

私の五十歳の誕生日会

私の妻であるサンドラが五十歳を迎えたとき、彼女はそのライフイベントを盛大に祝うために「ドラマチックなことをする」と心に決め、カリフォルニア州のヨセミテ国立公園内にある花崗岩ドームの一つ「ハーフドーム」に登ったのだった。約一年後、今度は私が五十歳を迎え、妻と同じように記念に何かしたいと思った。しかし、彼女のような苦行をすることはごめんだったので、パーティーを開催することにした。

そのパーティーには、私たちの人生の様々な局面で知り合った方々を招待した。妻の仕事関係者、私の仕事関係者、コーチング関係者、教会関係者など……。誕生日会の出席者にとって、他の出席者の大多数が見ず知らずの人となってしまうため、場を和ませるために「アイスブレーカー・ゲーム」を企画した。それはクイズ形式のゲームだった。出席者それぞれに、他の出席者の誰かに関するおもしろい情報を書いた紙を渡す。そしてパーティー開始から一時間歓談しながら、その紙に書かれている情報が当てはまる人物を探すのである。

ノースダコタ州に住む私の母、マージョリーが我が家に滞在していたときのこと。私がこのクイズをせっせと作っていると、母は私が書き終わったヒントに次々と目を通していった。そして、ある一枚のヒントに目を留めた。そこには「この人は、私の母と意外なところで踊ったことがある」と書かれていた。彼女は耐えきれず「誰かしら?」と聞いてきた。私は、「誰が来るかは当日のお楽しみだ」と答えた。

母は不思議そうな顔をしていた。というのも、彼女は長らく踊りに行っていなかったからだ。私の継父にあたるオルビルはその前年に亡くなっており、そのしばらく前から体調が悪かったので、過去何年かを振り返ってみても、踊る機会はほとんどなく、あったとしても片手で数えられるほど。「なぜ、息子の五十歳の誕生日会のために自分の知り合いがわざわざノースダコタ州からカリフォルニア州まで来るのか」と首をかしげていたに違いない。

その数週間前、私は母を連れて、友人ロン・ロッシが監督を務める高校のバスケットボールの試合を観に行った。ロンの奥さんのエイミーと母は隣同士に座り、話が弾んでいた。最も盛り上がったのは、「踊るのが大好きなのに、踊る機会がほとんどない」という話だった。試合後に四人で夕食を食べに行く約束をしていたので、私たち三人は、チームとの反省会を終えたロンがロッカールームから出てくるのを待っていたのだが、いつの間にかエイミーと母はバスケットボールコートでジルバを踊っていたのだ……。

このわずか数週間前の出来事を、母はすっかり忘れていたのである。ロンとエイミーが玄関をくぐった瞬間に、この記憶が蘇るだろうと私は想像した。実際、誕生日会の出席者に顔見知りがほとんどいなかった母は、エイミーとロンが現れると、顔がパッと明るくなった。エイミーと母の話が弾み始めると、すぐにバスケットボールコートで踊ったことに話が及び、盛り上がっていた。

誕生日会の中盤に差し掛かり、本人当てゲームの答えを出す時間となった。しかし、母は自分と「意外なところで踊ったことがある人」が誰かわからないと言う。一体どういうことだろうか。一緒に踊った本人が目の前に座っているというのに！

理由は、簡単だ。私の母が気付かなかったのは、「女性は男性と踊るものだ」という、ピーター・センゲ氏の『最強組織の法則』で「メンタルモデル」と呼ばれるものにとらわれていたからだ。このため、母は目の前のエイミーが答えだと気付くことができなかったのである。

メンタルモデルの力

メンタルモデルは、私たちの考えや行動を決定する。また、何がどのように見えるかということまで支配してしまう。母のケースのように、不適切なメンタルモデルは、目の前のものを見えなくしてしまうこともあるのだ。

ＰＣＡの基礎となるアイデアを開発し始めていた頃、ユーススポーツの文化を変えるためにはトレーニングするだけではダメだと私は確信した。男女関係に関わるメンタルモデルによって母が目の前の答えが見えなくなってしまっていたように、「試合で勝つこと」を唯一の目的とするメンタルモデルは、「スポーツを通じて子供の人格形成を助けたり人生の教訓を教えられるということに気付く能力」を善意の指導者たちから奪ってしまう。

ポジティブ・コーチは、惨敗したときこそ、絶好の教育の機会であることを知っている。同じことは勝利したときには効果的に伝わらないということも。一方で、勝つことしか頭にないコーチは、絶好の指導機会を逃してしまうことになる。世界最高の訓練法であっても、誤ったメンタルモデルのユースコーチが指導していると意味がない。残念ながら、ほとんどのユースコーチは今日まで誤ったメンタルモデルのまま指導に携わってきている。

それでは、ユーススポーツの「悪役」に話を移してみよう。

悪役

ポジティブ・コーチングの反対は、ネガティブ・コーチングだと思うかもしれないがそうではなく、アスリートや試合の内容には見向きもしない、勝利への揺るぎない執念に基づいた勝利至上主義の指導方法である。

ユーススポーツにおける悪役は、競争でもなければ、勝とうとすることでもない。後ろ向きな思考やその他ユーススポーツのほぼすべての問題の根本には、この勝利至上主義というメンタリティーが潜んでいる。これこそが悪役であり、私たちの敵なのである。

当時七歳だった息子の試合を初めて観戦したときのことを今でも覚えている。少しも楽しさのない、不幸せな光景を目の当たりにし、言葉も出なかった。子供は泣き、親は審判に対し大声で抗議し、コーチは選手を怒鳴りつけていた。私自身が経験したユーススポーツは「仲よく砂場で遊ぶのと似た感覚」のものだったと記憶しているが、その記憶は完全に正しくないかもしれないにせよ、ユーススポーツの質が落ちてしまっていることは疑う余地がない。

若いアスリートたちのスポーツ体験を汚すような出来事は毎日怒濤のように起こっている。また、ユーススポーツの試合において大人が起こしたみっともない事件も多い。

最悪の事件は、マサチューセッツ州リーディングという町でピックアップ・ホッケーの試合後に、子供たちの目の前で、ある父親が他の父親を殴り殺したというものだった。

痛々しい事件が起きても、その多くはメディアに取り上げられない。ある女性が、十二歳の息子さんについてEメールをくれた。

私たちは、町中の誰もが知り合い同士というような、とても小さな田舎町に住んでいます。昨年、野球の試合中に、審判と息子のチームの監督が言い争いを始めました。低俗な言葉が二人の口から出始め、今にも物理的に衝突しそうな勢いだったため、私は息子を連れ、その場を離れ帰宅しました。他の親も同様に帰宅しました。息子は優れた選手であったにもかかわらず、今はもう野球に全く興味を示しません。この小さな町では、夏休みの間に子供たちができることが限られていることもあり、非常に残念です。

変革が必要な状況であることは明らかだ。そこで、まず最初に変えなければならないのは、監督や保護者の行動を決定する、「勝利がすべて」というメンタルモデルである。

ダブル・ゴール・コーチ・モデル

「勝利がすべて」モデルは、百害あって一利なしだが、単純に排除することは非常に困難である。私たちが望むような結果を出すためには、それを排除しようとするのではなく、よりよいものに置き換える方が有効だ。

勝利至上主義の代わりになるモデルとして、ＰＣＡは、**勝つことを目指しつつ（一番目の**

ゴール）、スポーツを通じて人生の教訓や健やかな人格形成のために必要なことを教える（二番目のゴール。ただし一番目のゴールより重要）「ダブル・ゴール・コーチ」モデルを考案した。

活動を通じてわかってきたのは、このダブル・ゴール・コーチ・モデルについて説明すると、皆、早く試したいと思ってくれるということだ。それは、スコアボード上の成功という目的を捨てずに、子供たちの将来によい影響を与えられる可能性を感じるからだそうだ。

私たちは次の十年をかけて全米で、さらには国境を越えて「勝利がすべて」というコーチングモデルをこのダブル・ゴール・コーチ・モデルに置き換え、このモデルをユーススポーツの新スタンダードにしていく意気込みで取り組んでいる。このダブル・ゴール・コーチ・モデルはただの思いつきではなく、入念な研究の結果導き出されたものだ。スポーツ心理学、教育心理学、動機付けの心理学、倫理教育などをもとに研究が積み重ねられ、勝利至上主義と比べポジティブ・コーチングは、スコアボード上の結果を出すためにも、成功する人間を育てるためにも、より優れた指導法であることがわかってきている。

ポジティブ・コーチングに関するありがちな誤解

私は何年か前に「ポジティブ・コーチング」という表現を使い始めたのだが、その表現を聞いた人々は、その意味を誤解しやすいということに気付いた。

・単なる「ハッピートーク」だと誤解される。つまり、子供たちの自己肯定感を向上させるためにむやみやたらに事実ではないことも含め褒め称えることだと捉えられてしまう（誤った方向に子供たちを導くことになってしまうため、注意が必要）。
・ポジティブ・コーチングは容易だと思われがち。実際は、勝利至上主義の指導法よりも難しく、自己統制が必要。
・このコーチング方法の方が監督自身にとっても楽しいということに気付かない。実際、監督の燃え尽き症候群（バーンアウト）の症例数は、勝利至上主義の指導法よりも少ない。
・スコアボード上の成功を放棄しないとポジティブ・コーチにはなれないと誤解する。

これらの点を、順番に説明していこう。

1．ポジティブ・コーチングは単なる「ハッピートーク」ではない

私がスタンフォード大学で担当していたコーチングコースに、ある若い監督が参加していた。熱意があり、習ったアイデアやツールを早く自分のチームに適用したくてうずうずしていた。数ヶ月後、彼から電話があった。シーズンが始まって数週間が経っていたが、チームの調子が振るわないということだった。

話を聞くと、まず、彼が話していても選手たちが聞いていないという問題が挙げられた。彼は常に前向きでいようと努め、集中して聞いている選手などチームのよい点に注目していた。

毎度のことで苛立ちは募りながらも、「否定的にはなりたくない」と自分に言い聞かせ我慢していたそうだ。

私は、自分の講義を聞いた人に「規律を守ることをチームに強制すべきでない」という誤った印象を与えてしまったことを知り、愕然とした。彼は、ポジティブ・コーチであるためには、自分が話しているときにおしゃべりをしている選手がいたとしても、注意すべきではないと誤解していたのだ。

ポジティブ・コーチングは単なる「ハッピートーク」ではない。怠けてやる気がない選手にも、「いいぞ！ よくやってる！」と褒めるべきということではない。ポジティブ・コーチングは、まず高い目標設定をし、その目標を選手たちが達成できるように、コーチは恐怖や脅迫ではなく称賛を用いるということである。

2．ポジティブ・コーチングは難しい

ポジティブ・コーチングの唯一残念なところは、多くの場合、「勝利がすべて」方式よりも、監督にとって難しいということだ。監督自身がこの方法で指導を受けた経験がないということも、難しく感じる一つの要因だろう。

また、メディアで広く取り上げられるプロスポーツ文化の中に、ポジティブ・コーチングのロールモデルとなる人がなかなか見当たらないということも理由として挙げられるだろう。多くのスポーツライターやメディアコメンテーターたちは、勝つことがすべてだという考えを

もっているように感じる。このような人たちの言動を見慣れていると、指導していてうまくいかないことがあると、自分がやっていることは間違っているのではないかと不安になってしまう。さらに、ポジティブ・コーチングの経験が浅い中、他のコーチや保護者から「厳しさが足りない」と批判されると、自信を失い、不安になる。それも難しいと感じる一因かもしれない。

3．ポジティブ・コーチでいる方が楽しい

しかし、安心してほしい。ポジティブ・コーチングは、「勝利がすべて」方式よりも楽しいと自信をもって言える。試合の結果を評価するとき、勝ったか負けたかだけではないからだ。「勝利がすべて」だと信じる監督の場合、試合で負けたら、残念に感じるほかないだろう。

一方、ダブル・ゴール・コーチは、選手の個人的な成長や、敗北したときに学ぶ人生の教訓も成果として重視する。二つの目的があるということは、勝敗に対する依存度が低いため、もし負けたとしても、もう一方の目的が果たされれば、指導者として満足感を得られるということである。監督が燃え尽き症候群を発症する大きな原因は、敗北による挫折感だそうだが、その挫折感を味わわなくていいとすると、少し気が楽になるのではないだろうか。

楽しく仕事をするということは、燃え尽きが少ないということ。私が初めてロック・キングに出会ったとき、彼はそろそろ監督を辞めたいと思っていた。当時ロックは、ペンシルベニアのブルームスバーグ大学でスポーツ心理学を教え、水泳部の総監督を務めていた。私たちが出

会ったのは、２０００年6月にフィラデルフィア郊外のニューマン・カレッジで開催されたスポーツと精神に関するカンファレンスでだった。彼は、監督業から手を引き教鞭を執ることに集中したいと感じていて、どうすれば監督を辞められるか考えているところだと、私に言った。

一年後、同じカンファレンスで再度彼に会ったので、監督という立場から離れることができたのか尋ねてみた。すると驚いたことに、もはや辞める気は毛頭なく、次のシーズンが始まるのが待ち遠しいという。前年の秋、ロックは地元の監督たちのために、ＰＣＡワークショップを開催し、その後彼自身もＰＣＡで学んだことをチームに取り入れたのだそうだ。

すると、コーチになってから過去最高のシーズンを経験し、バーンアウトも解消され、チームはわずか八種目で十九回の学内記録を塗り替えたのだという。地区大会では、過去二十五年間で最高の成績を残し、シーズンの通算得点についても、過去最高記録を更新したそうだ。さらに、選手たちの学業の成績も伸び、過去八年で最高のチーム平均ＧＰＡ（Grade Point Average：米国の高校・大学で一般的に行われている成績評価方法）を記録したという。

全米中の監督から数多くの体験談が寄せられており、ロックと似た経験をしている人は大勢いる。全員が全員即座にロックほどの劇的なスコアボード上の成果を出せるわけではないが、ポジティブ・コーチングのアイデアを用い始めてから、指導することが楽しくなったという話はよく聞く。

そろそろポジティブ・コーチングに関する最後のポイントに移ろう。二つの目的を目指すことは、勝利という一つ目の目的が軽んじられてしまうということだろうか。

4．ポジティブ・コーチングの方がより多くの勝利を収められる

1999年9月にコーチングワークショップを開始した際、私たちはプレゼンテーションの中で、「勝つ回数が増える？（More Wins?）」というスライドを用いた。多くの人は、ポジティブ・コーチングに切り替えると負ける回数が増えると思うようだ。

私たちは、ロック・キングのような証拠的逸話をいくつかピックアップしたが、逸話では証明にはならないということは理解していた。ポジティブ・コーチングが勝利至上主義と比べて勝つ回数が多いかどうかについては、詳細な研究が数多く行われているわけではないが、スポーツ心理学の最新の研究では、ダブル・ゴール・コーチ・モデルに含まれるコンセプトを用いた方が、よりよいパフォーマンスを発揮できるという結果が出ているそうだ。

2001年5月にノートルダム大学でジョーン・デューダ博士による研究結果が発表され、私は興奮した。デューダ博士は、PCA顧問委員会の一員でもあり、スポーツ心理学の分野で世界的に有名な研究者である。彼女は、「熟達志向性」とPCA用語でいうところの「得点志向性」の比較について多くの研究を行っている。

デューダ博士の2000年シドニーオリンピックの研究によると、（PCA用語でいうところの）「熟達するためのELMツリー」を用いる監督のもとで訓練する選手の方が、純粋な得点志向性のみで指導された選手よりも多くのメダルを勝ち取っているということがわかった。

読者の皆さんには、まだ「熟達するためのELMツリー」についてお伝えしていないが（第2章参照）、ひとまずスコアボードの数字だけを重んじるコーチング方法よりもポジティブコーチングの方が多く勝てるのではないかということを証明する研究が行われていることだけはご理解いただきたい。

では、ダブル・ゴール・コーチの第一の目的、「勝つこと」についてお話ししよう。

第一の目的：勝つこと

ポジティブ・コーチにとって、チームが勝つことは喜ばしいことだ。勝ちたいと思うことは決して恥ずかしいことではない。

ＰＣＡは、非競争性を推進する団体ではない。世界が非競争的な社会であれば素晴らしいが、現実はそうではない。競争は悪いものではない。社会の一員として生きていく上で、効果的に競争する術を身に付けることは大切なことだと言えるだろう。

ＰＣＡは、勝つことは悪であるという考えを推進する団体ではない。勝つために頑張ることは、スポーツ体験の根幹をなす大事なことだ。勝ちたいという気持ちこそが、素晴らしい出来事を起こすのである。勝とうという強い気持ちがあるから、個人やチームは目標設定をして、その目標を達成するために努力できるのである。

勝ちたいという気持ちは大事だが、ＰＣＡは現代のユーススポーツで支配的となっている

「何が何でも勝つ」というメンタリティーで指導することには、絶対に反対である。「競争」と「勝ちたいという欲求」自体は問題ではないが、それらが「勝利がすべてである」という考え方に落とし込まれてしまうと、大きな問題となるのである。

第二の目的：人生の教訓

ユーススポーツの真の価値は、グラウンドで頑張ることを通じて、人格形成に資することを子供たちが経験することである。その経験は将来、仕事・価値観・市民としての責任・家庭生活などにおいて活きてくる。

ユーススポーツに参加する子供たちの中で、プロとしてそのスポーツをすることになるのは、ごく一握りだ。NCAAの統計を見ると、プロアスリートになれる可能性がいかに低いかがわかるだろう。次の数字は、高校三年生がそれぞれの種目でプロチームにドラフト指名される確率を示している。

野球	〇・五〇％	二〇〇人に一人よりも低い確率
ホッケー	〇・四〇％	二五〇人に一人よりも低い確率
アメリカンフットボール	〇・〇九％	一〇〇〇人に一人よりも低い確率
バスケットボール（男子）	〇・〇三％	三三三三人に一人よりも低い確率
バスケットボール（女子）	〇・〇二％	五〇〇〇人に一人よりも低い確率

前頁の数値を見ると、確率はすでに低く見えるかもしれないが、実際プロとしてやっていける選手はドラフト指名された選手の半分未満なので、プロアスリートになれる確率はさらに低い。

加えて、母集団はそれぞれの競技で高校の部活に所属している子供たちである。ユーススポーツ人口の二％しか高校で部活をしない（ほとんどの子供はその前にスポーツを辞めてしまう）ことを鑑みると、プロになれる確率がいかに低いかおわかりいただけると思う。

スポーツ選手というと、誰もがマイケル・ジョーダンやバリー・ボンズ、ミア・ハム（女子サッカー選手）など、長いキャリアを通じて所得を得たためスポーツ以外の仕事をする必要のない人物を思い浮かべるだろう。しかし実際は、大多数のプロ選手がプロとして活躍できるのはわずか一、二年である。

プロ選手の中でも恵まれた何パーセントかの選手は五年またはそれ以上活躍することもあるが、そのような選手であっても、現役引退後、そのスポーツにほとんど関係ない「ホンモノの仕事」を探さなければならず、スポーツ一本で生計を立てることはできない。

多くの保護者は、子供に大学のスポーツ奨学金に応募することを勧める。しかし、スポーツをする子供たちの中で、大学リーグのチームに入れるのはほんの一握りである。さらに、そのうち数パーセントの子供しか奨学金を受給できない。さらに、奨学金を受給できたとしても、卒業するまで全額給付を受けられる学生はごくわずかである。

このような厳しい現実を見ると、突出したスポーツ技能を身に付けようと必死になることにはさほど意味がないのではないかということに気付くだろう。スポーツ技能を高めるためだけに子供をユーススポーツに参加させることは、実にもったいない。子供たちがユーススポーツに参加することによって、スポーツ技能よりずっと大事なことを得られるということを考えるとなおさらである。

ＰＣＡ顧問委員会の設立メンバーでもあった、故ジョン・ガードナーは、彼の人生とキャリアにスポーツが与えた影響につき、いつも饒舌に語ってくれた。

スポーツから学んだ一番大事なことは、もうこれ以上頑張れないと思っても、実はもう少しだけ手を伸ばし、頑張ることができるということだ。疲労を感じていても、体の片隅に蓄えられた、隠されたエネルギーが実は残っているのだ。その隠しエネルギーを見つけるためには、ちょっとしたコツが必要となる。大臣などトップマネジメントや企業役員を務めていた頃は危機、騒乱、緊迫、ストレスに見舞われもう限界だと思うこともあった。もうこれ以上は無理だと思っても、実はまだ耐えられるんだ。私はそれをスポーツから学んだのだ。

人は、子供時代に培われた価値観、行動習慣などをその後も維持し続ける傾向があるそうだ。グラウンドで失敗した後に立ち直る方法を学んだ子供は、それを学ばなかった子供と比べると、その後の人生の大事な局面で失敗しても立ち直ることができる可能性が高い。

ダブル・ゴール・コーチは、勝ちたいという思いをもっており、勝つために頑張る。しかし、私たちは勝つことは目的全体の半分にも満たないということを認識している。人生で成功を収めるために必要なことを子供たちに学ばせるために、試合で勝とうとするのである。他ではなかなか学べないことを子供たちが学べるように、私たちは勝とうとするのである。

二つの目的の相乗効果

多くの場合、ダブル・ゴール・コーチの二つの目的を合わせると相乗効果が生まれる。目標設定し、自分で立てた目標のために努力する必要性を選手に教えることは、人格形成上よい影響を与えることになる。同時に、よい選手、よいチームとなることにつながる。これは選手と監督にとってＷｉｎ－Ｗｉｎの状態である。選手たちの人格形成の手助けをしながら、選手たちのパフォーマンスを上げることができるのだ。

ロサンゼルス・レイカーズの総監督（刊行当時）であり、ＰＣＡ顧問委員会のメンバーでもあるフィル・ジャクソンの的を射た言葉を紹介しよう。

「ポジティブ・コーチングだと、試合で勝つから「勝ち」なだけでなく、個人の人格形成の一翼を担うこともできるから「勝ち」なんだ。結局のところ、それはユースレベルでも、もしかしたら私が監督を務めるこのレベルでさえも、試合に勝つよりも大事なことかもしれない」

しかし、ごくたまに、割合にして全体の一～二％で、二つの目的が相反することがある。

チームのエース投手がシーズンで最も大事な試合の前に腕の痛みを訴えたとしよう。彼がマウンドに立たないと、勝てる可能性は低いことを監督のあなたは知っている。監督として正しい判断を下すと、勝つ可能性が低くなってしまうというケースである。

この場合、ダブル・ゴール・コーチに迷いは生じない。常に勝つために努力するが、より大事な二つ目の目的を忘れることはないからだ。ダブル・ゴール・コーチはいかなるときでも二つ目の目的を優先するのである。

私の夢

私には夢がある。メジャーリーグの優勝決定戦であるワールドシリーズをテレビで見ていると、監督が審判の判定に抗議をしに、足早にグラウンドに踏み寄る。全米中継で、有名なスポーツ・キャスター、ボブ・コスタスが「監督があのように競技に敬意を払わないとは、極めて残念ですね」と言う。

その後、私はNFLの優勝決定戦であるスーパーボウルを見ている。すると、大事なタックルをミスした選手を監督が叱り飛ばす。世界中が見ているテレビ中継で、解説者のジョン・マッデンが言う。「わ〜、監督は、あの選手のEタンクを急激に空にしてしまっていますね。この調子だと残り時間の彼のパフォーマンスに響きそうですね」

さらに、私がNBA決勝戦を見ていると、ある選手が大事なショットを失敗する。チームメイトが近づいてきて、「失敗のことは水に流し前を向け」というハンドサインを送る。失敗した選手は後にウイニングショットを決める。

解説者のビル・ウォルトンは全米中継でこう言う。「あのミスショットの後、落ち込まなかったからこそ手に入れられた勝利です。チームメイトにサポートされ、彼は気を取り直し、最後にビッグプレーを決めることができました。失敗しても水に流すことができたから、彼はチームに勝利をもたらすことができたのです」

私たちは、ポジティブ・コーチングで用いている用語がナイキの「Just Do It」やバドワイザーのCMで有名な「Wassup?」と同様に、一般的に使われるようになることを願ってやまない。コネチカット州、テキサス州、ハワイ州の三人のコーチがスポーツマンシップなどにつき、それぞれの言葉で説明することは素晴らしいことに違いないが、もし全米のコーチたちが「競技に敬意を払う」など、共通の言葉で指導することができたら、さらにパワフルなメッセージを選手たちに伝えることができると思うのだ。

これらが夢から現実に変わったら、つまり、テレビでプロスポーツ解説者が使うくらい私たちの用語が広く一般的になったら、私たちは前進していることを実感できるだろう。

私たちの夢を現実にできるよう、皆さんの力を貸していただきたい。本書のコンセプトやツールを使ってみてほしい。そして、まわりの人にも広めてほしい。

読者の皆さんも私たちと一緒に、スポーツがユースを変革できるよう、ユーススポーツを変革していただけると嬉しい。そうすればいつかきっと、あなたや私がコーチとして使っている用語を、コスタスやマッデン、ウォルトンなどの解説者たちも使うようになり、それを聞いた私たちは、その喜びを分かち合える。そんな日がきっと来るはずだと信じている。

第2章

「勝者」を再定義する
―スコアボード上の勝者から熟達《マスタリー》の勝者へ―

誰もがスコアボードを見る。
課題志向的なアスリートの主な違いは、物事が思うようにいかないときにも、船を浮かばせておく術を知っていることだ。

――ジョーン・デューダ
英国バーミンガム大学心理学教授

トップアスリートレベルのスポーツ心理学

オリンピック出場準備のために、水泳のトップ選手たちはスタンフォード大学女子水泳部のリチャード・クイック監督のもとにトレーニングに行く。他のトップレベルの監督と同様、選手たちが自らベストを引き出せるようになるよう、クイック監督はスポーツ心理学者の力も借りて指導している。監督のもとでの訓練を経て、多くのオリンピックメダリストが誕生している。

同様に、メリーランド大学女子ラクロス部の監督と選手たちは、*Thinking Body, Dancing Mind and Creative Coaching* の筆者ジェリー・リンチの協力を得てパフォーマンス向上のための訓練をしている。執筆時点で、彼らはNCAAタイトル八連勝を達成している。

また、ある裕福な女性と話した際、「小学生の子供たちにテニスを習わせるために、スポーツ心理学を専攻したトップレベルのコーチを起用した」という話を聞いた。フロリダ州在住だったコーチは、雇い主が住むカリフォルニア州まで行き、数ヶ月間住み込みで子供たちの指導をしたそうだ。

2000年から2001年にかけて、NBAのシャキール・オニール（当時はロサンゼルス・レイカーズ）はフリースローの不調を克服するため、シューティングコーチに助けを求めた。そのコーチは身体的なテクニックと併せ、フリースロー前のメンタル準備方法を指導し、おかげでオニールは不調を一部克服できたそうだ。

近年スポーツ心理学は、トップアスリートたちが成功するために当たり前に必要なものとして認識されるようになってきた。トップアスリートたちは、ポテンシャルの最高レベルに近い状態に自身を持っていくためのツールとしてスポーツ心理学を取り入れており、その有効性については選手たち自身からも報告され、感謝の言葉が度々述べられている。

トーニャの話

ＰＣＡシニア・トレーナーのトーニャ・ブッカーは、オハイオ州に住んでいた高校時代、多くの大学から声がかかるほど優秀なバスケットボール選手で、大学時代は、イリノイ大学のスタメンポイントガードを務めた。

大学四年生のとき、彼女はスランプに陥り、不調に悩まされた。それを見た監督は、彼女が相談できるようにスポーツ心理学者を起用した。するとトーニャの調子は劇的に回復したのである。その後、彼女はクレムソン大学とスタンフォード大学で監督を務めるという素晴らしいキャリアを積み、現在はＰＣＡの一員となっている。

多くの選手は、しばらく好調でも突然不調になったりする。多くの選手は不調に陥っても、苦しみながら努力をし続ける。その結果、調子を回復できる選手もいれば、できない選手もいる。トーニャは、幸運なことにも名門大学のトップアスリートだったため、二十年以上の研究によって編み出されたスポーツ心理ツールやコンセプトを教えてもらい、無事スランプから抜け出すことができた。

ロケット工学や脳外科のように難しいことではない

大学四年生だったトーニャ・ブッカーが調子を回復するために用いたスポーツ心理学という

ツールは、ユーススポーツの世界ではあまり知られていない。彼女の相談相手となったスポーツ心理学者がしたことを簡単に説明すると、（1）バスケットボールに対する熱意を取り戻すことを促すメンタルツールを提供し、（2）自分の努力次第で手が届きそうな身近な目標設定をさせることにより、彼女が感じていた不安感を抑える、というものだった。

いずれも大変有効なツールだが、決してロケット工学や脳外科医が行う手術のように難しいものではない。博士号をもったスポーツ心理学者しか処方できないような難解なものでもなければ、トップアスリートにしか適用できないような洗練されたものでもない。監督にとってわかりやすい形になっていれば、ユーススポーツの世界でも容易に子供たちに適用できるものなのだ。

子供たちが可能な限りよいスポーツ体験をできるように、スポーツ心理学の枠組みやツールをユーススポーツに取り入れることは、ＰＣＡの目的の一つでもある。このような有効なコンセプトを、トップアスリートや裕福な家庭しか利用できないものにしておく理由はない。これらのテクニックが一般的に知られるようになり、ユーススポーツの監督たちがそれらを用いて上を目指す子供たちの手助けをできるようにしたいとＰＣＡは考えている。

スポーツ心理学を用いることで「勝者とは何か」ということをアスリートたちが新たな視点から捉えられるようになるようお手伝いができる。いかなるレベルのアスリートであっても、対象者となりうるのだ。

スコアボード上の勝者

私たちの社会は、勝利に高い価値を置いているが、何をすれば勝者になれるのだろうか。また、人生の勝者になるような大人に育てるためには、子供にどのようなユーススポーツ体験をさせてあげればいいのだろうか。

本章では、二種類の勝者に分けて考えてみる。「スコアボード上の勝者」と「熟達《マスタリー》の勝者」である。勝者の伝統的な定義は、「スコアボード上、最もよい結果を出した人またはチーム」である。試合で、あるチームがあらゆる面で相手チームに押されていたとしても、最終的にスコアボードにより高いスコアが表示されたら勝者になるのである。映画『ラスト・リミッツ 栄光なきアスリート』は、オレゴン州のクーズ・ベイ出身で、オレゴン大学在学中に数々の全米記録を塗り替えた強靭な精神のランナー、スティーブ・プリフォンテイン（プリ）について描いたものだ。陸上部監督のビル・バワーマンは、狭義の意味で「勝者」を捉え、スコアボードによって勝ち負けが決まるという自身の考え方にプリが強く反発していたことを思い返し、葬式の場面でこう語った。

今まで私は、つまり、少年だった頃も大人になってからも、走ることの目的は、そのレースに勝つことだと信じてやってきました。そして、私が監督に就任しやろうとしたのは、その勝負ってやつにどうすれば勝てるかを教えることでした。私はプリにもそれを教えようとしました。必死になって教えました。しかし、逆に私は彼から教わったのです。私が間違っているということを。

彼は、「そこそこの努力で勝てることもあるし、しゃかりきに努力をしても負けることがある」ということを知っていて、苦しんでいたのです。レースに勝つために、スタートからゴールまでありったけの力を振り絞り続ける必要は必ずしもない。しかし、彼はそれ以外の走り方をしなかった。私は彼の走り方を変えようとしました。ありとあらゆる方法で、何度となく。

しかし、プリは頑なでした。彼は自分に厳しく、勝つだけでは満足せず、成果として勝利を超えるものを常に求めていました。レースは芸術だ、と彼は私に言いました。心からそう信じていたのです。彼はスタートラインを踏み出してからゴールするまでのすべてのステップを芸術の域にまで押し上げることに全力を注いでいました。

もちろん、彼の勝利への欲求は強いものでした。彼が走るのを見た観客の目にも、彼と競争したライバルの目にも、彼の中に勝ちたいという強い気持ちがあることは明らかでした。しかし、勝利以上に彼が大切にしていたのは、「どのように勝つか」ということでした。

プリは私のことを堅物だと思っていました。しかし、彼はついに私の考えを変え、私は走る真の目的が、レースで勝つことではなく、「人間の心臓の限界を試すこと」であるということを理解したのです。彼がしてきたことは、まさにそれだったのです。他の誰にも勝る頻度と質で、彼はそれをやり続けてきたのです。

スティーブ・プリフォンテインは、勝利の狭義の定義、すなわちスコアボード上の数字で勝敗を決定することは、パフォーマンスを図る方法として不完全であるとして認めていなかった。しかし、その狭義の定義は、不完全なだけでなく有害な考え方だ。それは、若いアスリートたちのやる気を阻害する大きな要因となるからだ。

もう少し詳しく説明しよう。「勝者はスコアボードで決まる」と定義する場合、次の三つの要素が関わってくる。「（1）結果」「（2）他者との比較」「（3）失敗の回避」である。

1．結果

調子がよかったか悪かったかに関係なく、より多くの得点を獲得することが重要。この考え方だと、調子が悪くても、より多くの得点を獲得することさえできれば、それだけで勝者になれるということ。人生最高とも言えるような絶好調でも、不運なことにボールがある方向に跳ねたり、疑義のある判定が下されたとしても、スコア以外のことは関係ない。得点が低い方は敗北者となる。

2．他者との比較

他者との比較は、個人的な優劣につながりやすい。私は彼女よりも優れているか？彼らは私たちよりも優れているか？　その判定を下すのは、やはりスコアボードとなる。もし、私の方がより多く得点を獲得していれば、私の方が優れている。自分の力が思うように発揮できたことや、自己ベストを出せたということだけでは不十分だ。相手よりもよいスコアを獲得できていなければ、すべて意味がないのである。

3．失敗の回避

スコアボードにしか興味がない監督は、失敗を嫌う。スコアボードの数値に悪影響を与えるからだ。相手よりもミスが少なければ、スコアボードを制することができる。そう信じている。

得点至上主義の問題点

私たちの社会は、多くを犠牲にしてでも勝利という結果を残すことを美徳と捉える傾向があり、「よく頑張った」は敗者を励ます標語になり下がってしまっているように感じる。まわりにそのような基準で評価されてしまう監督たちが、スコアボードの数値を重視せざるを得ないことにも頷ける。しかし、スコアボード上の勝利だけを勝利とすることには重大な問題が潜んでいる。

一つは、スコアボードのスコアに執着しても、その一途な気持ちがスコアに反映され勝利につながるとは限らないこと。また、勝利したからといって長い人生の成功に資するとは限らないこと。エンロンやワールドコムなど、大企業の名前が贈収賄の代名詞となるようなこの時代において、スコアボード上の数値に執着しすぎると、倫理的妥協という弱さを生み出すことにもなりかねない。大多数の人が自発的に正しいことをすることにより成り立っているこの社会の中で、過剰にスコアボードを重視することは社会の様々な側面に悪影響を与える。

まずは、若いアスリートたちの喫緊の課題とも言える、不安感とパフォーマンスへの影響について考えてみよう。

1．不安感とパフォーマンス

得点志向性には様々な問題があるが、他のものよりも突出しているものがある。それは、期待とは裏腹に、多くの、いや、大多数のアスリートのパフォーマンスを低下させてしまうということである。ユーススポーツの世界における一般通念を覆す大事なことなので、別の言葉でも伝えたい。一般通念では、スコアボード上で勝つことに集中すれば、勝てる可能性が高まると思われている。しかし、スポーツ心理の研究でわかり始めてきているのはその逆で、スコアボードを意識すると、スコアボード上で勝利する確率が低くなるというのである。

英国のバーミンガム大学でスポーツ心理学教授を務め、ＰＣＡ顧問委員会の一員でもあるジョーン・デューダ博士は、つい最近、オーストラリアのシドニーで行われた２０００年オリンピックに出場したアスリートと監督を対象として行われた驚くべき研究結果を発表した。彼女は研究仲間とともに、十五種目のスポーツを代表するアスリートとしてノルウェーとデンマークの六十二名（女性三十四名、男子二十八名）について研究した。学術的な言葉を用いると、自我《エゴ》（スコアボード）雰囲気において指導された選手と、課題（熟達）雰囲気において指導された選手たちの獲得メダル数を比較したところ、統計学的に有意な差が見出されたのである。結論を簡単に説明すると、勝つことではなく、熟達《マスター》することに集中するよう指導された選手の方が、より多くのメダルを獲得し、スコアボード上よい成績を挙げていたことがわかったのである。

これは、「勝つのは大抵の場合、より勝つことを意識したチームや選手である」というスポーツの大神話に反する事実である。私は監督がこう言うのを幾度となく耳にしてきた。「あのチームが勝てたのは、勝ちたいという気持ちが相手よりも強かったからだ」と。

一見信じがたいことかもしれないが、ご自身のスポーツ経験を振り返って考えてみてほしい。何かが本当にほしかったとき、その強い気持ちが逆に妨げになってしまったという経験はないだろうか。研究の結果、選手がスコアボードの数値に集中すると、ある現象が起こるということがわかってきている。

それは、選手の不安感が増幅されるというものである。スコアボード上の勝利が何よりも大事だと考える選手は、「負けてしまうのではないか」という不安を感じ、貴重な気力を費やしてしまう。問題となるのは、不安になったり緊張したりすると、失敗しやすくなってしまうということだ。失敗を恐れるようになると、ためらったり臆病になったりしてしまうのである。

不安感を抱き始めると自信をなくしてしまう。自信喪失は、パフォーマンスにも、スポーツを楽しいと感じるかどうかにも影響する。子供たちがスポーツを楽しいと感じると、練習量も増えるし、生産性も向上する。

スコアボード上の成果を挙げたいと思うと、不安感が増してしまうのはなぜだろうか。それは、スコアボードの数値は自身のコントロールが及ぶものではないからである。人は、自分にとって大事なこと、かつ自分のコントロールが及ばないことに不安に感じるものだ。

スコアボード上の勝利は、選手やチームがコントロールできるものではなく、相手のレベルに大きく左右される。絶好調で過去最高のプレーが続いたとしても、スコアボード上は負けるということもあり得るのである。

2. 人生における成功

人生は、スポーツと同様に失望の繰り返しである。ビジネスや私生活の諸方面で成功している人たちも、最初から成功していたわけではない。私がスタンフォード大学ＭＢＡの生徒として投資家のパネルディスカッションに出席したときのことだ。パネリストの一人が、「失敗を経験していない人が興した会社に投資したいとは思わない」と発言し、驚いた覚えがある。理想の起業家とは、過去に起業し、失敗し、その失敗から学び、再度挑戦する強靭さがある人物だそうだ。スポーツを通じて、人生の成功につながる多くの教訓を学ぶことができるが、失敗や敗北を踏み台にして再挑戦することは、その大事な教訓のうちの一つである。

3．倫理的な決断

勝利をどのように捉えるかは、その人の倫理行動に影響を及ぼす。M・カヴサヌとG・C・ロバーツによる最近の研究によると、アスリートの（PCAでは得点志向性と呼ぶ）「自我《エゴ》志向性」には、（1）倫理的機能の低下、（2）スポーツマン的態度の悪化、そして（3）相手を負傷させる危険性のある行動でも正当だと感じてしまう度合いの増加との関連性が認められるという。

これは、とても単純なことだ。アスリートたちが、「スコアボードのことだけ考えろ」と指導されている場合、倫理的思考のレベルが低下してしまっても不思議ではない。スコアボードの数値が唯一の基準である場合、スコアボードを自分のイメージ通りのものにするためには手段を選ばないという誘惑は大きくなる。

私たちは、ユーススポーツの経験を通じて、子供たちの倫理的思考のレベルが低下するのではなく向上することを望んでいる。熟達することを重視するコーチングのいいところは、倫理目標も叶えることができるということだ。選手の目標をスコアボード上で勝つことではなく、自分のベストを尽くすこととした場合、勝つために大事な原則を曲げる可能性は、比較的低くなるのだ。

熟達するためのＥＬＭツリー

得点志向性では他者との比較、試合結果、失敗の回避が重視される一方、熟達《マスタリー》というコンセプトでは努力、学習、改善、そして失敗にどのように対処するかが重視される。熟達の重要な要素を監督、保護者、そして選手の皆さんに覚えていただくために、次の合い言葉を考案した。熟達《マスタリー》の木はＥＬＭツリー（楡の木）。ＥはEffort（努力）、ＬはLearning（学習）、そしてＭはMistakes（ミス、失敗）をしたときにどのように対処するか、である。

EFFORT（努力）

結果が重視される得点志向性に対し、熟達では努力が重視される。私は、限界まで努力しただろうか。私たちは、すべてを出し切っただろうか。

監督の誰もが、選手たちに頑張ってほしいと思っている。これは驚くべき新事実でもなんでもない。しかし、選手たちに頑張ってもらうためには、絶妙な手加減が必要である。それについては、後述する「ツール」で詳しく説明するので、そちらをご覧いただきたい。監督の誰もが努力は大事だと言う。しかし、多く（もしかしたら大多数）の監督は、スコアボードの誘惑に負け、努力の大切さを十分に強調することを忘れてしまっている。努力が実り、スコアボードに反映され、勝利を収めることができた場合には、監督やファンが努力の大切さを強調することを忘れることはあまりない。逆に、多大な努力をしても「失敗」に終わってしまった場合には、そこまで行われた努力はなかったかのような扱いを受けることが多い。

LEARNING（学習）

得点志向性では他者との比較が重視されるのに対し、熟達を重視する考え方では、学習すること、そして自らを改善し続けることが求められる。どこから始めるかという現在地よりも、どれだけ改善するかの方がはるかに大切なのだ。他者と比べたときの自身の優劣は、コントロールが及ぶことではないため、気にすべきではない。そう思えば選手たちの肩の荷は下り、何かから解放されたような気になるのではないだろうか。

一方、学習すること、そして自己改善し続けることは、自分で努力すればできることなので、選手たちはそちらの方に集中すべきである。私自身、他者と比較せず学習に集中した結果、大事なものを得ることができたという経験がある。

当時、私はスタンフォード大学経営大学院1年目で、恐縮しながら財務会計の授業を受けていた。というのも、私の隣にはウォール街で何年も働いた経験のある人たちが座っていたし、ある生徒はなんと公認会計士だった。他方、彼らの隣に座る私は、会計の授業を一度も受けたことがない。私がどれほどの努力をしたとしても、彼らと同じような成績を取れるはずがなかった。

私は昔から、常に成績はクラスで上位数人に入っていたので、この財務会計の授業では自分がクラスの底辺にいることを思い知らされ、気分が悪かった。私の不安感は日に日に増し、最終的には身体的な症状が出るほどになった。ある日、午前八時から始まる財務会計の授業に出るために自宅でシャワーを浴びていると、突然体が麻痺して動けなくなってしまったのだ。一階にいた妻サンドラを大声で呼び、彼女の力を借りてシャワーからベッドまでなんとか移動した。

数分すると、着替えられるようになり、足を引きずりながら車まで行き、サンドラに運転してもらって学校に行った。その会計の授業の内容は何一つ頭に入ってこなかったが、なんとか二時間の授業を最後まで聞くことはできた。原因がストレスだということに気付いたのは、数日経ってからのことだった。それまでの人生でできていたようには他者との競争に勝てないことに不安を感じ、それがストレスの原因となっていたのである。

どうにか一学期を終え、クリスマス休暇にノースダコタ州とミネソタ州の実家に帰ると、そこで驚くべき事実に気付いた。私は一学期という短期間で、信じられないほど多くを学んでいた。旧友と話をするたびに、私は以前とは異なる視点から意見を言えるようになっていたのだ。

そのときから、自分よりも出来のよいクラスメートと比較するのではなく、今の自分と昔の自分を比較するようになった。今のジムを昔のジムと比べると、格段に知識が増えていた。自分がどれだけ学習したか気付いてからは、学習意欲がさらに高まった。経験値が異なる他の学生の足元にも及ばなかったとしても、ビジネススクール在学中にできるだけ学びたいと思うようになり、そのためにもっと努力をしようという気になった。

冬休み中に、私は参考書を片手に原価計算の勉強をした。これで二学期の原価計算の授業のときにはそこそこついていけるはずだ、という自信がつき、実際授業に出てみるとついていくことができた。スコアボードからELMツリーへ志向性を切り替えたことにより、私に三つのことが起こった。「(1)以前と比べると、ビジネススクールが格段におもしろいと感じるようになった」「(2)落第することを心配する時間が減ったので、その分学習量が増加した」「(3)成績がよくなった(スコアボード上の数値がよくなったのだ!)」

ちなみに、現実の世界では、多くの場合努力は報われるものだ。新学期になって初めての原価計算の授業後、教授に呼ばれ、私の一学期の成績は悪く、本来であれば落第点だったということを聞かされた。そして教授はこう続けた。

「あなたはいつも出席していたし、たくさん質問していたし、本当に頑張っていた。だから、私はどうしても落第点をあげられなかったのよ。」

それを聞いた私がほぼ反射的に「ありがとうございます!」という言葉を心から発したのは言うまでもない。

MISTAKES（ミス、失敗）

熟達志向の環境では、失敗は恐れるべきものではない。失敗は、自己改善のためには避けられないステップであるとされている。複雑なスキルや行動は、途中で失敗をしないと身につかないものだ。

マスターしようとしている内容やスキルを最大限学習するためには、失敗を恐れず、その新たな世界に飛び込むことが最も有効だ。少なくとも恐怖に負けて諦めてしまわないことが重要である。

ＵＣＬＡ（カリフォルニア大学ロサンゼルス校）ソフトボール部のスー・エンキスト監督は、褒め言葉として「リーパー（跳躍する人）」という造語を使っている。未知の世界であってもそれを進んで受け入れ、厳しい状況を挑戦として捉えることができるリーパーであってほしいとチームの選手たちに伝えているそうだ。

このエピソードは、ＵＣＬＡバスケットボール部を十二年間で十回のＮＣＡＡ優勝に導いたジョン・ウッデン元監督を想起させる。「より多くのミスをするチームの方が勝つ可能性が高い。物事を積極的にやる人こそがミスをするのだ。私のチームには、物事を積極的にやる人、それまでに何かを実現・実行した人がほしいんだ」

「生徒は先生に知識を注いでもらうことを待つティーカップ」というイメージを持っている人が世の中には多すぎる。これは全くの間違いだ。

学習は自らの力で行う活動的なプロセスであり、何らかの働きかけに対して受動的に起こる反応ではない。興味をもち、時間を費やし、積極的に求めたときに、人は学習できるのである。人が受動的になるのは、多くの場合失敗を恐れているときだ。失敗しても大丈夫だということを監督が選手に明確に示すことができれば、チームを熟達志向の雰囲気にすることができる。選手たちを受動的なティーカップから、学習という挑戦に食らいつき、攻略しようとする行動的なリーパーに変身させるためには、そのような雰囲気を作り上げることが極めて重要なのだ。

トーニャの話の続き

大学四年生のときのスランプ脱出の鍵となったのは、スポーツ心理学者のどんな言葉だったのか、と私はトーニャに聞いてみた。

大変興味深いことに、そのスポーツ心理学者が彼女に言ったのは、「自分のコントロールが及ぶ物事、つまり、自分がどのような努力をし、学習し、改善しているかに集中し、失敗しても気にしないこと」だった。このアドバイスは、どのトップアスリートにも有効なもので彼女のスランプにも有効なものだった。熟達するためのＥＬＭツリーは、読者の皆さんのまわりのお子さんにも有効なのでぜひ試してみてほしい。

熟達《マスタリー》の主な利点

熟達《マスタリー》することに集中すると、不安感が減少し自信が増すことが多い。不安感が減少すると、以前よりも競技が楽しいとアスリートは感じるようになる。自信が増すとこれ以外にも、様々ないい変化が訪れる。

スタンフォード大学の心理学者であり、ＰＣＡの全米顧問委員でもあるアルバート・バンデューラは、自己効力感の増加による好影響につき何年か研究を続け、実証してきた。自己効力感とは、ある特定の状況における自信・自己に対する信頼感を表す学術用語だ。自信が増すと、その人は以前にも増して努力するようになり、より長期におよび同じ課題に取り組む傾向があるという。

これは監督にとっては、驚天動地の事実である。考えてみてほしい。もし、チームに自信をもたせることができれば、自然と選手たちは以前よりも努力するようになり、練習する時間も増えるということなのだ。仮に、あなたのチームと相手チームのシーズン開始時の実力が同等だったとしよう。相手チームのコーチは、スコアボード上の勝利に集中するよう繰り返し指導し、あなたは熟達することに集中するよう指導する。シーズンの試合を重ねていくにつれ、相手チームの選手たちの不安感は増していく。一方で、あなたのチームの選手たちは、自信が増していく。あなたのチームの子供たちは、以前よりも頑張って練習するようになり、難しいスキルを新たに身に付けたいと思うようになり、相手チームの子供たちよりも粘り強く訓練するようになる。シーズンが進むにつれ、これらの変化はあなたのチームの勝率アップにつながっていくことだろう。

もちろん、二つのチームの能力・才能が完全に同等であることは稀だ。しかし、熟達することに集中すれば、選手たちはより早く上達するという研究結果が出ている。スコアボードの数字を気にしている場合と比べ、選手たちはより頑張ることができるし、課題に取り組む時間も増える。また、不安による貴重なエネルギーの消耗も少ない。

スコアボードの数値に集中することをやめ、熟達することに集中するようになれば、皮肉にもスコアボード上でよい結果を出せるようになるのである。

熟達と得点

誤解がないように明確にしておきたいのだが、私は得点志向を完全になくすべきだと思っているわけではない。選手たちは、コーチに言われなくても、自然とスコアボードを意識している。人は、ほとんどの場合、競技のルールの定める「勝ち」を求める。そのため、得点志向をなくすことは難しいし、そうすべきだとも思っていない。スコアボード上の勝利を手中に収めたいという自然発生的な欲求を認めつつ、その傍ら、ＥＬＭツリーの重要性の強調も必要だと言いたいのだ。

コーチが熟達を強調し、得点に対する関心を抑制するような指導をした場合、次の二つの影響を選手に与えることができる。「（1）プレッシャーを感じるような状況であっても、選手はそのプレッシャーに押しつぶされにくくなる」「（2）不調や強力なライバルの出現により選手が一時的に自信をなくした場合、自信回復までの時間を短縮できる」

ジョーン・デューダは、熟達することに集中すれば、「特に相手に攻撃されているときに、レンガとレンガをつなぎ留めるモルタルのようなねばり強さを身に付けることができる」と説明している。

スコアボードの見えぬ誘惑

通常、私たちはスコアボードよりもＥＬＭツリーが大事だと思っているが、シーズンが進むにつれ、目に見えぬ誘惑に惑わされてスコアボード重視に戻ってしまうことがある。試合の重みが増すと、スコアボード上で勝利することの重要性も増すからだ。

スタンフォード大学バスケットボール部のサマーキャンプで、チームのコーチ陣を対象とした講演をしてほしいと、スタンフォード大学男子バスケットボール部のアシスタントコーチのエリック・レヴィーノより依頼を受けた。私は承諾し、監督たちにＥＬＭツリーについて説明をすると、あるコーチは手を挙げて私にこう言った。「熟達という方法は、幼い子供たちには有効でしょうが、もっと上のレベルの大事な大会になると、スコアボードだけに集中すべきではないでしょうか」と。どう反応すべきか考えていると、エリックが会話に入ってきた。

「去年、誰もスタンフォードがあんなに強いとは思っていなかったし、準決勝まで進むなんて思っていた人はほとんどいなかっただろう」

チームがＥＬＭツリーに集中していたことが、強くなった理由の一つだとエリックは気付いていたのだ。彼のチームは努力し続け、試合を終えるたびに新しいことを学んで、強くなり、失敗を恐れなかったのである。

翌年、スタンフォードは、シーズン途中まで全米一位と評価されたものの、その後のＮＣＡＡのトーナメントでは、第二ラウンドで敗退してしまった。エリックによると、選手たちが無意識的に熟達よりもスコアボードを意識するようになってしまい、そのため不安感が増してしまったのだという。

私は、このエリックの話は非常に的を射ていると思った。シーズンが進み、試合の重みが増し、監督として（また、まわりの人々も）勝ちたいという思いが強くなると、熟達への意識が弱まってしまうことが多い。熟達することに集中すると、元々の実力よりも高い実力を発揮したり、トーナメント出場権を得たりするかもしれないが、その後知らず知らずのうちに得点志向の誘惑に負け、そもそもトーナメント出場を可能とした熟達志向を忘れてしまうのである。

トーナメント出場権獲得までチームを導いた熟達志向が忘れられてしまうと、選手たちは緊張し、ためらいながらプレーすることになり、パフォーマンスは低下する。試合後に、監督や選手たちは、「私たちに何が起こったのだろう。なぜこんな大事なときに力を発揮できなかったのだろう」と考えるだろう。

その答えは、「その試合に連れて来てくれたパートナーと踊ることをやめてしまった」と表現することができるかもしれない。彼らをそのようなチームに育ててくれた熟達志向を放棄し、得点志向の誘惑に負け、進むべき道から逸れてしまったということである。

勝者を再定義するためのツール

理屈の話はそろそろ終わりにして、選手たちの手助けとなるような、監督が使える実用性のあるツールを紹介しよう。

1. 「熟達するためのＥＬＭツリー」について選手たちに教えるための台本
2. 失敗しても努力を称えよう
3. 行動目標
4. ストレッチ目標とぴったりチャレンジ
5. 失敗後のチームルーティーン
6. 象徴的なご褒美

ツール1：「熟達《マスター》するためのELMツリー」について選手たちに教えるための台本

熟達志向性を身に付け、維持するためには、選手が熟達に関する用語を理解し、自然な形で使えるようにする必要がある。ELMツリーを教え、繰り返し使うようにしよう。

「熟達するためのELMツリー」をチームに紹介する野球コーチという設定の台本例を紹介しよう。ただし、他のポジティブ・コーチングの台本のように、暗記したり、そのまま暗唱するためのものではない。内容を読み、それをご自身の言葉に置き替えてほしい。大事なのは、チームに話す際に、あなたが楽な気持ちで話せることだ。

野球は素晴らしい競技だ。プレーするのもおもしろいし、人生に役立つことをたくさん学ぶこともできる。私が君たちくらいのとき、スポーツから多くのことを学んだ。

今シーズンのチーム目標、また、個人目標について話したい。全員が「勝者」となることを目標にしたいと思う。

勝者には二種類ある。一種類目の勝者とはどのようなものだろうか。考えてほしい。「勝者」とはどういう意味だろう。答えは、例えば「試合が終わったときに一番多く得点を挙げた方」などだろう。

一種類目の勝者は、試合が終わったときに、一番多く得点を挙げたチームだ。私たちはそのような勝者になるべきだ。なるべく多く試合に勝てるように、できる限り努力をしないといけない。

でも、もう一種類の勝者も、それと同じくらい大事なんだ。人生の勝者だ。今シーズンは、野球だけでなく、やることすべてにおいて勝者になれるように、たくさんのことを学んでほしい。

勝者になるためには、勝者の振る舞いを身に付けないといけない。「勝者」とは、取り組んでいることを熟達《マスター》するために頑張る人のことをいう。熟達というのは、よりうまくなるために努力し続けることだ。チームのみんなには、他の人と比較して自分が上だったらそれで満足するのではなく、自分自身のベストを更新し続けていってほしい。

だから、野球においては、自分がなれる限りベストな野球選手になってほしいし、みんなで力を合わせてベストなチームにしていきたい。毎日、熟達することを意識して頑張ってほしい。また、野球だけでなく、他に上手になりたいと思うことがあったら、それも熟達できるように頑張ってほしい。

熟達するためにしなければいけないことを覚えるために、「熟達の木」の話をしよう。熟達の木を登れるようになれば、野球でも人生でも成功する。熟達の木は、ＥＬＭツリー（楡の木）と呼ばれることもある。そう呼ばれるのは、上手に熟達の木を登るために、覚えておかなければいけないことが三つあるからだ。

1．Effort（努力）のE

試合でも練習でも、常にベストを尽くすこと。私は、勝つことよりも、一生懸命頑張ることの方が大事だと思う。相手が弱いチームの場合、頑張らなくても勝つだろう。でもそういう勝利にはほとんど意味がないのだ。

一方、強いチームと対戦した場合、一生懸命戦い、力を出し切ったとしても、負けることがある。でも、その場合、試合には負けたとしても、最大限頑張り、勝者のように振舞ったチームのことを、私は誇らしく思うだろう。

ＥＬＭツリーで最初に覚えておきたいのは、Effort（努力）のＥだ。

2．Learning（学習）のL

練習では毎週、試合では毎回、何かを学習し改善しないといけない。学び続ければ、もっと上手になる。向上心を保ち、自らを高める行動をし続けることは、他のチームよりも優れているかどうかということよりも大事だ。

チームが新しいことを習得していなかったり、前回から改善していなくても、相手のチームが弱いチームだと勝つことができる。その反対で、相手のチームが強いチームで、うちのチームの方が比較的弱いが、うちのチームは多くを学び、常に自己改善している素晴らしいチームかもしれない。私にとっては、あまり強くないチームに勝つことよりも、学び上達し続けることの方が大事に思える。また、私たちよりも強いチームに負けたとしても、その試合から学び、改善することができれば、大事なことを達成できていると思うが、どうだろうか。

ＥＬＭツリーで二つ目に覚えておきたいのは、Learning（学習）のＬだ。

3．Mistakes（ミス、失敗）のＭ

失敗することは悪いことだ、と思っている人は多いかもしれない。しかし、本当は失敗することは学習する上で不可欠なことなのだ。ミスや失敗を恐れていては、野球みたいな複雑な競技で上達することは難しいだろう。また、多くの場合ミスを恐れる人は、思いっきり頑張らないのだ。

みんなには、このチームではミスをしてもいいということを知っておいてほしい。ミスをしても、落ち込んだり、その後に頑張れなくなったりせず、そのミスから学ぼうという姿勢でいてほしい。

このチームではミスをしても大丈夫ですか？と聞かれれば、私は「そうだ」と答える。ということで、ＥＬＭツリーで三つ目に覚えておいてほしいのは、Mistakes（ミス）のＭだ。

勝者のように振る舞うために、次の三つのことを覚えておこう。

1．いつでもベストを尽くすこと

2. 常に学び、上達・改善すること

3. ミスしても（ミスを恐れ）立ち止まらないこと

これらの三つを実行すれば、それは勝者のような振る舞いであり、野球だけでなく、人生においても勝者になれるのだ。

よし。では、今日も実り多い練習にしていこう。一生懸命頑張り、なるべく多くを学び、失敗を恐れないで頑張っていこう。

最後に、熟達の木はどういう木か覚えているか？

三つの頭文字は、それぞれどういう意味だったか覚えているだろうか？

あなたのチームにＥＬＭツリーを紹介するタイミングとしては、年度初めが理想的だが、大事なのは、選手たちがＥとＬとＭを躊躇せず言えるようになるために、何度も復習の機会を設けることである。

今の世の中は、得点志向性が支配的であるため、選手が実際にＥＬＭツリーを体現できるようになるまでに時間がかかるかもしれない。チーム会議、練習、試合の前後などにＥＬＭツリーの復習を繰り返せば、選手たちがそのコンセプトを自分のものにする手助けができる。

選手たちにＥＬＭツリーについて理解してもらったので、彼らを勝者にするための次のツールを紹介しよう。

ツール2：失敗しても努力を称えよう

ＰＣＡのトレーナーが、努力を称えるべきだと監督たちに話すと、多くの場合、あまり関心がなさそうな反応が返ってくる。皆、そんなことは当たり前だと言わんばかりの顔をするのだ。努力は称えるべきであり、実際、多くのコーチは称えている。しかし、ここで私が言っていることは、もう少し複雑なことだ。

選手が一生懸命頑張ってよいプレーをすると、監督がその努力を称えることはごく自然なことだ。バスケットボール選手がゴールに向かって勢いよく走り、シュートを決める。すると、監督が「よくやったぞ、ジョン！」と叫ぶ。ジョンは監督が何を喜んでいると思うだろうか。彼はきっと、監督は自分がよいプレーをしたから喜んでいると思うに違いない。

もう一つのシチュエーションは、選手は一生懸命頑張ったものの、よいプレーをできなかった場合。ジョンは（監督に指導された通り）利き手と反対の手を使ってドリブルし、シュートしたが、リムに当たって点数にはつながらない。すると監督は「いいドライブだ、ジョン！いいドライブだった！　積極的でよかったぞ！」と叫ぶ。さて、ジョンは監督が言ったことをどう理解するだろうか。

この場合、監督が褒め称えたのはジョンの努力だということは明らかだ。ミスショットしているので、努力の結果を褒めているわけではないことはわかるだろう。監督はコート上で努力を体現した選手を称えたわけだ。こうすることで、褒められた選手は引き続き努力をするだろうし、今まで以上に頑張るかもしれない（実はこれは仮定ではなく、実例である）。

努力できる選手に育ってほしければ、彼らが努力をしたときに、曖昧でなく明確なフィードバックをしてあげなければならない。スポーツを始めたばかりの子供たちは、トップアスリートたちがどれだけの努力をしているか理解していないことが多い。疲れると、自分は十分頑張ったのだと思い込んでしまい、まだ頑張れるということを理解していなかったりする。

スポーツが子供たちにとってよい経験となる一つの理由は、多くの場合、人生で初めてきつい身体運動に直面することになるからである。自分でやってみて、それがどれくらいきついものであるか実体験として感じることができるのだ。

だから、子供たちが頑張ったときには、（特に努力の結果成功しなかったときには）その努力を称えるべきである。そうするために私たち監督は、選手が失敗したときにはそこに至るまでに行った努力を探さなければならないのである。

不成功に終わる努力を期待する

物事が思うように進まないときに、多くの監督が負の感情に圧倒されてしまうようだが、このツールのいいところは、それを打ち消せることだ。

一週間、ディフェンスの練習ばかりしてきた。しかし、試合になるとその練習がいきず、選手たちはやるべきことをやらない。そのような場合、普通の監督は苛立ち、負の感情を抱きがちだ。そして、監督の負の感情は選手たちにも伝わり、試合の雰囲気は悪くなっていく。私の経験を振り返ってみても、選手たちが試合でやるべきことをやらず、私が彼らに怒りをぶつけると、そこから試合の流れがよくなるということはなかった。逆に、彼らのE（エモーショナル）タンクを枯らしてしまうことになり、悪循環に陥った。

一方、「失敗しても努力を称える」という頭で物事を見て、「選手が努力した結果、成功しなかったシチュエーション」を意識的に探していると、不思議と負の感情を抱きにくくなる。選手が懸命な努力をしたにもかかわらず失敗に終わってしまったようなときは、よいコーチングの機会となる。それは、指導内容について選手に強い印象を与えることができるからだ。監督の視点からすると、実を結ばなかった努力を見つけ、その努力を称えることができれば、将来選手たちからさらなる努力を引き出すことができるということだ。それを意識していれば、物事が思うように進まなかったとしても、あまり負の感情を抱かず、逆にその状況を活用しようという気持ちになれるのである。

ＰＣＡのティナ・サイヤーによると、フィールドホッケーやサッカーのウィングの二人が左右に広がっていると、相手のディフェンスが彼らをカバーしようと左右に分かれるため、ストライカーがシュートする空間を中央に作り出すことができるそうだ。

試合中、ティナはウィングの選手が左右に離れて待機しているかどうか注意深く見ているという。また、いつもそうなるように、あることをしている。彼らのチームメイトがシュートを決めた場合、ティナは、ウィングが左右に広がっていたからこそ、このプレーが生まれたということを強調するのだ。

また、結果的にチームメイトのプレーが得点につながらなかった場合でも、ウィングが左右に広がり空間を作る努力をしていたことを褒める。そのような趣旨のことを発し続けることで、「監督は努力すること自体に重きを置いていて、結果が出るかどうかではないんだ」と選手たちは理解する。選手たちは、監督が見ていることを意識するようになり、その後の試合では、空間を広く使う努力をするようになるだろう。

このコーチング戦略を最大限活かすために、次の二点を覚えておこう。「(1) 選手を褒める場合は、チーム全体の前で褒める」。そうすることで、プレー当事者だけでなく、全員にメッセージを伝えることができる。「(2) 監督がこのツールを使ったとしても、保護者が努力ではなく失敗に注目してしまうと、このツールの有効性がいとも簡単に失われてしまう」。このツールの効力について保護者とも共有する。

子供たちが頑張れる人間に育つように、失敗したとしてもその過程で努力があった場合には選手たちを褒める方針であることを保護者に伝える必要がある。また、監督と保護者から矛盾しないメッセージを子供たちに伝えるために、保護者も同じように発信してほしいと協力を要請するといい。

ダブル・ゴール・コーチは、不成功に終わる努力がないか常に目を見張り、ときにはそのようなシチュエーションが起きることを期待する。そのような状況を利用すれば、子供たちに努力の重要性を教えることができるからだ。努力(Effort)は、ELMツリーの最初の大事な要素である。

サン・ディエゴ市ユニバーシティ・シティ高校サッカー部監督のエリック・アンダーソンは、ＰＣＡが賞の授与を開始して間もない2002年3月に、全米「ダブル・ゴール・コーチ・アワード」を受賞した。彼の推薦理由には、チームの選手の保護者によって書かれた推薦状が含まれていた。その保護者の息子は、大事な試合の決定的な局面で大変なミスをしてしまい、グラウンドからベンチに下がる際に随分落ち込んでいたそうだ。エリックは彼を呼び寄せ、こう言った。「君があのミスをしてくれてよかった！」と。男の子は驚き、顔を上げた。「これで次からどうすればいいか忘れることはないだろう」とエリックは続けた。

サッカー体験、そしてダブル・ゴール・コーチのエリック・アンダーソン監督が、どのような思い出となって彼の心に残るか想像してみてほしい。素晴らしいことではないだろうか。

努力と高揚

「大きな努力をすること」について、一点どうしても伝えておきたいことがある。それは、努力は、意外と高揚を伴うものだということだ。

ＰＣＡシニア・トレーナーのジェフ・マッケイは、相手チームに大差をつけられていた試合で逆転勝ちしそうになった（最終的には、九回に一点取られて負けてしまったが）という話をしてくれた。試合が終わったとき、選手たちは自分たちの大変な頑張りに興奮していたそうだ。その状態がその場限りの感情なのか、翌日はどう感じるのかジェフにはわからなかった。翌日の練習の際、ジェフは選手たちが前日の試合についてどう思ったか質問した。

最初に答えた選手は、「高揚した」と答えたのだそうだ。この話を聞き、私はこう思った。「人生においても確かにそうだ。結果が出なかったとしても、大きな努力をしたときには自らを誇らしく感じ、その選手の言う通り高揚するものだ」と。

ツール３：行動目標

「行動目標」は、ダブル・ゴール・コーチにとってとても有効なツールだ。多くの監督は成果目標を立てるが、成果目標は相手チームのレベルに左右されてしまうものである。

例えば、テニス初心者がプロと対戦した場合、どれだけ頑張ったとしても、プロに勝つという成果目標を達成することは不可能に近い。一方で、行動目標は大抵の場合、自分次第で達成することが可能だ。初心者が経験者と対戦した場合、スコアボード上で負けたとしても、行動目標を達成することは可能なのである。

原則的に、人は称賛、見返りや成果を得られることをやる傾向がある。努力を称えられた選手は、その後も頑張る可能性が高まる。「頑張ることに意味がある」ということを選手に理解させることができれば、それは彼らのその後の人生の糧となるだろう。

初心者や比較的レベルが低い選手にとって、大抵の場合、試合結果はコントロールできるものではない。そのため、成果目標を与えると落胆させてしまい、やる気低下につながるかもしれない。一方で行動目標は、自らの努力次第で達成可能なものであり、自分の達成度が見えるため、どのレベルの選手であってもやる気を出させるためのツールとして用いることができるのだ。

行動目標vs成果目標

行動目標と成果目標は混同されることも多いので、いくつか例を挙げてみよう。

野球・ソフトボール（打者）
行動目標：ゴロの場合、一塁まで全速で走り切る
成果目標：送球よりも早く一塁に着く

バスケットボール（ディフェンス）
行動目標：相手チームによるシュートの後、相手に接触しブロックアウトする
成果目標：リバウンドを取る

サッカー
行動目標：プレーをリスタートする際には、ボールに向かって走る
成果目標：最初にボールを取り、他の人に渡さない

行動目標と成果目標の関係

対戦相手よりも格段に能力が劣るアスリートや低年齢の選手、初心者などに成果目標を与えた場合、その選手のやる気を削いでしまうことがある。

誤解してほしくないのは、私は決して「監督は成果目標を無視すべきだ」と言っているわけではない。行動目標と成果目標は確実に関連がある。うまく設定された行動目標は、時間の経過とともに選手を成果目標に導くことができるはずだ。チームが行動目標に集中しそれを達成し始めれば、チームの調子は回復し、それを継続していけば、成果目標を達成できるようになる。

例を挙げて考えてみよう。バスケットボールの監督が、積極的にゴールに向かって攻めていくことをチームの課題として掲げたとする。その場合、「一試合で最低二十回のフリースローを打つ」という行動目標を立てるといいだろう。

ゴールに向かって積極的にシュートしに行くと、多くの場合、相手チームのファウルを誘い、フリースローの機会が増える。チームが「フリースロー二十回」という行動目標を達成できれば、積極的にプレーできているということになり、「試合に勝つ」という成果目標を達成できる可能性も高まるのである。

行動目標を立てる

監督が行動目標を立てることもできるが、選手本人が立てた方が効果の高いものとなる。行動目標と成果目標の違いは、選手たちにとってわかりにくいかもしれないので、行動目標は「1．どれくらい頑張るかの目標」であり「2．選手自身の努力次第で達成できるかどうかがほぼ決まる目標」だということを教える。選手たちの議論をうながすために、いくつか例を挙げてみるといいだろう。そしてその後、どのような行動目標に向けて頑張るつもりか、選手に質問してみるといい。

選手たち自身に行動目標を立てさせ、練習ごと、試合ごと、シーズンごとの数値目標も合わせて決めさせると、さらに効果を上げることができる。例えば、「アウト・オブ・バウンズ・ショットを追いかける」という行動目標の場合、「今日の試合で、最低五回はアウト・オブ・バウンズ・ショットを追いかける」という数値も含めた目標にすると、効果を高めることができる。試合後に監督と選手で目標をどの程度達成したか評価を行い、その出来次第で次の試合の目標設定も可能となる。

試合の行動目標、シーズンの行動目標

行動目標があれば、得点に固執することなく、試合やシーズンの途中で諦めることなく、最後まで頑張り抜くことができる。行動目標達成の可能性がある限り、試合終了まで選手たちはやる気を保ち、一生懸命プレーし続けることができるだろう。監督は、ハーフタイムやタイムアウトのときに行動目標の達成度を評価できる。

前述の例に戻って考えてみよう。バスケットボールの監督は試合のハーフタイムに、チーム

の行動目標であるフリースロー二十回という目標がどの程度達成されているか評価できる。まだ四回しかフリースローをしていないことを選手たちが認識すれば、後半はもっと積極的にプレーしようというモチベーションにつながるだろう。

ウェイン・ピネガーが監督を務める七～八歳の女子サッカーチームは、ある年厳しいシーズンを経験した。シーズンの初試合のこと。開始して数分後に、彼のチームはゴールを決めた。しかし、その後どの試合でも得点を挙げることができず、そればかりかシュートすることさえもなくなってしまったのだ。

ウェインは、スコアボード上で勝つ可能性がほとんどないチームのやる気を保つために、いくつか行動目標を立てた。そのうちの一つが、「一試合で最低五回はボールがセンターラインを越えること」だった。

シーズンの最後の試合終盤でのこと。いつも通り相手チームに大差をつけられていたが、ウェインの女子サッカー部員たちは一生懸命頑張り、ボールがセンターラインを越えた。選手たちは盛り上がり、観戦に来ていた保護者たちも大歓声を上げた。その盛り上がりは、相手チームとその保護者たちを困惑させたそうだ。こんなにボロ負けしているのに、なぜ喜んでいるのだろうかと。読者の皆さんはもうその答えをご存知だろう。監督がチームに行動目標を与えると、たとえスコアボード上で大差をつけられていたとしても、上達を実感できれば気分が高揚し、一生懸命頑張り、目標に向けて力を出し続けることができるのである。

ウェインのチームの選手たちは、シーズン中練習も試合も欠かさず参加した。頑張れば達成可能な行動目標を彼女たちが設定できるようウェインが手助けしたため、彼女たちにとってとてもよい経験となったのである。

成績優秀な選手やチームの行動目標

行動目標は、実力面で相手より劣っている選手や弱小チームのためだけにあるものではない。成績優秀な選手やチームの場合、対戦相手と実力差があり、容易に勝てそうな試合のときなどに活用できる。

例えば、試合の序盤ですでに勝敗が決まってしまっているような試合の場合、利き手や利き足ではない方の手や足を使うことや、まだ試合では使いこなせていない技を使うなどという行動目標を設定することができる（この場合、そういうことをしていることを相手チームに悟られるような行動は慎まなければならないことを選手たちに指導しなければならない）。また、このような行動目標設定のもう一つの利点として、試合の得点差がさらに開くことを抑えることができる。

ＵＣＬＡソフトボール部監督のスー・エンキストは、バッティング練習に行動目標を設定している。彼女は、ヒットするか否かではなく、「よい打ち方」となるかどうかを見ている。よい打ち方かどうかは、バットを持つ両手がちょうどボールと体の間の位置に来ているかどうか、バットのヘッドの角度が適切かどうか、ボールとのコンタクトがどうか等を見て評価する。

大人の世界における行動目標

つい最近、本業が営業職という人も参加している監督の集まりで、この行動目標について紹介した。すると、そのうちの一人が、仕事で行動目標をどのように活用しているかを説明してくれた。

彼は経験上、契約締結できるのは平均で三件の電話につき一件だということがわかっていた。ある年、彼は手取給与を数千ドル増やしたいと思った。それを実現するためには、例年よりも八件多く契約を取る必要があったため、それを成果目標として設定した。ただし、彼はそれだけでなく、例年よりも二十四回多く電話をかけるという行動目標を設定し実行した。すると、計算通り、例年よりも八件多く契約を取ることができ、目標としていた数千ドルの追加収入も達成することができたというのである。

ツール４：ストレッチ目標とぴったりチャレンジ

ある目標値を達成しようと決めると、その目標値を超える結果を出すことは稀だ。ある目標を設定した場合、実際の達成度は目標値よりも低くなることが多い。そのため、高い目標設定をすると、目標は達成できないかもしれないが、高くない目標を設定するよりも、より高度なことを達成できる。*Shooting in the Dark: Tales of Coaching and Leadership*では、高校バスケットボール部監督として、私がどのような目標設定をしたか説明している。あるシーズン、チームの共同キャプテンの二人が相談し、セントラル・コースト・セクションを目指すことを目標とした。それを聞いた私は、現実的にはそこまでの実力はないのではないかと考え、「リーグ優勝を目指した方がいいのではないか」と提案しそうになったが、なんとか思いとどまり、何も言わなかった。ストレッチ目標を設定した彼女らのやる気を削ぐようなことは言いたくなかったのだ。

その年、チームはリーグ優勝を果たした。振り返ってみると、高い目標設定をしたことが達成要因の一つだったと確信している。リーグ優勝という目標を掲げていてもここまで達成できたかというと、きっとそうではなかった。高く、非現実的な目標の方が、実は実用的だったという例である。

監督の皆さんには、チームや選手たちの目標としてストレッチ目標を設定することをお勧めする。ストレッチ目標は、すぐに達成できるような目標ではない。手の届きそうな目標だと、懸命に背伸びする必要はない。ストレッチ目標とは、できそうなことの少し先にある目標で、時間をかけて努力を重ねれば達成できるようなものだ。そのストレッチ目標を達成できなかったとしても、その少し遠い目標に向かって懸命に手を伸ばすことの大切さを学ぶことができ、最初から達成可能な目標を設定するよりも、よい結果を出せる可能性が高い。しかし、ストレッチ目標があまりにも野心的なものだと逆に選手たちのやる気を削いでしまうこともあるので、設定後に定期的にそれが適切なものかどうか検討するといいだろう。途中で適切でないとわかった場合には、モチベーションを高められるようなものに修正するといいだろう。

ＰＣＡシニア・トレーナーのニール・フィリップスは、監督を務めるバスケットボール部でストレッチ目標を用いている。彼が監督を務めているのは、アマチュア運動連合（ＡＡＵ・全米の体育協会）のアンダー12の男子バスケットボール部だが、そのチームのシュートが上手な選手何名かが試合ではシュートしないという現象が発生していたそうだ。

練習では、素晴らしいショットをするのに、試合では消極的になり、自分より上手な選手に任せ、シュートをしなくなる。一部の選手しか試合でシュートしない状態が続くと、チームの実力が活かされないままになってしまうと懸念したニールは、試合でシュートすることに消極的になっている選手たちと一緒に、試合中のシュート数のストレッチ目標を設定した。

定期的な見直し

ストレッチ目標設定にはリスクもある。目標設定する際に、あまりにも高すぎる目標にすると、選手はモチベーションではなく、諦めを感じてしまう。

ニールのチームには、一試合で五回シュートすることでさえ、大きな挑戦だと感じる選手もいた。実際、目標設定直後の試合で一回もシュートできなかった選手がいて、そのままだと彼は達成不可能な目標だと諦めていたかもしれない。しかし、そのようなことがないようにニールは定期的にストレッチ目標が適切かどうか選手個人個人と確認する機会を設けている。

ニールは試合後には必ず、目標の達成度につき各選手と話し合うことにしている。目標が五回シュートすることだったにもかかわらず、その試合で一度もシュートできなかった場合、その選手に目標を下方修正するよう勧める。「次の試合では、前半に一回、後半に一回シュートすることを目標としてみないか？ どう思う？」と。

次の試合のハーフタイムにニールはその選手と確認する。「ストレッチ目標は達成できたか？ シュートはしたか？」。もし、まだなのであれば「後半に最低一回はシュートするためにはどうすればいいと思う？」と聞く。

ストレッチ目標のもう一つの危険性は、子供が途方もなく高いストレッチ目標を目指したいと言った場合に、監督が否定的な反応をする可能性があるということだ。*Shooting in the Dark* では、高校バスケットボール部のリリアンという選手との目標設定面談について書いた。彼女は「ダンクできるようになりたい」と言い出したのだ。そのとき、私は彼女を応援するのではなく、そんなことは無理だと思っていた。

「身長が何センチあったとしても、ダンクできる女性は世界にほとんどいない」ということが頭をよぎり、目標達成のためのロードマップを描く手助けができなくなってしまった。

もし、リリアンとの面談をやり直すことができるならば、「よし。その目標を達成できるようにどうすればいいか一緒に考えよう」と言うだろう。そして、彼女がゴールリングのどれくらい近くまで跳べるか測定をし、垂直跳躍力を高めるためのウェイトトレーニング・運動メニューを組み、さらに、進捗状況を定期的に把握するための、チェックポイントカレンダーを策定することを勧めるだろう。その過程で、もしダンクできるようになるまでの道のりが途方もなく遠いということが判明したら、「リムを触れるようになる」や「テニスボールでダンクできるようになる」など、中間目標を設定するかもしれない。

ちなみに、リリアンの話にはその後の展開があった。彼女は陸上もやっていたのだが、高校三年生のときに、トリプル・ジャンプでセントラル・コースト・セクション優勝を果たし、カリフォルニア州大会への出場権を獲得したのである。

私が思っていたよりも、彼女は優れた跳躍力を秘めていた。彼女が決めたストレッチ目標が達成可能なものだったかどうかは重要ではなかったのだ。もしあのときダンクというストレッチ目標を設定していたら、跳躍力が向上しリバウンダーとしての能力も向上していたはずなので、ストレッチ目標を設定すること自体が大切なことだったのだ。

ぴったりチャレンジ

自らの能力がみるみる向上していくことを認識したときほど、モチベーションが上がることはない。デボラ・スティペック著 *Motivated Minds* では、ユーススポーツの監督も興味を持ちそうな、子供とパズルに関する研究について述べられている。まず最初に、子供たちのパズルを解くスキルを測定するために、十三種類のパズルを用いた事前テストが行われた。

研究者たちは、子供たちにどのパズルで遊んでもいいと告げ、部屋を出た。すると、子供たちは、いろいろなパズルを手に取ったが、最終的には一人残らず、自分のレベルよりも一段階レベルの高いパズルを手に取り、遊び始めたそうだ。スタンフォード大学教育学大学院の部局長を務めるスティペック博士は、これを「ぴったりチャレンジ」と呼んでいる。最初に簡単すぎるパズルを手に取った子供たちは、退屈そうな顔をしていた。しかし、自分にぴったりのパズルを見つけたとき、彼らは笑顔になったのだ。

この研究内容を知って初めて、クロスワードパズルをしているときの私自身の行動を理解できるようになった。毎日読んでいる新聞のクロスワードパズルには興味を失い数年前からやらなくなっているのだが、なぜか日曜日のニューヨークタイムズ紙に掲載されているクロスワードパズルは毎週楽しみで、欠かさずやっている。何年もクロスワードパズルをやり続けているうちに、日刊新聞のパズルは簡単すぎると感じるようになっていたのだ。一方で、日曜日のニューヨークタイムズ紙のパズルは、私にとってのぴったりチャレンジであり、解き終わるまでに数時間を要する。解こうとしているとき、私はきっと笑顔になっているに違いない。

アスリートにぴったりチャレンジを設定することができると、彼らは多くを学び、上達することをおもしろいと感じ、自然とモチベーションが向上する。笑顔でぴったりチャレンジに挑戦している人のモチベーションは、上げようとする必要はないのだ。

人生のストレッチ目標

ストレッチ目標を用いることで、グラウンドの外、すなわち人生そのものに影響を与えることができることは大変興味深いことだ。*Built to Last: Successful Habits of Visionary Companies* で、筆者のジム・コリンズとジェリー・ポラスは、企業は「社運を賭けた大胆な目標（Big Hairy Audacious Goals = BHAG）」を立てるべきだと提唱している。

前出の例で、私のチームの選手たちはリーグ優勝よりもセクション優勝を目指した方がやる気が出たのと同様に、ビジネスの世界でもあまり野心的でない目標を目指すよりもＢＨＡＧを目指した方がモチベーションが高まるということが、コリンズとポラスの研究によってわかったのである。その後ジムが執筆した *Good to Great* では、よいＢＨＡＧと悪いＢＨＡＧについて議論を展開している。

よいＢＨＡＧと悪いＢＨＡＧの違いは何だろう? オーストラリアからニュージーランドまで泳いで渡るというのは、私にとってはＢＨＡＧだ。しかし、それを実行したら私はおぼれ死んでしまうだろう。悪いＢＨＡＧは「虚勢」により設定され、よいＢＨＡＧは「理解」に基づき設定されているのだ。

ストレッチ目標を設定する一つの理由は、目標が私たちの行動を変える力をもっているからだ。野心的な目標設定をした場合、私たちは直感的に、いつもと同じことをしていただけでは達成できないことがわかる。設定したＢＨＡＧを達成する可能性を高めたいのであれば、新しいやり方をするか、今まで以上に努力をするかのいずれか、もしくは両方しなければならない。ストレッチ目標を設定することは、達成したいことを実現するためにどうすることが必要か学ぶよい刺激となるのだ。

ツール５：失敗後のチームルーティーン

このツールは、選手たちの上達を促す最も効果的なものでありながら、選手たちが楽しんでやれる最強のツールかもしれない。

達成困難なことをするとき、失敗は避けて通れないものだ。そのため、子供たちにストレッチ目標を設定させる場合には、失敗したときの対処法をあらかじめ教えておかなければならない。

子供が算数のプリントの問題を間違えた場合、その失敗を知るのはその子供と先生だけだ。一方、その子供がソフトボール場にいて、通常簡単に取れるはずのゴロを取れなかったときには、その失敗を世界中に見られてしまったような気になるし、たとえ数人しかいなかったとしても、子供はそのように感じてしまうのだ。

スー・エンキストは、失敗から立ち直れない場合の影響についてこう述べている。「最後のあのバッターのスイングは忘れないといけない。それを引きずってしまうと、次に投球するときの判断に影響が出てしまう。再度プレートを踏み、鋭いカーブボールを投げたければ、ホームベースの中央に投げてしまったあのライズボールのことは忘れなければならない」

ＰＣＡシニア・トレーナーのマイク・レガルザに初めて会うために、私は彼が監督を務めるカリフォルニア州レッドウッド・シティにあるカニャーダ大学のバスケットボール事務局を訪ねた。私たちは、選手たちが目の前のプレーに対する集中力を高める一つの方法として、失敗しても直ちに気持ちを切り替えられることの重要性について意見交換した。

話しているうちに、マイクはどんどん生き生きとし始め、最終的には椅子から跳び上がり、こう言った。「ちょっとついてきてください。見せたいものがあるんです」。彼は私を男子トイレに連れて行った。壁に人の心を打つような言葉でも書いてあり、それを見せたいのではないかと思ったが、無地の壁しか見当たらなかった。

マイクはそんな私を見て笑い、便器に近づき流した。この時点で、私は出口の方に後ずさりした。マイクについてはいい噂しか聞いていなかったのだが、彼の行動を見て少し不安になったのだ。もしかしたら頭のネジが飛んでしまっているのではないかという考えが頭をよぎった。それが私の表情に出ていたのだろう。マイクは笑って言った。

「うちのチームは失敗すると、こうするんです。流してしまうんです！」

失敗は、臭いが漂ってきそうなくらい嫌なもの。そういうものはどうするか？ トイレに流してしまうのだ。彼は私にそう伝えたかったのである（英語で「下手」を、「stink＝悪臭がする」と表現することもあるのでそれとかけている）。マイクのチームのある選手がコート上でミスをしたそうだ。それを見たチームメイトたちは、手を上下に動かし、トイレを流すしぐさをした。すると、失敗した本人はミスをしても許されるということを思い出し、気持ちを切り替え、次のプレーに集中することができたのだそうだ。ときには、「流せ！」と選手たちがお互いを大声で励まし合う光景も見られるそうだ。

この「（トイレに）流す」という表現は、ちょっと下品なことを言っているような気もするようで子供たちにはウケがよく効果的だ。「流す」ことは、失敗後にチームとしてできるルーティーン（儀式）の一例にすぎない。

私は野球とソフトボール（キャップを使うスポーツ）に使えるよいルーティーンを用いている。選手が失敗をすると、帽子を取る。帽子を取っている間は、ミスをしたことについて感情的になることが許される。しかし、一度帽子をかぶり直すと、そのミスを忘れて次のプレーに集中しなければならない、というものだ。

失敗後のチームルーティーンは、失敗した選手がいれば、いつでもできる。失敗した選手、他の選手、そして監督・コーチたちも帽子を取り、失敗にさようならをするかのように帽子を手に取って振る。そして一斉に帽子をかぶり直し、失敗を忘れ、気持ちを切り替え、次のプレーに備えるのだ。この失敗ルーティーンは、「手を振ってグッバイだ！」と言葉で表現してもいい。

サンフランシスコ市のセント・イグナチアス高校ラクロス部のデーブ・ジアルッソ監督は、似たようなルーティーンを取り入れている。選手がミスをすると、それぞれ自分のヘルメットを二回軽く叩くというものだ。チームの選手から聞いたところによると、試合中にミスをし、監督の方を見ると、デーブは自分の頭を軽く叩き「失敗しても大丈夫だ。試合に集中するんだ」と合図するのだそうだ。

カリフォルニア州北部のスコッツバレー・サンロレンゾバレー・サッカークラブのロビン・オーヴ監督は、ＳＦ映画やテレビ番組からアイデアを拝借しているという。彼女のチームの失敗ルーティーンは、誰かがミスをすると「フォース・フィールド・オン！」と叫ぶこと。フォース・フィールド（結界）が選手たちを囲い、失敗から来る負の感情から次のプレーを守るという意味だ。また、オレゴン州ベーバートン市のウェスト・サイド・サッカー・クラブの監督は、単純に、「プレーを続けろ！」というかけ声を失敗ルーティーンにしていると教えてくれた。一人の選手がミスをすると、「プレーを続けろ！」というかけ声が幾重にもこだまするようにグラウンドから聞こえてくるそうだ。

ＰＣＡシニア・トレーナーのジェフ・マッケイは、「ノー・スウェット」（変な汗をかくほどのことではない＝大丈夫だ、問題ない）を失敗したときの合言葉に使っているそうだ。動作としては、人差し指と中指を眉毛に沿って汗を拭うように横に動かすのだという。ジェフのチームのある選手は、初出場試合で三度の三振を水に流し、最終打席でセカンドへの内野安打を打った。また、別のコーチは、選手たちがミスをした後にうつむくことに気付いたため、左のスニーカーに「Next（次の）」、右のスニーカーに「Play（プレー）」と書かせたという。選手たちがうつむくと、「Next Play（次のプレー）」という言葉が目に入り、「ミスをしても気持ちを切り替え、次のプレーに集中しろ」という監督のメッセージを思い出すような仕組みである。

失敗ルーティーンはいくらでも考え出すことができる。ここで例に挙げたものでもいいし、独自に考えたものでもいいので、ぜひ試してみてほしい。失敗後の負の感情を消し去る方法があれば、選手たちは安堵し、プレーの楽しさも増すだろう。

積極性の秘密

人生と同様にスポーツでも、積極的な人やチームの方が、消極的でためらいがちな人よりも成功する確率が高い。カリフォルニア州北部クペルティーノ・フープスのジョー・バグリエール監督によると、「流す」ルーティーンを取り入れたところ、劇的な変化があったそうだ。彼が監督を務める小学校四年生男子バスケ部は、この「流す」ルーティーンを取り入れる前は、スコアボード上では四勝六敗という平凡な戦績でシーズンを終えた。しかし、その「流す」ルーティーンを取り入れたところ、前年と同じリーグ、同じメンバーであったにもかかわらず、リーグ優勝したのである。

優勝することができたのは、選手たちが失敗後により楽に気持ちを切り替えることができるようになり、試合を楽しめるようになり、積極的になったためだとジョーは分析する。彼は次のように説明してくれた。

以前は、選手に「失敗してもいい」と言っていた。しかし、実際試合で選手たちがミスをすると、言葉とは裏腹に、私は自分で自分の額を平手打ちし、しかめっ面をしてしまっていたのだ。選手たちは失敗した後に私の顔を見るので、私が失敗について本当はどう思っていたかが伝わってしまっていたのだ。ルーティーンを取り入れ、ポジティブな動作をすることで私自身も変わることができた。今は、選手が失敗をすると私も含め皆で流すしぐさをしていて、選手たちは私が心からそう思っていると感じているはずだ。

カニャーダ大学のマイク・レガルザのチームの十年間の勝率は八五％だった（またほとんど

の選手は無事卒業し、同期間のチームの卒業率は九八％だった）。

マイクによると、高い勝率の秘訣は、僅差の試合において試合終了間際まで積極性を保つことだという。勝負がかかっていると思うと、相手チームはためらいがちになってしまうのだが、彼のチームは積極性を維持することができるのだそうだ。失敗ルーティーンがあると、ためらいを減らし、積極性が増す。これはスポーツ競技最高峰のオリンピックも含め、どの競技レベルにも当てはまることである。

2000年オリンピックでミスを「流す」

三試合連続で負けた後に挽回し、最終的には金メダルを獲得したアメリカ代表ソフトボールチーム。凱旋帰国した史上最強のソフトボールピッチャーとも言われるリサ・フェルナンデス選手をインタビューした報道記者は、彼女のユニフォームに便器の絵がついたボタンが縫い付けられていることに気付き、その意味を聞いた。すると彼女は、「このボタンは『最高のパフォーマンスを出すためにはミスを流さなければいけない』ということを選手たちに思い出させるためのもの」だと答えた。

アメリカ代表チームは、2000年シドニーオリンピック予選では、無敗で勝ち上がった。本戦でも負け知らずの連勝で勝ち上がっていくだろうと誰もが予想していた矢先に三連敗したことは、選手たちにとっても大きな痛手だった。金メダル獲得のためには、その後五連勝しなければならないという窮地に追い込まれたのだ。その一戦目の前夜、負の感情をすべて洗い流すために、選手たちは衣服を着たままシャワーに入るという「儀式的シャワー」を浴びた。その後、代表チームは五試合すべてに勝利し、金メダルを獲得したのだった。

スー・エンキストは言う。「『失敗を流す』能力があるということを大会中に証明できたあの選手たちは素晴らしいと思います。その能力を習得することは、新しい言語を身に付けるのと同じようなことだと思います。『これはただの失敗だ。この失敗から学び、次に進もう』ということを思い出させてくれる言葉（合い言葉）を身に付けない限り、失敗を流すことはできないのです」

失敗後に気持ちを切り替えるためのよい失敗ルーティーンを取り入れることで、監督はチームのパフォーマンスを上げ、選手たちを笑顔にすることができる。それは、ダブル・ゴール・コーチがチームのためにできる、一番大切なことかもしれない。

ツール6：象徴的なご褒美

ダブル・ゴール・コーチは、選手たちが単にご褒美のために頑張るのではなく、自分自身のために努力し、上達することを望む。私は、内から湧き上がるようなモチベーションをもった選手のほうが、主にご褒美をもらうためにスポーツをするような選手よりも大きなことを成し遂げることができると信じている。

ご褒美には、大きな問題がある。それは、選手自身の気持ちから来るモチベーション、すなわち内因性モチベーションを減退させてしまうことだ。ご褒美のためにする場合、そのご褒美がどのようなものかによって、努力の度合いを変えてしまう。努力の見返りが魅力的でないと感じた場合、あまり努力ができなくなってしまうのだ。

しかし、「象徴的なご褒美」を利用すれば、選手の内因性モチベーションを損なわずに、チームに貢献した選手を称えることができる。実際、監督たちはどのように象徴的なご褒美を活用しているのだろうか。また、用いる際に覚えておきたい原則と正しい活用方法はどのようなものだろうか。

努力を認め、飴で表彰する

インディアナ州、カルバー・アカデミーズのジョン・バックストン校長が監督を務めるときによくするのは、飴を子供たちに渡すこと。試合の後、よいプレーをした選手を何人か選び、飴を渡す。また、その次の練習の際にはチームの前で、「デイビッドは今日、チームに大きく貢献した」などと言いながら、四回ヒットを打った子供に飴を渡すかもしれない。それだけではない。チームに貢献する者であれば、目立たない努力についても褒めて飴を渡す。

例えば、次のような選手だ。「サム、五回で三塁打を打たれたときに三塁のカバーに入ってもらえて助かった。集中して、状況を見て自分で判断し、三塁まで距離があったが一生懸命走った。そのような考え方と頑張りが、このチームがよいチームになっていくために必要なことなんだ」

選手たち一人ひとりのよいところを見つけ、一定の期間内に選手全員に飴をあげるようにする。飴をもらえるのは、才能のある選手だけではない。才能のある選手たちだけに飴を渡したら、チームの士気は著しく低下するだろう。飴による表彰があると、選手たちは次の練習が楽しみになる。今日、頑張ったご褒美として飴をもらえるのは誰だろう？と。

シールやバッジなど、飴の代わりになるものはいくらでもある。ただし、ご褒美はあくまでも象徴的なものなので、価値の高いものでないことが大事だ。今回は飴という例を挙げたが、飴が大好きな幼い子供たちにとっては適切ではないかもしれない。そのような子供たちには、飴の代わりにシールを用いてもいいだろう。

ご褒美は無形でなければならない。渡すものそのものではなく、無形の「自分の努力を認めてもらったこと」がご褒美となることが大事である。飴は、称賛するための媒体にすぎない。選手たちにとって、（お金など）それ自体に価値のあるものを渡してしまうと、このツールの効果が低下してしまう。スポットライトを浴びるべきなのは、ご褒美そのものではなく、称賛されることだ。

このツールで二番目に大事なのは、意識的に選手たちの振る舞いを観察し、監督としてまた見たい、今後もやってほしいと思えることを称賛の対象とすることだ。なお、努力から来る行為ではなく才能から来る行為を称賛した場合、それは今後の努力につながらない。チームの誰もが素晴らしいプレーをできるわけではないが、誰でももっと努力することはできる。定期的に努力を称えられ飴をもらえると、選手たちはもっと努力するようになる。

選手たちが失敗を恐れず、失敗をしても消極的にならないようにするためには、失敗をしてもうつむかないで気持ちを切り替え頑張ることができた選手に、定期的に象徴的なご褒美をあげることが効果的である。監督としてもっと見たいと思うような振る舞いや態度に注目し、それをこのツールの対象とすれば、あなたの願いは叶うだろう。

試合球と泥だらけのユニフォーム賞

野球監督の中には、試合中になんらかの優れたことをした選手を称え、その試合で使った試合球を渡す監督もいる。この儀式をもっと拡大し、一人だけでなく、複数の選手に渡してもいいかもしれない。試合球を渡すことが予算的に厳しい場合は、ボールのシールや監督お手製の賞状などを試合球の代わりに用いてもいいだろう。この試合球は、前述の飴のように、目立たなくてもチームにとっては価値の高い行為を称えるために用いることができる。また、ジェフ・マッケイ監督は、一生懸命頑張った選手に「泥だらけのユニフォーム賞」を定期的に渡しているそうだ。

着用できるご褒美

チームに必要な行動をした選手には、特別なビブスを渡すバスケットボールやアメリカンフットボールの監督もいる。練習努力が認められた選手には、監督が金色のビブスを渡す。そうすることにより、その選手が特別なことをしたということが可視化される。陸上で行われるスポーツであれば、ビブスではなく特別なヘッドバンドやリストバンドなどを用いてもいいだろう。象徴的なご褒美に使えるものは、いくらでもある。

人生の教訓：人生の勝者に

私が初めてＮＦＬ殿堂入りしているアメリカンフットボール選手のロニー・ロットに会ったのは、カリフォルニア州ウッドサイド市の「バックス・レストラン」でのことだった。私たちは朝食を食べながら、熟達するためのＥＬＭツリーの話をした。バックスは、シリコン・バレーの有力者たちがパワー・ブレックファスト（朝食を食べながらミーティングをすること）のために集まることで有名なお店だ。

ワイルド・スピード（映画『ワイルド・スピード』にかけている）でディールが飛び交っている中、私たちはユーススポーツについて話していた。私がＰＣＡの熟達するためのＥＬＭツリーについて説明すると、ロニーは、「いいね。私はその姿勢でずっとアメフトに取り組んできたし、今はその姿勢でビジネスに取り組んでいる」と話してくれた。

トップアスリートとして成功したロニーは、現役引退後、他のプロアスリートたちが資産運用できるような投資ファンドを起こした。どちらの世界でも、彼は同じ基本原則に基づいて行動しているとのことだった。

ロブ・ローザーは、スタンフォード大学教育学大学院の教授である。彼の終身在職権（テニュア）につき大学側で検討中だった時期に、一緒に昼食を取った。彼は熟達志向について研究し、教鞭を執っていた。また、彼自身、その熟達志向の原則に基づいて、個人的な目標である終身在職権を得るために頑張っているとも説明してくれた。終身在職権の付与は、彼のコントロールが及ばないところで決定される。彼ができることは、最大限頑張り、常に新しいことを学び、自己改善し続け、失敗を恐れず前進し続けることだった。

ロニー・ロットとロブ・ローザーの共通点は、自分のコントロールが及ぶことに集中するということだ。目標達成のために自分ができることを、最大限頑張るのである。常に新しいことを学び、自己改善し続ける。また、彼らは失敗をしたり、失敗を恐れる気持ちを感じたとしても、立ち止まらない。

ユーススポーツ卒業時に、熟達のＥＬＭツリーの三つの原則が子供たちの意識の中にしっかりと刻まれていたら、その後の人生で彼らがどのようなことを成し遂げられるか、とても楽しみだ。常に努力をし、学び、自己改善し続け、失敗しても（失敗を恐れる気持ちを感じても）前進し続けるということが習慣付けされると、大人になったときにも成功につながっていくだろう。監督であるあなたが勝者とは何かということを再定義し教えることで、選手たちへのはなむけとなるのだ。

ツールのおさらい

勝者の再定義のために、ダブル・ゴール・コーチは次のようなツールを使うことができる。

1.「熟達《マスター》するためのＥＬＭツリー」について教えるための台本

シーズン開幕後早めのタイミングで、台本を参考にＥＬＭツリーのコンセプトを選手たちに紹介しよう。

2. 失敗しても努力をねぎらう

選手が努力し最善を尽くしたにもかかわらず、プレーが失敗に終わるようなケースを見逃さないようにしよう。成功にはつながらなかったその努力を称えれば、選手たちは監督であるあなたが目に見える成果だけでなく、努力も評価する人だと認識する。

3. 行動目標

成果目標だけでなく、行動目標も立てられるように選手たちの補助をしよう。行動目標は、選手自身の努力次第で達成できる目標である。一方、成果目標は、対戦相手のレベルに左右されてしまう目標である。

4．ストレッチ目標とぴったりチャレンジ

ストレッチ目標の設定を選手に勧め、ぴったりチャレンジとなるようにレベルを調整する。ぴったりチャレンジは、子供の（子供だけでなく誰でも！）モチベーション向上のための本質的で有効な方法である。

5．失敗後のチームルーティーン

失敗後、選手たちが気持ちを切り替え、次のプレーに集中できるように、チームルーティーンを取り入れる。気持ちを切り替えられるようになれば、失敗することを恐れて消極的なプレーをするということがなくなる。

6．象徴的なご褒美

シール、飴、その他の媒体を使って、選手たちの試合中の頑張りや目立たないプレーを称える。監督としてまた見たいと思うような選手の振る舞いをご褒美の対象とし、象徴的なご褒美となるようなものを選ぶ。（お金のように）それ自体に価値があるようなものは逆効果になる。

第3章

エモーショナル・タンクを満たす

ベストな状態であること、または、ベストを尽くすことを子供に期待していいのは、その子供のエモーショナル・タンク（感情の貯蔵庫）が完全に満たされている場合だけです。

——D・ロス・キャンベル
How to Really Love Your Child

車の燃料タンクが空っぽだと、その車でどこかにたどり着けるとは期待しないだろう。同じように、子供は（大人も！）目標にたどり着くために満たされなければならないタンクを持っている。それは「エモーショナル・タンク（Eタンク）」と呼ばれるものだ。

この用語を初めて目にしたのはロス・キャンベル著 *How to Really Love Your Child* を読んだときだった。Eタンクは、直面する課題を解決するとき、その人が能力を発揮できるよう助力するものを考える際の心理学的構成概念である。Ｅタンクが満たされているかどうかで影響されるものとして挙げられるのは、活力レベル、自身をどう捉えるか、新しいことを試す意欲、ある課題に直面したときにその達成可能性を楽観的に捉えるか悲観的に捉えるか等である。

子供たちのＥタンクが空っぽになっているとき、プレー（または、勉強、思考、行儀よくすること等）で潜在的な力をすべて残さず発揮することは不可能だ。車の燃料タンクが満たされていることに気を配るのと同じくらい、監督として選手たちのＥタンクが満たされていることに気を配れば、よりよい結果を出せるようになるだろう。しかし、ガソリンスタンドで燃料タンクにガソリンを入れて満たすよりも、子供のＥタンクを満たす方が複雑であるということは、言うまでもない。

持ち運び可能なホームチーム・アドバンテージ

ＥＳＰＮ誌は、ＮＦＬ（米ナショナル・フットボール・リーグ）、ＮＢＡ（米ナショナル・バスケットボール・アソシエーション）、ＭＬＢ（米メジャー・リーグ・ベースボール）等プロスポーツにおけるホームチーム・アドバンテージを取り上げた。研究の結果、やはりホームチームに有利だということがわかった。確率論上の勝率は基本的には五〇％ということになっているが、数千回以上の試合結果から計算したところ、ホームチームの勝率は約六〇％だという結果が出たのである。

遠征チームには、移動の負担があるということもあるが、それよりもホームチームが有利となる最大の理由は、ファンの声援であるということに多くの人は頷けるだろう。ファンから厚い支持を集めるチームがホームグラウンドでプレーすると、選手たちはEタンクが満たされていくことを感じる。Eタンクが満たされると、落ち着くこともできるし、気合を入れることもできる。ホームグラウンドの好意的な観衆のことを、「六人目の選手」と言い表す人もいるくらいだ。ファンの声援は、コート上の味方の選手が一人増えたかのように心強いものなのだ。

Eタンクとその補給方法について選手たちに教えることで、選手たちはホームチーム・アドバンテージを活用できるようになり、それはその後の人生にも役立つことになる。練習でも試合でも、選手たちがお互いのEタンクを補給できるようになればホームゲームの観衆に頼る必要はなくなり、チーム内に備え付けの応援団のような効果の高い仕組みができるのである。

指導しがいのある子供たちに

監督として、Eタンクの仕組みを理解することの最大のメリットは、Eタンクを補給すれば指導しがいのある子供たちになるということだ。子供たちのEタンクのレベルが低いときには、指導するのが大変だ。すぐに落ち込んだり、改善するために助けようとしているにもかかわらず、集中できなかったりする。練習でふざけることもあるだろう。

監督がEタンクの仕組みについて一度理解すると、子供たちは監督を苛立たせるために意図的にそのように振る舞っているのではなく（そう思えてしまうこともあるだろうが）、Eタンクのレベルが低くなっているためそうなってしまっているだけだということがわかるようになる。しかし実際問題として、子供たちの態度が悪いときに、私たち監督はどのような反応をする傾向があるだろうか。多くの場合、私たちは選手のEタンクのレベルをさらに下げてしまう行動を取ってしまっているのだ！

Eタンクが満タンの選手は、監督の指示通りにしようと頑張る。逆境に立たされたとしても、立ち直りが早く、競技をもっと楽しむことができる。監督からすると、そのような選手は指導しやすい。それでは、Eタンクを補給する主な方法を見ていこう。

Eタンクを満たす方法

多くの人は、他者のタンクの栓の抜き方は本能的に知っている。PCAのワークショップでは、隣の人が試合で大失敗をしたと想定して、その人のEタンクの中身を抜くような発言をする課題をしたりする。監督たちはその課題にのめり込み、ときには想像力を働かせて取り組むこともあり、会場は笑いの渦に包まれる。皆、タンクの栓の抜き方はすぐにわかるのだ。

その次の課題は、隣の人が同じ大失敗をしたと想定し、今度は逆にタンクを補給するというもの。会場は急に静かになり、ちらほら弱々しい「惜しかったな」という声が聞こえてくる程度だ。私たちは皆、タンクの栓を抜く方が、補給するよりもうまいのだ。それではタンクを補給する方法について説明しよう。

褒める

選手を上達させることが監督の仕事であるため、間違っていることを指摘しなければならないと考える人が多いかもしれない。確かに、間違いをただすことは大事なことだが、常に間違いを指摘されたり、注意されていると、選手は頑なになり、指導するのが難しい状態になってしまう危険性がある。

言語的であれ非言語的であれ、大事な人から「君は大事だ」というメッセージが伝わると、Eタンクは満たされていくものだ。また、何か正しいことをしたときや、何かに貢献したときに周囲から称賛されると、Eタンクは満たされ、今後もそれと同じことを続ける可能性が高くなる。

監督が選手を称賛する際には、称賛の内容が具体的であることと、嘘を言わないことがとても大事だ。「いいぞ！ よくやった！」という大雑把な褒め言葉よりも、「疲れてるのに頑張ってグラウンドを往復して、えらいぞ！」という具体的な言葉の方が効果的だ。具体的に褒めると、今後何を続けるべきかという大切な情報が選手に伝わるのである。

Eタンクを満たすことだけを目的として、真実ではないことを安易に選手に言うことは絶対に避けるべきだ。一生懸命やっていない選手に対し、「いいぞ！ よくやった！」と言うと、監督としての信頼を失ったりすることもあるし、そのような態度でもいいのだと勘違いされてしまうだろう。子供たちは嘘の称賛を一瞬で見抜くことができるものだ。

感謝する

多くの場合、感謝の気持ちを表せばタンクを満たすことができる。グラウンドの準備や後片付けをした選手にねぎらいの言葉をかけよう。感謝やねぎらいの気持ちを表しすぎて、チームや他の組織が被害を受けるようなシチュエーションを私は想像できない。

よい行動に気付く

自分の頑張りを他者に気付いてもらえることほど、Eタンクが満たされる方法はないだろう。よいことをしたときに監督に気付いてもらえると、選手たちは監督に対しよい反応を示すようになる。選手たちのよい行動に気付けるということは、監督として選手たちをちゃんと見ているということだ。誰にも気付かれなさそうな地味な努力や行動に気付き、評価すると、特に効果的である。

大抵の場合、点数を取る人が注目されるが、監督が目立たない貢献（グラウンドやコート上で空間を広く使う、ディフェンスのために一生懸命走って戻る、よいフットワークなど）に気付くための努力をすると、そのようなことで褒められることを選手たちは期待していないため、大きな効果を上げることができる。

聞く

聞くことは受動的であるため、あまり重要なことではないと捉えられがちだが、あなたがまわりの人にできることの中で、最も大切なことの一つである。何年も前に大学レベルでスポーツをしていたあるアスリートは、「当時、チームのプレーを改善するためのよい考えがあったのに、それを表現する機会を監督に与えてもらえなかった」と今でも苛立ちを隠せない。この選手は実力のあるチームで活躍した優秀な選手だったのだが、自分の意見を聞いてもらえないと感じていたのである。

選手の意見をじっくり聞く時間を作る監督は、選手たちのEタンクを満たすことができる。そこでお勧めしたいのは、チームに対し、監督が単に指示するのではなく、チーム会議で双方向の会話をすることだ。聞くための時間を作ることは、監督にとって大変なことかもしれない。私も含め、多くの監督は限られた時間で多数の選手の指導をしなければならない。一つの解決策としては、貴重な練習時間の一部を費やすのではなく、選手数人に「早めに練習に来て、あるテクニックの練習をしよう」と提案し、当日になりその選手たちが言いたいことがあったら耳を傾けること。また、練習後に何人かに数分だけ残るように言い、彼らが言いたいことを聞くというのもいいだろう。このようなことを数回にわたり実行することで、選手全員の話を聞く意義深い時間を作ることができる。

また、ウォームアップを活用し、選手たちと対話することもできる。私は、ストレッチ中に、「最近どうだ?」と選手たちに聞くようにしている。選手たちが話しているときには、何を伝えようとしているか集中して聞くようにしている。集中しているつもりでも、私の脳の片隅は練習で次に何をするか考え始めそうになるので、それを抑えることが難しいときもある。努力を要することだが、十分やる価値のある取り組みである。

非言語的なタンクの満たし方

Raising Winners: A Parent's Guide to Helping Kids Succeed On and Off the Playing Field の著者シャリ・ヤング・クーチェンベッカーは、娘さんのバレーボールチームとその監督の話をしてくれた。チームの調子がよいときには、監督は頻繁に選手たちに笑いかけ、頷いて肯定し、非言語的に選手たちのタンクを満たしていたそうだ。

しかし、チームの調子が悪いときはその逆だったという。笑顔はしかめ面になり、頷きは消え、身振りには苛立ちが表れ、本来は非言語的にタンクを満たさなければならないところを逆に選手たちのタンクを枯らしてしまうような行動を取ってしまっていたのだ。その結果、チームのパフォーマンスは低下の一途を辿っていった。

あるとき、彼女は自身の考察を監督に説明し、チームの調子が悪くなったときにも笑顔を絶やさず、頷き続けることを提案した。監督がそれを実行してみたところ、なんとチームの調子は回復したという。

講演するときに、目の前にいる大人数の中に、一人でも頷いたり笑顔になる人がいると、私は力をもらうことができる。それを見ると、自分が伝えようとしているメッセージが相手に伝わっていることがわかり、私のEタンクは満たされ、より上手にプレゼンテーションができるようになるのである。

　驚くべきことに、一人でもそういう人がいれば、その場にいる他の全員が退屈そうな態度でもEタンクは満たされるのだ。その一人に注目すれば、私のEタンクは満たされる。ここでお伝えしたいのは、試合の流れなどが好ましい状況ではなくても、監督が非言語的な肯定をすることにより、選手たちのEタンクを満たすことができるということだ。

魔法の比率

　ここまでで、褒めたりよいことに気付いたり、プラスの評価が伝わると選手たちのタンクが満たされる一方、注意・指摘し、マイナスの評価が伝わると、タンクの栓が抜かれ、力の源が流れ出てしまうことを説明した。しかし、それと同時に、改善のためにはある程度の注意・指摘は必要であるとも述べた。それでは、プラスとマイナスの評価はそれぞれどれくらいずつ伝えるべきなのだろうか。比率として、プラス対マイナスは大体どれくらいを目指すべきだろうか。最も好ましい比率はどれくらいだろう。

　これらの質問に関わる研究がある。1972年に出版された、カオル・ヤマモト著 *The Child and His Image* では、教室の子供たちに関する研究結果が説明されている。より最近の研究としては、ワシントン大学のジョン・ゴットマン博士による、夫婦の研究（*Why*

Marriages Succeed or Fail: And How You Can Make Yours Last）がある。いずれの研究でも、推奨される比率は同じで五対一（一回の指摘につき、五回褒める）である。ゴットマン博士はこれを「魔法の比率」と呼んでいる。

その五対一という比率を聞くと、多くの監督は、プラスの比重が高すぎると感じるようだ。しかし、ＰＣＡワークショップに出席したある監督は、なぜ五対一がいいか納得できると言い、次のように説明してくれた。

「誰かに褒められると、認識はしても、すぐに忘れてしまう。しかし、誰かに指摘・注意されると、その後頭の中で何度も繰り返し再生してしまう。そのこだまし続けるマイナスを上回るためには、最低でも五回のプラスが必要だ」

ロサンゼルス・レイカーズの監督フィル・ジャクソンは、その魔法の比率に近づこうとしている途中で（プラスの比率を少しずつ上げている途中で）成功を収めることができた。２０００年３月にスタンフォード大学にてＰＣＡのために講演をしてもらった際、この話になった。

私が監督を務めていたシカゴ・ブルズには、ホーレス・グラントという、素晴らしいキャリアの選手がいました。監督に就任して間もない頃、私はホーレスを事務所に呼び出し、こう言いました。

「ホーレス、君は海兵隊に入りたかったんだったな」

「はい。その通りです、監督。私は昔から海兵隊員になりたいと思っていました」

「厳しい規律に耐えられるか?」

「監督からのご指示であれば、どのような厳しい規律にも耐えられます」

「今後、チームの調子があまりよくないときには、皆のモチベーションを上げるために君を見せしめとして利用させてもらおうと思う。君にはそれに耐えてもらうしかないが、いいか」

「もちろんです」

フィラデルフィア・セブンティシクサーズとの連戦で、ホーレスはチャールズ・バークレーに圧倒されていました。その様子を見た私は、ホーレスが嘔吐しそうになるほど、大声で叱責しました。その頃から私たちの関係はギクシャクし始めたため、関係の再構築が必要でした。ときを同じくして、ジムの本 *Positive Coaching* が出版されました。

その本は私の人生に大きな影響を与えました。特に、五対一(一回の指摘につき、五回褒める)の比率です。その当時、ホーレスに対する私の指導は一対三くらいだったので(笑)、現実的なところで二対一を目指しました。

五対一という比率は私には無理だと思いました。私が指導する選手は皆プロで、ある程度のパフォーマンスを出すことが前提とされているからです。苦労しましたが、ようやく二対一にたどり着くと、ホーレスと私の関係はとてもよいものに回復しました。その後どうなったかというと、皆さんご存知の通り、ブルズは三年連続で優勝したのです。最高でした。

なぜ、その比率を超えて褒めない方がいいのか

五対一が素晴らしい比率だということだが、なぜ二十対一ではいけないのだろうか。一〇〇対一はどうだろうか。肯定的な発言がよいことなのであれば、なぜ「多ければ多いほどよい」ということにはならないのだろうか。

それにはいくつか理由がある。一つは、前述の通り、指摘も大事だからだ。人に指摘されると、誰もが気付き、学ぶことができる。指摘を受けることが上達につながるので、指摘されないと選手たちの上達のペースが落ちてしまう。「私たちが指導する選手たちは、建設的な指摘が不要なくらい競技について熟知している」というのは非現実的な論点だろう。

二つ目の理由は、指導者としての信頼を損なってしまうからである。選手がやることなすことすべてを褒め、「ハッピートーク」しかしない監督として知られるようになると、あまり信頼されなくなってしまう。選手たちは上達したいと思っているため、上達の仕方を指導できる指導者に価値を見出すのである。よくも悪くも、上達するためのアドバイスというのは、大抵指摘という形を取らざるを得ないのだ。

褒めれば褒めるほどよいというわけではない最後の理由は、私たちは指導者として応えなければならない期待を背負い、しなければならない仕事を任されているからだ。監督として、私たちは競技を熟知していなければならない。子供たちが上達するためにどうすればいいか教えるのが私たちの仕事であり、子供たちも私たちにそれを期待している。称賛と指摘の比率が大

きく傾き、子供たちの行動の何が問題で、どうすれば改善できるかほとんど伝えていないような状態になったとしたら、それは職務放棄に当たるのではないだろうか。

ある女性は、私に次のような質問をした。「もし、選手に二つ改善すべき点があった場合に、その二つの改善点を指摘する前に十回称賛しなければならないということでしょうか」

これはとてもよい質問だ。答えはもちろん、ノーである。五対一ルールは、すべてのシチュエーションに適用されるものではない。あくまでも、目指すべき総合的な雰囲気を表すものだ。ある瞬間に、一つか二つの指摘をしても問題ない。私自身もそうすることは多々ある。その練習が終わるまでに、もしくはその一週間で、全体の比率が五対一となるようにプラスのコメントを発していくべきだというのがこのルールの趣旨である。

称賛が少なくても十分なときとは

フィル・ジャクソンがプロ選手たちに対しそうしていたように、称賛の比率が低くても効果が出るようなシチュエーションはあるのだろうか。

何年かスペシャルオリンピックのコーチング・ディレクター（director of coaching for the Special Olympics）を務め、それ以前にNCAAバスケットボールディビジョン1の監督を務めた経験もあるアネット・リンチは、「ストリートファイター」と呼ばれる子供たちも存在すると話してくれた。ストリートファイターとは、プラスの評価や励ましがなくても成功できる、精神的に強い子供たちのこと。世の中にはそういう人たちもいることは間違いないが、私自身の経験から言うと、人数は限られている。

インディアナ大学でバスケットボールをしていたスティーブ・アルフォードが大学四年間に経験したことについて書いた自伝を読み、私はアルフォードの精神的な強さに衝撃を受けた。もし彼が、もっと環境に恵まれていたり、もっと大学バスケを楽しむことができていたら、さらに大きな功績を残すことができたはずだと言う人もいるが、とにかくそのような恵まれない環境に置かれていても、彼はＮＣＡＡの決勝戦までインディアナ大学を導き、チームのリーダーとして素晴らしい功績を残したのだ。

現実的に考えると、私たちのチームにスティーブ・アルフォードは何人いるだろうか。ストリートファイターはほとんどいないだろう。子供たちがベストパフォーマンスを発揮するためには、Ｅタンクが継続的に満たされていないといけない。また、子供たちだけでなく、世界のトップアスリートたちも同様に、タンクが満たされていないと力を十分に発揮できない。ホーレス・グラントは、フィル・ジャクソン監督にタンクの栓を抜かれたとしても、パフォーマンスに影響を出さないという趣旨のことを約束したが、実際はそうならなかった。

最後の結果まで見ないとストリートファイターかどうかわからないというのが私の持論だ。暴力的な監督のもとにいても成功できたら、その子供はストリートファイターだと言えるかもしれない。しかし、それは結果が出てはじめてわかること。Ｅタンクが定期的に満たされず成功しない子供たちのいかに多いことか。

子供たちにとってよい経験にするために大事なこと

「PCAダブル・ゴール・コーチワークショップを受講し、自らのコーチングがどのように変わったか」を発表し合う場で、ビンス・ラム監督は実体験について次のように答えている。「よりよいチームづくりのために最も役立ったのは、Eタンクのコンセプトだった」と。

ユーススポーツが子供たちにとってよい経験となるかどうかは、監督や保護者によってEタンクが満たされるかどうかにかかっているといっても過言ではない。Eタンクのレベルを管理することは、それだけ重要なことなのだ。

Eタンクのためのツール

それでは、読者の皆さんにとって実用的な話に移ろう。選手たちが十分に力を発揮できるようEタンクを満たすには、どのようなことをすればいいのだろうか。監督であれば誰でも使える八種類のツールを紹介しよう。

1．Eタンクの台本
2．バディー制
3．選手監督

4. 二分間演習
5. 本日のMVP賞
6. 楽しいイベント
7. ポジティブ記録
8. 子供のための指摘法

ツール1：Eタンクの台本

第2章で、「勝者」の再定義について話したが、それと同様に、Eタンクという用語に慣れれば慣れるほど、そのコンセプトを取り入れることが容易になる。シーズンが始まってからなるべく早いタイミングで選手たちにこのEタンクのコンセプトについて説明しよう。その説明の一例として、バスケットボールの監督が選手たちにEタンクのコンセプトについて紹介するという前提で台本を作成してみた。

「ホームチーム・アドバンテージ」について聞いたことがある人？　ホームゲームの勝率はどれくらいだろう？　ホームゲームの勝率は、アウェーゲーム（遠征試合）の勝率よりもずっと高いそうだ。なぜだろうか。

いくつか理由があるが、その一つは、「観客の応援が精神的な支えとなるから」というものだ。選手の気持ちが高まり、よりよいプレーができるようになるんだ。

私たちは、常に実力を発揮できる状態でいたい。実力を発揮できるようになるには、エモーショナル・タンク（感情の貯蔵庫）、つまりEタンクを満たしておかなければならない。Eタンクとは何か？ 車の燃料タンクのようなものだ。満タンだとよく走る。空っぽだと、遠くまで走れない。

なぜお互いのタンクを満たしておく必要があるのか。Eタンクが空っぽだと、マイナス思考になり、簡単に諦めるようになってしまうからだ。逆にタンクが満たされていると、プラス思考を保つことができ、困難なことにも立ち向かえるようになるんだ。監督として、みんなのEタンクを満たせるようにできる限りのことをしようと思っている。でも、本当によいシーズンにするためには、みんなの力が必要なんだ。

フリースローをミスしたときのことを想像してみてほしい。まわりの人に何を言われたら落ち込む？（「（皮肉で）ナイスショット！」「下手くそ！」）

そうだ。これは簡単だな。チームメイトを批判したり、侮辱したりすると、ミスしてすでに嫌な気持ちなのに、さらに嫌な気持ちにさせてしまう。そういうことを「Eタンクの栓を抜く」と言うんだ。力の源が流れ出てしまう。私はみんなのEタンクの栓を抜くようなことはしないが、バスケという競技をもっと知ってもらうために、改善すべきことの指摘はする。ただし、みんなのEタンクのレベルが下がらないような方法で指摘しようと思う。

では逆に、ミスショットをした後に、まわりの人に言われると気持ちが軽くなるようなことは何だろう（「次のを入れよう！」「忘れて気持ちを切り替えよう！」）。そうだ。そうすれば、Ｅタンクを満たすことができる。他にも次のような方法がある。

・チームメイトが何かを上手にできたのを見たときや、一生懸命頑張っていると思ったときは、プレーで結果が出なかったとしても、そのチームメイトを褒めてみよう。
・チームメイトが上達したと感じたら、そう伝えよう。そうすることにより、その選手はさらに上達するためにこれからも努力を続けようと思えるのだ。
・チームメイトの話を聞こう。チームメイトが説明したいことがあったら、耳を傾けることで、そのチームメイトのＥタンクを満たすことができるのだ。無視されると、誰もいい気分はしない。

私自身、これらのことをすべてやると約束する。みんなにも、お互いのＥタンクを満たしてほしいと思う。

否定的なことよりも、肯定的なことを多く言うことはそんなに大事だろうか？　より具体的な質問に置き換えると、否定的な発言と肯定的な発言があったとすると、理想的にはどちらをどれくらい多く発するべきだろうか？　私は、一つの指摘につき、五つ肯定的なことを言うことを目標としたい。この五対一という比率は、「魔法の比率」と呼ばれていて、チームとしてこれに近づけば近づくほど、素晴らしいことが起きると言われている。しかし、肯定的な発言の具体的な回数については気にしないでほしい。覚えておいてほしいのは、チームメイトに対し、できるだけ肯定的なメッセージを発信すべきだということだ。

お互いを支え合い、みんなのEタンクを満タンに満たしておくことができれば、今シーズンは特によいシーズンになると思う。Eタンクが満タンになれば、準備万端！ その状態の私たちにできないことは何もない。

それではおさらいだ。お互いのEタンクを満たすためにできることは何かな？

選手たちにEタンクについて紹介するタイミングとして最も理想的なのは、年度の一番初めの練習だが、その後シーズン中に何度も言及し、選手たちに復習の機会を与えてほしい。それは、多くの選手が家庭や置かれている環境で厳しく注意されることに慣れてしまっているため、この新しい考え方が定着するまでに時間がかかるかもしれないからだ。多くの保護者は、「間違いをすべて指摘すれば子供の発育の手助けができる」と誤認してしまっているのだ。

練習や、試合の前後のチーム会議でEタンクについて復習することで、選手たちがこのコンセプトを自分のものにする手助けができる。Eタンクの話を聞いて、選手たちが笑ったり、冗談を言うようになってしまったらどうすればいいか？ そうなってしまったとしても、問題はない。選手たちが笑ったり、冗談を言うということは、そのことが頭に残っているという証拠でもある。そのコンセプトが理解されつつあるということなのだ。

あなたのチームの選手たちがEタンクについて理解したところで、タンクを満タンにする二つ目の方法について説明しよう。

ツール２：バディー制

選手たちがお互いのEタンクを満たし合う、そのようなチームになったら最高ではないだろうか。バディー制を用いれば実現可能だ。Eタンクについて紹介し、選手たちがそのコンセプトを理解し、慣れ始めてきたら、次はバディー制を取り入れてみよう。練習のはじめに、選手たちに二人一組のペアになるように指示する。


ペアの相手が君のバディーだ。今日の練習中、バディーのEタンクを満たすことが君の役目だ。バディーがうまくできることは何か観察しよう。褒めるときには、それが真実でないと意味がないということを覚えておいてほしい。また、褒めるときには具体的に褒めよう。例えば、バディーがいいパスをしたと思ったら、「ナイスパス！ローポストへのバウンドパスがよかった！」など具体的に何がよかったか伝えよう。

また、次の反復練習中にも、バディーのタンクを満たすことに集中しよう。バディーのタンクを満たすことは、反復練習を正しくやることと同じくらい重要だ。練習後に「Eタンクを満たすために、バディーに何をしてもらったか」を発表してもらおうと思う。だから、そのつもりで取り組んでほしい。

その後、お互いのEタンクを満たす方法をいくつか教えるといいだろう。「誰かがよいプレーをしたときに言えることは？　誰かが一生懸命頑張ったけど、結果が出なかった場合に言えることは？　転んだり、反復練習でミスをした人に言えることは？」

これを何度か繰り返すことにより、シーズン後半に近づくにつれ、言う必要がなくなるくらいコンセプトが定着し、選手たちはお互いのEタンクを満たせるようになる。練習後に、「今日の練習中、バディーにEタンクを満たされた人？」と聞いてみるといい。きっといい反応が返ってくるはずだ。

また、「満たされたときに、どう感じた？」「タンクが補給されると、もっと頑張れる、もしくは、もっとよいプレーができると感じるか？」などと聞いてみてほしい。

選手たちがこのコンセプトを理解したら、いくつかの方法でバディー制を拡張できる。一つは、「練習の最初から最後までバディーのEタンクを補給し続ける」という課題を与えること。練習の最後に、バディーにどのようにタンクを満たされたか、全員の前で発表してもらおう。

また、別の拡張方法として、練習中に一人ではなく、二人のバディーのタンクを補給するというものもある。そして、最終的には、チーム全員がお互いのEタンクを補給し合うという課題に挑戦してもらう。練習が終わるまでに、一人残らずすべてのチームメイトのEタンクを補給するために、何かしたり、言わなければならないということだ。

あるコーチは、そのバディー制を練習初日に導入してみたところ、とても効果的だったという。選手たちによるEタンクの相互補給は、バディー制にした方がうまくいくように感じたそうだ。選手たちに説明したところすぐに実行された。練習初日であっても問題ない。コンセプトをシーズン初めに紹介したとしても、シーズンの途中で紹介したとしても、何度か復習してほしい。新しい習慣が身につくまでには時間がかかるものだ。Eタンクの補給は多くの子供たちにとって新しいことなので、慣れ親しむのに時間がかかることが予想される。

タンクを家に持ち帰る

ちょっと大胆なことをしてみたい監督は、家で親や兄弟に試してみることを選手たちに勧めてみてもいいだろう。集中的に家族の特定の人のEタンクを満たしたらどうなるか、その影響を観察し、次の練習で発表してもらってもいい。どうなったか、後日選手たちに尋ねてみよう。もし誰も実行しなかったとしても、落ち込まないでほしい。選手たちは忘れてしまうこともあるため根気強く何度か言う必要がある。

ツール３：選手監督

「考えるチームになってほしい」とティナ・サイヤー監督はフィールドホッケーの選手たちに言う。「私たちが勝てる理由の一つは、いつも考えているからよ」と何度も強調する。「監督が考えるだけでは不十分。チーム全員が監督であるかのように考えられるようになったら、もっと強いチームになれるわ」

監督たちが私に、お気に入りの選手について話してくれることがある。「彼はフィールドに出ると、あたかも監督であるかのようになるんだ」と。どの監督も、選手が監督のような思考になることを望んでいる。選手監督に育てるためには、次の二つの方法がある。

1．言うのではなく問い尋ねる
2．選手の意見を聞く

言うのではなく問い尋ねる

多くの場合、選手は自分が何をどう間違ってやっているかわかっている。だから、指摘するのではなく、選手にどうすればよかったか質問すれば、批判的な印象を与えずに済む。例えば、「第三クオーターの速攻についてだけど、確かにシュートできる位置ではあった。でも、さらに確率の高いショットにするにはどうした方がよかったと思う？」などと聞いてみるといいだろう。

約五割の確率で、選手はあなたが言おうとしていたことを答えるだろう。でも、それは監督ではなく選手自身の口から出てきた言葉になるため、記憶に残る可能性が高まる。監督は、選手が言ったことを肯定すればいいだけである。

しかし、約四割の確率で、誤ったことを答えたり、正しい答えの一部しか答えられなかったりする。このような場合、監督は選手の考えに自分の考えを付け足し、補足する必要がある。そして、約一割の確率で選手は想定外のことを答える。例えば、監督として見えていなかった情報も交えて、自分がなぜそのような行動を取ったか説明するかもしれない。また、ときには、監督であるあなたも気付かなかったような素晴らしい視点からの発言があるかもしれない。

選手たちの答えがどのようなものであれ、監督が質問すると、選手たちが自分自身や自分のプレーについて監督のように考え、分析することを促すことができるため、単に指摘することと比べると格段に効果的だ。シーズンの初めに、「最も素晴らしい選手は監督のように考えることができる選手。どうやったらもっと上手になれるか常に考える選手監督になってほしい」ということを選手たちに伝えよう。

みんなには選手監督になってほしい。だから、うまくなるためにどうすればいいか、私からすぐには言わないこともあるかもしれない。これからは、「〇〇をよりよくするためにはどうすればいいか」と、私からみんなに質問することにしようと思う。監督という立場の人間は、いつもそういうことを考えているんだ。私も「どうすればもっとよくなるか」ということを常に考えている。強いチームになるために、これからはみんなに選手監督になってほしいと思っている。

監督仲間であるかのように、選手たちを扱ってみよう。そうすると選手たちはやる気を出し、彼らのEタンクは満たされていくことだろう。

選手の意見を聞く

1997年のこと。当時全米で最も強かったアリゾナ大学の男子バスケットボール部がスタンフォード大学に遠征し、対戦した。接戦の末、スタンフォードはポイントガードのブレビン・ナイトによるプレーで、ブザーが鳴る直前にゴールを決めて逆転勝利した。

そのプレーが始まる前にスタンフォードのマイク・モンゴメリー監督はタイムアウトを取り、選手たちを呼び集めた。監督はプレーを決め、その後NBA選手になるブレビン・ナイトにこう尋ねた。「ブレビン、このプレーでいけると思うか？」と。ブレビンはしばし考え、こう言った。「いいと思います」。ブレビンは打ち合わせ通りプレーを実行し、スタンフォードは勝利を摑み取ることができたのである。

ある研究結果がビジネスの世界で出ている。社員が自分の仕事のやり方について意見を言い、ある程度裁量を与えられている職場の方が、モチベーションは高く維持され、より責任感をもって仕事に取り組むことができるそうだ。この考え方をユーススポーツにも適用し、チームの決定について選手たちに意見を求めれば、選手たちのモチベーションを上げることができるだろう。

ＰＣＡ顧問委員会のメンバーであり、ノースカロライナ大学バスケットボール部元総監督の故ディーン・スミスは著書 *A Coach's Life* で自身の選手としてのキャリアにつき、次のように書いている。

「トピカ高校時代にフットボールをしていたとき、ボブ・ブリッグス監督にお世話になりました。私はチームのいかなる決定にも関わらせてもらえましたし、失敗したとしても大切なチームの一員であることに変わりはないと監督はいつも安心させてくれました。そんな監督でした。監督は、『選手が意見を言えるような環境を作ることは悪いことではない』ということを教えてくれたのです。この考え方は、私が監督になった今、拝借させていただいています。監督がプレーを決めた後、よく私に『どう思う？』と聞いてくださったことを、今でも覚えています」

チームの決定には、大して重要でないものも多くある。例えば、チームの練習でメニューＡを先にして、その後メニューＢにするか、それとも逆にするか。ほとんどの場合、どちらでもいい。大した影響はないので、選手たちにどちらを先にやりたいか聞いても、失うものはあまりない。一方、得られるものは大きい。決定する過程に選手たちを関わらせることにより、彼らは監督の視点から物事を捉える習慣がつき、チームの将来について、それ以前よりも強い責任を感じるようになる。

もちろん、チームとしてとても重要な決定をする局面もある。なかには、選手たちと情報共有できないような性質のもので、監督の独断で決めなければならないものもあるだろう。

しかし、多くの場合、選手たちの意見を取り入れることにより、チームにとってプラスの効果が望めるということがある。ときには、あなたが知らなかった情報を選手たちから聞くこともあるかもしれない。また、あなたがこうしようと心の中で思っていたことと同じ答えを選手たちが出すこともあるだろう。いずれにしても、選手たちの答えを真摯に検討した上で決定することが重要である。

言い方は簡単だ。「私はこうしたらいいと思うが、みんなはどう思う?」。このような聞き方をすれば、監督としての権威は維持される。よいリーダーがするべきことをしているだけだ。よいリーダーは、実際に実行に移す人たちにどう思うか質問する。選手たちの意見を聞くことにより、監督は選手たちのEタンクを満たすことができるのである。

ツール4:二分間演習

モチベーションレベルにかかわらず、どのチームも不調に陥ったり、力が発揮されにくくなったりすることがある。世の監督たちは、このような状態になると必ずと言っていいほど、「努力ややる気が足りないからだ」と選手たちを叱咤してきた。2002年に連続十二回目の全米優勝を果たしたカリフォルニア大学ラグビー部のジャック・クラーク監督は、Ｅタンクのコンセプトを知ってから、選手たちに対する態度を変えたという。

過去二十年ほど同じようなことをし続けてきました。練習がうまくいかないと、笛を吹いて、選手たちを集合させ、こう怒鳴りつけるのです。「いいかげんにしろ！　やる気がないなら、帰れ！」。しかし、このようなことをしても状況がよくなることはありません。私の過去二十年分の経験がその証拠です。私がこのように行動した後は、ただの一度も状況が好転したことはありませんでした。初めてＰＣＡのセミナーに参加した際に、「訓練が思うようにいかないときには、監督が肯定的な態度を取り続けることにより、チームをスランプの谷から救出することができる」という話を聞きました。

その後のある練習でのことでした。ある選手はボールを落とし、ある選手はやる気がなく、また他の選手は役割配分に不満をもっていました。そのような状況だったので、ミスをするのは一人だけでなく、彼らは順番にミスをし続けたのです。練習としては最悪の状況でした。そこで、駄目もとで試してみることにしました。パスを受ける選手がボールを落としてしまいましたが、「ナイスパス！」と言ってみました。落としたことではなく、パスに注目したのです。ボールを落とした選手にも、「いいランニングラインだった！　空いているところまでよく走ったな！」と言いました。

するとと、信じられないことが起こったのです。練習の流れがよくなったのです。セミナーで習ったツールを使うようになり、以前よりも肯定的な監督になれました。練習の流れが本当に悪いときには、褒めるところを探すのに苦労することもあります。努力しないと見つけることができません。もはや科学ではなく、芸術の域であるかのように感じられます。

「二分間演習」は、タンクのレベルが低下したときに、いつでも行えるものだ。この名称は、アメフト試合の残り二分で、チームのリーダーを務めるクオーターバックが引き分けるか勝つかの大勝負を強いられる状況にちなんで付けられた名称である。このツールは他のスポーツでも用いることが可能だ。詳しく説明していこう。

練習などがうまくいっていないときに、この演習を行う時間を決める。忠実に二分間にこだわる必要は全くなく、五分間でもいいし、試合のキリがいいところ（野球だったら何回まで、バスケットボールやフットボールだったらクオーターの終わりまで等）でもいい。この時間内に、いつも以上に注意深く選手たちを観察し、できる限り多くの肯定的なコメントをする。チームの調子が悪かったとしても、何か褒められることがあるはずだ。それを見つけ、コメントする。「トミー、いいぞ、集中しているな。パブロ、いいぞ、二塁手のバックアップができているな。アントワン、よし、いつでも動けるように待機しているな」

肯定的に捉えることができるものであれば何でもいいので、自分で決めた時間が終了するまで、極端ではないかと心配になるくらい積極的に探す。この演習が終わるまでは、選手の悪い点を指摘したり、何かを是正したりしようとしてはいけない。どうしてもしたいことがあった場合には、この演習が終わってからにする。この演習を行っている間、あなたはミスター（ミセス、ミス）ポジティブなのである。ポジティブな力をチームの選手たちに注入しているのだ。選手たちを注意するタイミングが二分遅くなったからといって、大きな影響はないはずだ。決めた時間が終了するまで待ってから注意してもいいし、二分後には注意する必要がなくなっているかもしれない。それは、このツールを活用すると、チームの調子がよくなることが多いからだ。チームや選手の調子を回復させること。それがこのツールの狙いなのである。

スタンフォード大学テニス部のフランク・ブレナン元監督は、引退した２０００年までに、合計で十回ＮＣＡＡ優勝を果たした。彼はこの二分間演習の応用編を活用していたそうだ。体育館に入り練習している選手たちを見渡すと、どのコートのどの選手も調子が悪く、悪いプレーばかりが目に付くようなときがある。

そのようなとき、フランクはまずは第一コートに近づき、心から褒められることが見つかるまで選手たちを観察し続ける。選手一人につき一言、そのコートで練習している全選手に、肯定的なコメントを投げかける。それが終わると、第二コートに移動し、同じことをする。その後、すべてのコートで同じことをして回り、最後のコートにコメントし終わり、くるりと振返ると、練習風景は決まってガラリと様変わりしていたそうだ。最初に見たときと比べると、見違えるほどプレーがよくなっているのである。ブレナン監督が選手たちのＥタンクを満たすと、プレーの改善という反応が出てくるのだ。

ツール５：本日のＭＶＰ賞

どのチームにも、監督の指示に従い、「監督、ご指導いただきありがとうございます」と言い、監督としての役目を十分に果たせていると思わせてくれる選手がいる。このツールはそういう子供たちのためのものではない。

「本日のＭＶＰ賞」は、やる気を出させるために何か特別なものが必要な選手に用いるものである。対象となるのは、あなたと相性が悪かったり、上手にコミュニケーションが取れない選手かもしれないし、学校や家庭などチーム外で問題を抱えている子供かもしれない。Ｅタンクのレベルが低いまま連日練習に来る選手に、「本日のＭＶＰ賞」を与えよう。

本日のＭＶＰ賞を与えることで、負の影響があることは想像できない。その選手が間違ったことをやっていたとしても、その点は無視し、選手のよい点や正しい点、適切な点に注目する。よい点を探すことが困難なときもあるかもしれない。そのようなときには、そもそも本日のＭＶＰ賞をその選手に授与する理由はまさにそこにある、ということを思い出そう。

例えば、ダニーがあなたのチームの本日のＭＶＰだったとしよう。はじめは、彼が本日のＭＶＰ賞を授与されることは秘密にしておく。監督であるあなただけが知っていることだ（場合によっては、アシスタントコーチとは情報共有しておいてもいいかもしれない）。

その日、最初に会ったときに、「こんにちは、ダニー。調子よさそうだね。今日は君にとっていい練習になりそうだ」と言う。練習メニューを進める中、ダニーはいつも通り二塁ゴロを打ち、一塁に向かって走り始めたものの途中で諦めてしまう。そこで監督は次のように言う。

「ダニー、好調な滑り出しだな」

監督がこのツールを使うと、多くの場合、対象の選手は混乱するだろう。監督が注意深く選手たちを公平に扱おうとしていても、自分が監督のお気に入りでないことは勘づいていて、このように褒めると、違和感を感じるはずだ。

しかし、この行為を続けていれば、本日のMVPの態度は変わってくる。彼はもう、タンクの栓を抜かれることを恐れたり、自己防衛するためにエネルギーを使わなくてもいいので、気力に余裕が出てその分をプレーに回せるようになる。

また、監督であるあなた自身も変わり始めるだろう。対象の選手のことを以前よりも肯定的に見ることができるようになるのだ。一度変わり始めると、対象の選手を褒め、タンクを満たすことが楽になってくる。このようなことを「認知的不協和」という。振る舞いが態度と一致しない場合、人は違和感を覚える。人は考えることと行動が一致することが自然だと感じる生き物だ。そのため、あなたが本日のMVPが素晴らしい人間であり、大好きな選手であるかのように振る舞うと、いつの間にか考え方もそうなるのである。

ツール6：楽しいイベント

PCA理事会のポール・アレクサンダーから聞いた話なのだが、試合中に笑みを浮かべている選手を見つけると怒鳴りつけるソフトボールチームの監督がいたそうだ。「何を笑っているんだ！笑う暇があるんだったら他にやるべきことがあるだろう。勝ってから笑え！」。試合に勝ったとしても負けたとしても、なんとわびしいチームだろうか。

この話を聞いて私は、映画『タイタンズを忘れない』でハーマン・ブーン監督がチームの選手たちと初めて顔合わせするシーンを思い出した。フットボール（アメフト）シーズンが始まることに喜びを隠せない一人の選手に対し、監督が次のように厳しく当たるのだ。

ブーン監督：何をニヤニヤしてるんだ？
選　手：フットボールが大好きだから。フットボールは楽しいから。
ブーン監督：楽しいからです、だ！
選　手：楽しいからです！
ブーン監督：本当にそう思うか？お前はフットボールが楽しいと思うのか？どうだ？
　どうなんだ？
選　手：はい……じゃなくて、いいえ！
ブーン監督：楽しかった、だろう？ほら、今はもう楽しくないはずだ。どうだ？
選　手：えーっと、はい……。
ブーン監督：そうだ！これからはもう楽しくないはずだ。楽しいわけがない。
選　手：はい……。はい！そうです！全く楽しくありません。楽しさゼロです。

ブーン監督：よし、やっとわかったな。みんな、よく聞け、私が監督のブーンだ。

その後、タイタンズのシーズンは素晴らしいものに展開していったが、一般的には、スポーツを楽しむことが許されない指導方法は、タンクのレベルを激減させてしまう。逆に、チーム全員で楽しいことをするというような簡単なことでも、Eタンクは補給される。

練習のたびに、その競技の楽しさを（監督も含む）チーム全員に思い出させるようなことをすべきである。スポーツには努力が必要か？　もちろん。大きなプレッシャーが伴うか？　多くの場合、そうだ。失望を感じることはあるか？　時折。そのようなことがあったとしても、とにかくスポーツは本当に楽しいものなのだ。

競争

練習を楽しくするための簡単な方法として、競争をするというのはどうだろうか。特に、得点を競うなど選手たちが好きなことをすると、とても効果的だ。または、少しふざけた競争でもいい。例えば、野球やソフトボールでは、本塁から三塁、三塁から二塁…と後ろ向きで走る速さを競うのはどうだろう。大事なのは、それが競争であり、なおかつ楽しいことである。

チームとして、ある時間内に決まった目標を達成できたら、コーチがおもしろい罰ゲームをする、というのもいい。「チームが達成困難な課題を達成することができたら、（監督が）丸刈りにする」と、ある監督が言ったというような話は、あなたも昔に聞いたことがあるのではないだろうか。

他のアイデアとしては、時間内に選手たちが課題を達成できたら、練習後に何かを奢るという単純なものでもいい。また、時間内に特定の回数のショットを決めることができたら、監督が十回腕立て伏せをするというようなものでも十分効果はある。例を挙げるとキリがないくらい、監督ができる罰ゲームはいろいろある。

楽しいサプライズ

ある土曜日の朝、私が監督を務める高校女子バスケットボール部の練習でのことだった。妻が、うちの三匹のパグ（パギンズ、ルーシー、スキャンパー）を練習に連れて来て、バスケットボールコートでリードを外し、自由に走り回らせた。すると選手たちは、楽しそうに大声で叫びながらはしゃいでいた。きつい練習が突然楽しいものとなり、チーム全員のEタンクが満たされたのである。

レイカーズの監督フィル・ジャクソンは、チームのためにビデオを上映することで有名だ。レイカーズの試合と、『オズの魔法使い』など人気映画を切り貼りし編集したもので、多くの場合、ユーモアを交えながら、監督からのメッセージを伝える内容となっているそうだ。しかし、楽しいサプライズはここまで手の込んだものでなくてもいい。楽しいものであれば、それでいいのだ。厳しい練習の合間に、いつ、どのように選手たちを驚かせ楽しませることができるか、機会を窺ってみよう。もし、あなたがよいアイデアを思いつかなければ、案を募ってもいいだろう。選手たちから提案をしてもらえば、その工程自体が楽しいものとなる。スポーツは楽しいものだ。選手たちとともに楽しめば、皆のEタンクが満たされるのである。

ツール７：ポジティブ記録

監督である私たちは、選手たちの言動を観察して間違い探しをし、その間違いを改善することで選手たちの育成に貢献している、と考えがちだ。もちろんそれも大事だが、同じくらい大事なのは、正しくやっていることを探し、それを強化することだ。選手たちのよい言動、正しい言動を記録する、「ポジティブ記録」を行うことで、よい・正しい言動を増やすことができる。記録されるよい・正しい言動は、彼らを褒めるポイントでもあるので、チームの雰囲気が明るく和やかになるという素晴らしい効果もある。選手たちは自分の価値を認めてもらっていると感じるため、指摘を受けても、それを受け入れやすくなるのである。

ポジティブ記録は、チームを変える効果が非常に高く、その効果を保証してもいいと思えるくらい、確実性の高いツールだ。私自身は試合で活用することが多いのだが、練習でも使用可能である。もう少し詳しくツールの説明をしよう。

1．クリップボードと紙を準備する。紙に選手たちの名前を書く。それぞれの名前の下には、コメントをいくつか書けるくらいの間隔を空けておく。選手名の下に、自分へのメモとして「探すべき点」の欄を作る。それぞれの選手につき、探したいと思う言動や態度があれば（一生懸命走り守備に戻る等）、それをこの欄に記入する。

2. 試合中、選手たちを注意深く観察し、よい言動を見つけたら、選手の名前の下に記入する。何度かやり続けるうちに、あなた独自の省略記号などが自然とでき始めるだろう。後で見返した時に思い出せる程度の書き方で十分である。よいプレーなど物理的な行為だけでなく、チームの一体感を高めるような励まし合いなども見つけ、記録するようにするといい。

3. それぞれの選手につき、同じくらいの数のコメントとなるように注意する（三つから五つが理想的。二つでも可）。選手によっては、よい点を見つけるのが難しいかもしれないが、そのような場合は粘り強く探そう。また、有能な選手については、あまり書きすぎないように注意する。件数を意識しながら、試合終了までに全選手につき、三つから五つのコメントを記入しよう。

4. コメントは真実に基づいたものとし、想像で書いたり、本当に起こったことでないことは書かないようにする。全選手につき、よい点を見つけるのは容易ではない。傑出した言動である必要はない。粘り強く探せば、必ず見つかる。

5. 次の練習のはじめに、ポジティブ記録の内容を選手たちに発表するための短いミーティングをする。選手一人ひとりの名前を読み上げ、よい点を全員の前で発表する。選手一人当たり、三十秒以下の簡潔な発表となるよう心がける。

6．その後の練習は、やる気にあふれた練習となるに違いない。選手たちのやる気を存分に感じ取ろう。

このツールを考案したのは何年も前のことだ。その後何年間かこのツールを使ってきたが、驚くべきことに、このツールを用いるとその後必ずチームのパフォーマンスが向上するのである。しかし、このツールを頻繁に用いていたわけではない。なぜなら、このツールは、全選手のことを注意深く観察しなければならず、それは監督にとって骨が折れることだからだ。いろいろと考えなければならないことがある中、いつでもできることではない。

このツールの効果につき、拙著 *Shooting in the Dark* から引用する。高校女子バスケットボール部は九回連続で負けており、監督の私も完全に前向きとは言えない状況だった。

昨日の練習で、私は今までの悪い流れを断ち切ることができたと思います。二軍と練習試合をしていたのですが、一軍の調子がすこぶる悪かったのです。それを目の当たりにした私は、自分でも異常ではないかと思うくらい、選手たちに否定的な態度で接し、発言も否定的なものばかりでした。しかし、私は自分が考案したポジティブ記録のことを思い出したのです。私はサイドラインから指導すること（すなわち、叫びわめくこと）をやめ、選手たちのよい点に目を向け、記録し始めました。休憩の際に、誰がどのようなよいことをしていたかを選手たちと共有しました。

するとそれまでの暗い雰囲気が、ほぼ瞬間的に明るくなったのです。私がよい点に注目し記録していることを知ったとたん、選手たちはブロックアウトし、粘り強い守備をし、リバウンドでこぼれた球を追いかけるようになるなど、完全に調子が回復しました。目の前にこのような美しい光景が広がり、私は感動しました。このような有効なポジティブ記録を、なぜ今の今まで思い出せなかったのかと悔やまれました。それまでの一ヶ月あまり、まるで霧の中を彷徨っているかのようだったのです。*Positive Coaching* を執筆した監督であるにもかかわらず、その本を読むべき典型的な監督になってしまっていたのです。私はやっと、同書を執筆した監督に戻れたような気がしました。

その後、私たちのチームは、リーグ優勝することができた。あのときポジティブ記録を思い出していなかったら、優勝を果たすことはできなかったと確信している。

中学生以下の選手たちの監督を務めていた頃は、試合中のコーチングとポジティブ記録の両方を同時進行ですることができた。しかし、高校バスケットボールを指導するようになってからは、やることが多すぎて、同時進行で両方の質を保つことが難しくなってしまった。私と同じように感じる方は、アシスタントコーチを起用するか、選手の保護者、控え選手などにやり方を教え、ポジティブ記録を担当してもらうといいだろう。トーニャ・ブッカー監督は保護者にお願いしていたそうだし、ティナ・サイヤー監督は、チームの故障者にやらせているそうだ。

ポジティブ記録初心者の傾向としては、目立ちやすい優秀な選手（もしくは、クオーターバック、ポイントガード、ピッチャーなど主要なポジションの選手）につき、多くのコメントを記録し、あまり目立たない選手についてはどのようなよい働きをしているか十分な注意力をもって見ることができない、ということがある。そのため、監督から記録者に対し、選手一人につき三つから五つの点を記載する必要があることを強調し、丁寧に指導する必要がある。

それでは、このツールの説明の最後の締めくくりとして、ポジティブ記録の効力がどれくらいあるかを表す例を挙げよう。オハイオ州で監督を務めているハンドルネームJohnC58氏が拙著 *Positive Coaching* を読み、Ａｍａｚｏｎのレビュー欄に書き込んだ内容を紹介する。

この本を購入したとき、私は十三〜十四歳のソフトボール選手たちを指導していました。シーズン当初は、他のチームは一つも敗ることができず、敗ったのは自分たちの自尊心だけでした。今振り返ってみると、自分たちの自尊心を傷つけていたことが負け続けていた主な理由だったのではないかと思います。いつものように負けたある試合の後、私は選手たちをベンチに呼び集めました。いつもだったら大声で次々と選手たちに向かって怒鳴るところを、その日は筆者が勧めるツールを使ってみることにしました。選手たちがその試合でよくできたことを挙げ、彼女らでもよい働きができるのだということを示しました。

その後も、勝敗にかかわらず試合の後には毎回この方法を用いるようにしました。するとどうでしょう。前回十二点差でボロ負けした強豪と対戦し、また負けたのですが、今回は市大会決勝戦という大勝負であり、しかもわずか一点差の接戦を繰り広げることができたのです。うちの落ちこぼれ選手たちが、です。これがポジティブ・コーチングのなせる技です。この本に書かれているすべてのことを実践し、ポジティブ・コーチになることができ、おかげさまで数々の成功を収めることができました。著者のトンプソンさん、私のキャリアを復活させてくださり、ありがとうございました！

JohnC58氏、どういたしまして！　ポジティブ記録は、魔法のように強力なツールだ。後悔はさせないので、ぜひ試してみてほしい。

ツール８：子供のための指摘法

勝利するために、フィードバックは試合前の朝食と同じくらい選手たちにとって重要だと言われている。フィードバックには肯定的なものと否定的なものの二種類があり、どちらも選手のパフォーマンスを向上させるために行うものであるとされている。しかし、実際は、いくら建設的なフィードバックであっても、受ける側がそれを指摘だと感じてしまうと、その選手のＥタンクは枯れてしまうのである。また、ある一定の期間内に多くの指摘をされすぎると、その競技が好きだという気持ちを忘れてしまうかもしれない。

難しいのは、人は上達するためには批判や指摘が必要だということだ。何をどう間違えているか人に教えてもらわないと、自己改善できない。選手たちよりも競技に関する知識をもっている監督は、うまく指摘・注意できなければならない。

アスリートとコーチがお互いを必要とする理由について、オーストラリア出身の競泳チーム監督ビル・スウィーテンハムは次のように説明する。「水泳選手は水を感じることができる。監督はストロークを見ることができる」。監督は選手たちとは違う視点から見ているため、選手たちが知らない情報を提供することができる。

ここまでで、監督は選手たちを指摘・注意しなければいけないということと、指摘・注意すると選手たちのEタンクが枯れてしまうことを述べた。では一体、どうすればよいのだろうか。その答えは、「子供のための指摘法」にある。

ダブル・ゴール・コーチの課題は、効果的な（すなわち、改善につながるような）指摘をすることだ。誰かに何かを指摘されると、選手は防衛的な態度を取りがちだ。彼らは、その指摘を活用して自己改善に励もうとするのではなく、それがいかに理不尽な指摘であるかの理由（言い訳）を自動的に頭の中で並べ始めてしまう。

では、「子供のための指摘法」とはどのようなものか具体的に説明しよう。

指摘をプレゼントだと捉える

子供のための指摘法をマスターするための最初の一歩は、指摘がプレゼントと同じようなものであると捉えることだ。あなたの誕生日に、かつて見たことがないくらいブサイクな靴下を友人からもらったとしよう。もっといいものがほしかったあなたは、残念に感じるだろう。また、なぜ友人がそのようなセンスの悪いプレゼントを選んだか理解できない。プレゼントを開けるときムッとして、ありがたい気持ちを表すのではなく何か違うことを言ってしまう。結果、その友人からはもう二度とプレゼントはもらえなくなる。

自分の好みではないプレゼントをもらった場合のよりよい対応は、それを礼儀正しく受け取り、くれた人にお礼を言い、屋根裏部屋にしまい、はかないことだ。こうすることで、プレゼントをくれた人と友人であり続けることができる。それにもしかしたら、ハロウィーンの仮装で、おもいきりブサイクな靴下が必要となる日がいつか来るかもしれない。

指摘や注意をこのプレゼントの靴下のように捉えられれば、指摘してくれた人にお礼を言い、指摘を懐にしまい、のちに懐から取り出し、それについて再考する価値があるか検討できるようになる。

しかし、これは決して簡単なことではないということは理解できる。特に、すでに頑張っている場合は、難しいだろう。心の中でどう感じているかは一旦横に置き、「ご指摘いただきありがとうございます。検討します」と口に出して言うだけで、指摘の破壊力を弱めることができる。その後、日々の忙しさの合間の余裕があるときに、その指摘が有効なものであるか、またはそれを受け入れることで自分のためになるかどうかを検討すればいい。もしくは、判断力があり、信頼する人に「この靴下は私に似合うと思う?」と聞くのと同じように、「このような指摘をされたんだけど、どう思う？　的確な指摘だと思う？」と聞いてみてもいい。

私たち自身が指摘をプレゼントだと捉えられるようになれば、選手たちにもその方法を教えることができる。シーズン初めに、次のように話すといいだろう。

このチームをできるだけ強いチームにしたいと思っているんだ。そのために、君たち一人ひとりに対し、「チームに貢献するアスリートになるために、こうした方がいいのではないか」という提案をしていきたい。

ときには非難しているように感じることがあるかもしれない。そういうときには、その指摘はプレゼントだと捉えてほしい。もらってすぐに拒否しないでほしい。何を言われたかちゃんと理解し、優れた選手・よい人間になるという目標をなるべく思い出してほしい。そして、後で指摘されたことを思い出し、自分が成長するために役立つものであるかどうかを検討し、役立つものだと感じればそれを使って、成長につなげよう。

逆も然り。監督として、選手たちからの指摘を受容できれば、チームのパフォーマンス向上につながることを学べるのだ。

また、逆に、君たちも私にいつでも指摘してもらってかまわない。よりよいチームにするためにみんなでできることや、よりよいコーチになるために私ができることなど、何かいいアイデアがあれば、ぜひ考えを聞かせてほしい。一緒に話し合おう。私の指摘をプレゼントだと捉えてほしいので、みんなから指摘されたら、私もその指摘をプレゼントだと捉えるようにする。

時間をかけて人に指摘をするということは、指摘する相手のことを気にかけているということだ。

私たち自身が、プレゼントであるかのように指摘し、プレゼントであるかのように指摘を受け取れば、選手たちもそのように捉え、言われたことを前向きに検討できるようになるはずだと私は信じている。それができれば、人から受けた指摘を活用できる能力が身につくはずである。その能力は、よりよいアスリート、よりよい人間になるための素地となるだろう。

選手が聞く耳をもてないときは指摘しない

指摘を聞くことができないとき、受け入れることが難しいときというのは、誰にでもあることだ。試合終了間際、得点は2点差。自分が決めれば引き分けにできたのに、その大事なレイアップシュートを失敗してしまった選手に対し試合直後に、どちらの足で踏み出すべきだったかなど、技術的な指導をしても選手は聞く耳をもたないだろう。感情が混沌としているため、いかに正確で善意に基づいていて、根拠があり完璧に選び抜かれた言葉で伝えられたとしても、聞き入れることはできない。そのため、選手が聞く耳をもてないようなときには、指摘をしないようにする。選手が落ち着き、聞く耳をもつまで待ち、そこではじめて指摘する。選手が聞く耳をもてないときに指摘・注意することは、子供の指導法として適していない。

注意するときには一対一で

一般的には、人前で指摘すると過剰に自意識が高くなってしまうため、一対一で指摘した方が聞き入れられやすい傾向がある。「褒めるときは人前で、指摘するときは個人的に」というのが賢明な習慣だと言われている。

妻と一緒にパーティーに出席しているとする。私は、以前にも二百回ほど話したことのある話を友人に聞かせていて、彼らは皆退屈で仕方がない（これは、たとえ話である）。もしそのときに、妻のサンドラが私に対して「ジム、皆さんその話は聞いたことあるから、あまり興味ないと思うわ」と言ったら（彼女は実際はそのようなことは言わないが）、私は彼女の言葉を素直に聞き入れることができないだろう。

一方、彼女が同じことを二人きりの車の中で言った場合、私はその指摘を受け入れやすくなる。指摘されることを快く思わないかもしれないが、人前で指摘され、恥をかかされたと感じる場合と比べると、感情を処理しやすいはずだ。

現実的には、試合中にタイムアウトを取り、声を落として一人の選手と話し合うことは難しいだろう。私が言いたいのは、あくまでも状況が許す限りそうした方が指摘の効果が表れやすいということだ。指摘を子供に聞き入れてもらいやすくするためには、彼らにとって聞き入れやすい環境、すなわち一対一で伝えることが大事なのである。

許可を求める

このツールは子供であれば誰にでも効果的なものだが、特定の子供たちにとっては特に効果的だ。選手に、「どうすれば君が上達するか、いい考えがあるんだが聞いてもらえるか？」と質問するのである。ほとんどの子供は、「はい」と答えるだろう。これで形勢逆転だ。これから指摘されることにつき、子供は事前に同意しているので、指摘を聞き入れやすい状態になっている。

ときには子供に「イヤだ！」と言われることがあるかもしれない。そのように言われたらどうすればいいだろう。あなたが許可を求めたため、その子供の答えを尊重しなければならない。「わかった。もし考えが変わったら教えてほしい」と言い残してその場を去ろう。遠ざかっていくあなたの背中を見ると、子供は好奇心に駆られる。「監督はどんなことを思いついたんだろう？」と。この好奇心はあなたに有利に働くかもしれない。

多くの場合、その子供は練習後や翌日などに「監督のアイデアを聞きたいです」と言いに来るだろう。もしくは、次の練習の際に「今日はどうだ？どうすれば君が上達するか、いい考えがあるんだが聞いてもらえるか？」と再び質問してもいいかもしれない。ほとんどの場合、選手は同意するはずだ。そして形勢が傾き、あなたにとって有利な状況となるだろう。

このような状況に持ち込めたとしても、指摘の仕方を間違え、（これでもかというくらい執拗に指摘するなど）否定的な印象を与えてしまうと効果は望めない。しかし、このツールで閉ざされた心の扉を開くことはできる。

このツールは、特に頑固な子供たちに対し有効なツールだ。しかし、場合によっては許可を求めることはしない方がいいこともある。一つ目は、その子供が競技を冒瀆するような行為をしている場合。相手チームの選手を馬鹿にするような行為をしたり、発言をしているときには、指摘をしてもいいかと許可を求めるべきではない。競技に敬意を払うことは、ポジティブ・コーチのチーム文化であり、大原則でもある。選手がその文化を逸脱する行為をしている場合には、その選手が聞く耳をもてる状況であるかどうかにかかわらず、直ちに注意しなければならない。「おい！　何をしているんだ！　このチームでは、相手チームの選手にそのようなことをすることは許されない！」などと注意しよう。

許可を求めるべきでないもう一つのシチュエーションは、その選手自身または他の選手の安全が損なわれるような行為をしている場合。危険な行為を発見した場合には、監督が早急に介入しなければならない。

サンドウィッシュの法則

これはシンプルなツールだが、取り入れることは簡単ではない。選手に指摘したいことを中身の肉かチーズだと考え、それを二枚のポジティブパンにはさむのである。例えば、「ショットの距離を伸ばすために、もっと膝を曲げた方がいい」と指摘したいバスケットボール選手に対して、単純に「もっと膝を曲げろ」と言わず、サンドイッチ状に加工することで、効果を高めることができるのだ。

具体的に説明しよう。まずは褒める。「いいぞ！　シュートするときに、バスケットに対してちゃんと肩が平行になっているな。両脚も肩の下にあって、バランスが取れたいい姿勢だ」

次に、指摘をウィッシュ（wish＝～できたらいいな）に加工する。「ショットに距離が出るように、膝を曲げられたらもっといいぞ。ボールに伝わるパワーは腕からではなく、脚から来るからな」

その次は、もう一枚のパンだ。「ボールが手から離れるまでバスケットから目を離していないな。それはバスケットをしっかり意識できているということだ。いいぞ！」

指摘をサンドウィッシュすることで、二つの目的を果たすことができる。一つ目は、選手が身に付けているよい習慣の強化。監督であれば誰でも、選手が身に付けていたよい習慣がいつの間にか消えてしまっていることに気付いたことがあるだろう。そのようなことが起こらないよう、監督はよい習慣の維持・強化のために選手たちに働きかけ続けなければならない。

二つ目は、選手ができていることに目を向けることによる、Ｅタンクの補給だ。さらに、指摘の方も、改善への願い（できたらいいな）という形で伝えるため、選手は防御的にならず、指摘を素直に受け入れやすくなる。

ちなみに、このツールのウィッシュの部分は、サンドウィッシュの法則にしなくても、単体として用いることもできる。言い方を工夫することにより、どのような指摘も提案も、選手にとって受け入れやすいものにできるのだ。
監督がサンドウィッシュの法則を頻繁に使うようになると、別の利点もある。監督が選手たちの行動を注意深く見るためのよいフレームワークとなるのである。アスリートの調子がいかに悪いときであっても、最低一つは（大抵の場合いくつかは）ちゃんとできていることがあるはず。サンドウィッシュの法則というフレームワークに沿って発言しようとすることで、改善すべき点だけでなく、維持・強化すべき点も見つけなければならないことを監督に思い出させてくれるのである。

情報か指示か

監督の指示の出し方次第で、それを選手たちが受け入れることができるかどうかが決まる。デボラ・スティペック著 *Motivated Minds: Raising Children to Love Learning* は素晴らしい本で、その本には次のような興味深い話が書かれている。

昨晩、私は助手席に座る友人に誘導してもらいながら運転をしていました。彼女は、「左の車線に入って」ではなく、「左の車線がパサディナ行きね」と言いました。この二つの表現の差は大したものではないように思われるかもしれません。しかし、その言葉の受け手である私は、プレッシャーを感じませんでしたし、上から指示されている感じもしないということに気付いたのです。

情報を効果的に伝えるための一つの方法として、「if-then（もし‐ならば）」文を使用することができる。前に挙げた例を再度用いてみよう。バスケットボール選手が、アウトサイドからシュートするときに下半身を十分に使っていないとする。多くの選手は腕の力でシュートしようとするが、バスケットボールのアウトサイドショットの力は脚から来るのだ。私が彼女に、「もう少し膝を曲げないといけない」と言ったとしたら、それは高圧的な指示となる。選手に何を「しなければならないか」指示をしているわけだ。大体の選手はこのような言い方をされても問題はないのだが、そうでない選手は、（特に頻繁に指示されると）抵抗を感じ、反発するかもしれない。

もし‐ならば文を用いて、同じ情報を別の言い方で伝えることも可能だ。「（もし）もう少し膝を曲げて打つことができれば、スリーポイントシュートに距離が出るぞ」。これはわずかな差のように感じられるかもしれないが、このような言い方をすれば選手たちの指摘を聞き入れるスイッチをオンにでき、上達につながっていくはずだ。

受容時間を与える

「指摘があたかもプレゼントであるかのように捉える」ことを先に提案した。指摘してくれた人にお礼を言い、そのコメントを懐にしまっておく。そして、余裕ができたときに懐から取り出し、意味がある指摘だったか再検討する。一旦懐にしまうことによって、その指摘の正当性について考え、自分の結論を出すための時間を作ることができるのだ。この期間のことを

「受容時間」と言い、これは監督にとって大変役立つコンセプトである。

ときには、相手が指摘を受け入れることができるようになるまで時間を与える必要がある。指摘してすぐに相手に変化を求めると、相手は抵抗を感じ、反発する可能性が高くなる。誰の目にも明らかな方法で選手が反発することもあるし、逆に、見えないところで抵抗する場合もあるだろう。指摘の内容を検討する時間を与えれば、素直に受け取り、それを行動に移す可能性が高くなるはずだ。

指摘したところ、それを聞き入れることが難しそうなそぶりを見せた選手がいたとしよう。そのような選手には次のように伝える。「私が今言ったことはどういうことか、後で少し考えてみてほしい。自分に適用した方がいいか、そうでないか、検討してみてほしい」

ウィリアムズ大学スポーツディレクターのハリー・シーヒー著 *Raising a Team Player* には、次のような記述がある。「指摘すること自体はよいことでも悪いことでもない。指摘された側がその指摘から学べるか、それとも、深く傷つき拒否するかによりその是非が決まる」

指摘を子供たちにとって受け入れやすい形に加工したり、受け入れやすい方法で伝えられるかどうかによって、選手たちのそのスポーツが好きという気持ちに大きな差が出てくるのである。また、それができるかどうかによって、選手たちのパフォーマンスも変わってくる。選手たちが指摘を聞き入れられるようになると、それを素直に実行しようという気になり、パフォーマンスが向上するのだ。

人生の教訓：長い人生のために心の知性を高めよう

作家ダニエル・ゴールマンは、「心の知性」（心の知能指数、ＥＱ）につき、ベストセラーを二冊執筆している。心の知性とは、「（１）自分と他人の気持ちを感じ取る能力」と「（２）自分の感情を上手に制御することにより、自分自身のモチベーションを上げ、他者との関係や調和を保つ能力」だと説明されている。

ゴールマンは、同じＩＱの人が二人いたら、心の知性が高い人の方が成功しやすいと説明している。子供が人生において成功することを願う監督や保護者にとって、これはとても大事なコンセプトである。

監督という立場の私たちは、子供たちの心の知性を高めるために、何ができるだろうか。私は、Ｅタンクのコンセプトと、その補給方法を教えることが一番よい方法ではないかと考えている。そうすることで、ユーススポーツを通じて、その目的の一つでもある「選手たちが人生において成功するために、役立つことを教えること」を果たすことができるのだ。

ツールのおさらい

選手たちが力を発揮できる状態になるために必要なのは、Ｅタンクの補給だ。ダブル・ゴール・コーチがＥタンクを補給するために使えるツールには次のものがある。

1. Eタンクの台本

台本を参考にシーズン初めに、選手たちにEタンクのコンセプトについて説明しよう。

2. バディー制

練習や試合で選手たちにペアを組ませ、お互いのEタンクを相互補給させる。「バディーのEタンクを満たすような発言か行動をする」という課題を選手たちに与え、その後、チームミーティングでバディーのどのような言動によって自分のタンクが満たされたか発表させ、全員でその内容を共有しよう。

3. 選手監督

選手たちが監督の視点から考えられる力を養えるように導こう。どうすべきか指示するのではなく、どうすれば上達できると思うか質問する。また、チームとして決定が必要な事柄につき、選手たちの意見を求めよう。

4. 二分間演習

練習や試合でチームのパフォーマンスややる気が低下しているときに、特定の時間を決め（例：これから五分間、次の回、クオーター中など）、選手たちのよい点を可能な限り多く見つけ、褒めよう。

5. 本日のMVP

ある特定の選手のEタンクを補給する必要があるときには、その選手のパフォーマンスや振る舞いのよい点に着目し、可能な限り多く見つけ、監督がちゃんと見ているということをその選手に伝えよう。

6. 楽しいイベント

競技の楽しさを選手や監督に思い出させるようなアクティビティを練習に組み込む。楽しいことをすると、選手たちのEタンクが補給される。

7. ポジティブ記録

選手たち一人ひとりが試合中にできたことを記録し、次の練習のはじめに共有しよう。そうすることにより、Eタンクが満タンな状態で練習を始めることができる。

8. 子供のための指摘法

指摘する場合は、子供たちにとって聞き入れやすく、取り入れやすいものとなるように、工夫する。（監督も選手も）指摘をプレゼントだと捉えるようにしよう。選手が聞く耳をもてないときには、指摘・注意することは避ける。指摘は一対一で行う（褒める場合は、人前で行う）。パフォーマンス向上のための提案をするときには、その選手に提案してもいいか事前に許可を求めてみよう。指摘をする前に、褒め、その後にパフォーマンス向上のための指摘をウィッシュ（～できたらいい）形式で伝え、最後にもう一度褒めれば、サンドウィッシュのできあがり。選手たちに対し、高圧的に指示し、コントロールしようとするのではなく、フラットに情報が伝わるような言葉の選び方をしよう。選手たちが指摘を検討し、適用できる受容時間を与えることを心がけよう。

第4章

競技に敬意を払う

遊びが要求するのは、絶対的で最高なる秩序である。秩序からの乖離は、たとえそれがわずかなものであったとしても、その遊びのよさを奪い、その遊びを無価値とし、その遊びの成立を許さない。

――ヨハン・ホイジンガ

『ホモ・ルーデンス』（原作1938）（訳注：ホモ・ルーデンス＝遊ぶ人の意）

自分自身に敬意を払わないのは、お前の問題だ。しかし、お前が競技に敬意を払わないと、それは俺の問題になるんだ。

―ヌーク・ラルーシュに対するクラッシュ・デイヴィスの台詞

監督映画『さよならゲーム』（1988）監督ロン・シェルトン

ＰＣＡの設立を検討していた当初、私は監督と選手たち、監督とチームの関係性に焦点を当てていた。しかし、数々のユーススポーツ組織と協力していく中で、大抵の場合、競技に敬意を払わず最も大きな問題を起こすのは選手ではなく、保護者やファンだということがわかってきたのである。

「スポーツマンシップ」の価値の低下

かつて「スポーツマンシップ」という言葉は、スポーツの概念として社会から高く評価され、理想として捉えられていたかもしれないが、いつの間にか魅力を失ってしまったようだ。最近、あるサッカーチームの監督から「多くのサッカー大会でスポーツマンシップ・トロフィーが授与されていますが、それは負けたチームに対する慰めのトロフィーとして見られているため、それをもらったチームは誰一人として喜ばないものになってしまっている」という話を聞いた。また、別のある高校バスケットボール部の監督は、「このチームがスポーツマンシップ・トロフィーを取るなんてことがあったら、そのときは罰として走らせるからな」と選手たちに言ったそうだ。

スポーツマンシップを超え、競技に敬意を

私たちは、スポーツマンシップを超えたものを目指さなければならない。スポーツマンシップには、どこか受動的な雰囲気がある。主に「悪いことをしない」という意味で使われているため、それは私たちが守るべき最低ラインにすぎない。「審判に対し声を上げない。ルールを破らない」。これらは決して間違っていない。間違っていないどころか、必ず守らなければならないことだ。しかし、このように「マナー違反をしない」だけでは不十分である。ユーススポーツではその参加者に対し、より高いレベルの行動や態度を期待すべきだと私は思っている。「勝ち負けにこだわらないで、フェアに行こう！」というような標語では、今のユーススポーツ文化を変革することはできないだろう。新しい、ポジティブな文化を育てるためには強力な標語が必要だ。

ノートルダム大学メンデルソン・スポーツ・キャラクター・アンド・コミュニティ・センターの共同ディレクターのデイビッド・シールズは、市民権運動や女性解放運動を例に挙げ、成功した運動はどれも独自の用語を開発していると説明する。古い枠組みを打破するために言葉の力を用いることができる。効果的な標語を使えば、人々の物事を捉える視点を一新することができるのだ。

「スポーツマンシップ」は受動的で後ろ向きなコンセプトであると見られているというのは前述の通りだ。そのため、ＰＣＡではその代わりとなる新たな標語を用いている。私たちの

「競技に敬意を払う」というコンセプトは、強力かつ前向きなものだと思っている。このコンセプトの目的は、関係者による最悪の言動を防ぐことではなく、関係者が最善を尽くせるように力とモチベーションを与えることである。

ありがちなシチュエーション

試合終了間際、あなたのチームは期待を上回るパフォーマンスを発揮しており、勝てると誰も想像していなかった強豪を相手にリードしている。試合の最終局面で、（言葉を選んで表現すると）疑義を感じるような判定を審判が下す。あなたのチームの保護者たちは、その判定を下した審判に対し、野次を飛ばすが、その判定は覆らず、相手チームはその機会を捉え得点することに成功。逆転を許してしまい、試合終了。審判たちが競技場を立ち去ろうとしているときも、保護者たちは野次を飛ばし続けている。選手たちはあなたを囲み、何かを求めるかのような目であなたを見ている。さて、このような状況下、あなたならどうするだろうか。

このようなシチュエーションは近年増え続けており、ユーススポーツでは珍しくない光景となっている。保護者たちの中には、子供のスポーツに感情移入しすぎて、試合を見ているだけでは物足りなくなり、積極的に「参加」しようとしてしまう人もいる。「プロの試合を観戦するファンと同じような役割を担っており、ホームチーム・アドバンテージに貢献すべきだ」と思っている保護者が増えているのかもしれない。そのような保護者は、審判の判定に対し抗議をしたり、相手チームのパフォーマンスを低下させるために暴言を吐くなどという行動を積極的に行ってしまうのだ。

チーム「全体」のリーダー

このシナリオはPCAコーチングワークショップで成人の観客の態度にかかわる監督のジレンマを描くために、何度も用いているものだ。選手だけでなく保護者の対応までしなければならないことに、多くの監督は（少なくとも最初は）抵抗を感じるようだ。あるワークショップで一人の監督は私に言い放った。「私は子供たちを指導するために監督になったんだ。狂った四十代の大人たちの対応をすることは私の仕事ではない！」

しかし現実的には、子供たちにはもれなく保護者がついてくる。物理的に試合に同伴することもあるし、そうでなくても子供たちの頭の中には大人たちがいる。これは、犯罪学者のロニー・アセンズの言う、「幻影の共同社会（phantom community）」である。「幻影の共同社会」とは、子供の頭の中に内在化された、それまでの人生でその子供にとって大切な存在だった大人たちの声のことを指している。ユーススポーツのリーダーたちから繰り返し聞くのは、多くの場合、問題を起こすのは子供たちではなく保護者たちだということ。そして、両親やその他影響力のある大人の振る舞いを見た子供たちが真似るようになり、問題は大きくなっていくのだ。

監督はチームのリーダーだが、私たちが強調したいのは、その「チーム」には選手たちの両親（や両親以外の家族、親戚、友人など観戦に来る人）も含まれるということ。監督が浸透させようとしているチーム文化を保護者にサポートしてもらい、味方になってもらうためには、（保護者が物理的にその場にいる場合）監督から保護者に直接話す必要がある。

先ほど挙げたようなシチュエーションが発生した場合、監督は介入し、対応しなければならない。監督が対応することにより、保護者たちは子供の試合で自分たちがどのように振る舞うべきか学習する。また、それは子供の頭の中の声である「幻影の共同社会」を鎮めることにもつながる。

本章では、右記のシナリオのような状況に直面したときに、監督として取りうる対応策について説明する。一つは、行き過ぎた行動を取る保護者に対する対応策である。もう一つは、選手たちに対する対応策だ。選手たちが置かれている状況を彼ら自身がどのように捉えるべきか、ということを監督は指導しなければならないので、その方法についても説明する。

監督は、二種類の行動を取ることができる。防止と介入である。まずはじめに、このようなトラブルが発生しないよう、監督としてどのような防止策を講じることができるか説明する。しかし、いかなる防止策であっても百パーセント効果的であることは望めないので、その次に、問題が手をつけられない状態に発展してしまうことを防ぐ介入法について説明しよう。

十分な防止策を

監督たちは、防止策を講じることにより、問題が発生する確率を下げることができる。まずはじめにしなければならないのは、どのような振る舞いが期待されているかを、選手とその保護者たちに対しわかりやすく声高に繰り返し伝えることだ。

我が国（アメリカ）では、「人間は、まわりの期待や社会的慣例にとらわれない、頑強な個人である」という、いわば神話のようなものを信じている人が大多数を占めているようだ。しかし実際は、人間は「群れる動物」だ。人には、集団に属したいという欲求がある。集団に属するために振る舞い方を変える必要があるときには、そうする傾向がある。ユーススポーツでよくある問題は、その場でどのような振る舞いが期待されているか、誰も保護者たちに説明していないことである。

これは明らかに組織の幹部の責任である。ありがちなのは、彼らはボランティアであるにもかかわらず予想以上に大変な役目を引き受けてしまったと感じ、その負担感から職務放棄してしまっているということ。現実的に考えると、問題が起こりうるすべての試合に彼らが立ち会うことは不可能だ。物理的に無理なのだ。そのため、選手とその保護者に観戦マナーや注意事項などを説明することは、必然的に監督の責任となってしまう。

私たちＰＣＡが推奨するのは、「選手や保護者がこのチームの一員である限り、競技に敬意を払うことが求められる」ということが伝わるように、相手に説明することだ。方法はいろいろあり、そのうちいくつかを本章の「ツール」として紹介する。ＰＣＡでは、監督の皆さんにご利用いただける保護者宛ての手紙の雛形を作成した。この手紙を選手経由で保護者に渡してもいいのだが、チーム保護者会議で直接手渡すと、さらに効果的だろう。

手紙の内容として大事なことは、（１）記載されている事柄が、監督が「チーム」全体に期待しているものであり、（２）その「チーム」には保護者も含まれる、ということが保護者に伝わることだ。

介入と道徳的勇気

本章で紹介する防止策を監督がすべて取り入れれば、本章のはじめに例示したような事象が起こる確率は相当下がるはずだ。しかし、ゼロパーセントにまで下げることはできない。いかなる防止策を講じたとしても、ときには避けられないこともある。ユーススポーツの「ポジティブ文化」を守るために、私たちは戦っていかなければならない。マスメディアでは、「勇気」を体を張ること（肉体的勇気）として表現していることが多いようだ。しかし、実際多くの問題を引き起こすのは、肉体的勇気を出せない臆病さがあるからではない。映画やフィクションにおける勇気というと、眠っている子供を救助するために燃え盛る建物に突入することや、人を殺めそうな悪者たちに躊躇せず果敢に立ち向かう、などという設定が多い気がする。

しかし、現実の世界で勇敢な行動を取ることが難しい理由は、大抵の場合、他人に暴行されることに対し恐怖を感じるからではなく、感情的不快感を抱きたくないという気持ちがあるからだ。暴言を吐いている保護者に対し、私たちが注意することを躊躇するのは、（残念なことに、近年ユーススポーツではこういうことは多くなってきているが）指を突き付けられ暴力の対象となることが嫌なのではなく、恥をかいたり、自分の無力さを思い知らされたり、より大きな集団に非難されることを恐れているからだ。不適切な行動を取っている人たちに対し物申すことはリスクを伴う行動であり、言った自分も不快な感情を抱くことになってしまうかもしれないのだ。

監督として、何をどう言えばいいのかわからないかもしれない。また、そのときに言うべきこととは違うことを口走ってしまうかもしれない。観客の笑い者になってしまうかもしれない。世の監督たちは、頭では信条のために立ち上がるべきだと思っていても、このような不快な気持ちになることを避けたいという思いもあるため、黙認してしまうことが多い。

ノートルダム大学メンデルソン・スポーツ・キャラクター・アンド・コミュニティ・センターのブレンダ・ブレデマイヤーとデイビッド・シールズは、不快な反響が予想されるかどうかにかかわらず、自分の信条（本章においてはポジティブ文化）のために立ち上がり、他者に声高に訴えかけようとする勇気を「道徳的勇気」と呼んでいる。監督は（保護者や組織の幹部とともに）、この道徳的勇気を発揮し、最初は面倒に感じたとしても、ユーススポーツのポジティブ文化のために立ち上がらなければならない。ユーススポーツにおけるリーダーシップとはそういうことなのである。

それでは、本章冒頭のようなシチュエーションとなった場合に、監督はどうすればいいのだろうか。必要なのは二つの対応である。（1）保護者に対する対応と（2）選手に対する対応だ。監督が最初に対応すべきなのは、行き過ぎた行為をする保護者なので、まずはそこから説明しよう。

1．保護者に対する（完璧でない）対応

選手たちの対応をする前に、感情的になっている保護者の対応をすることが非常に重要である。問題行動を取っている保護者たちの対応を誰もせず、その保護者たちが審判に途中退場を要求したら……などと考えるとゾッとする。ユーススポーツの試合における保護者の暴力事件は全米中で頻発しており、そのような事件に関する記事は誰もが目にしたことがあるのではないだろうか。「自分のチームには起こらない」というような考えは、今すぐ捨ててほしい。

何よりも先に保護者を止めなければならない。助監督やチームペアレント（チームの役職や係を務める保護者）がいる場合には、不適切な言動をしている保護者から離れたところに至急、選手たちを集めてもらい、事態が収束するまでそこで待機してもらえるよう依頼する。

補助できる人がいない場合は、選手たちに、目の届くところ、かつ理想的には声が届かないところに集まり待機しているよう指示する。そしてその後に、保護者たちの対応をしよう。

完璧でなくてもいいので、とにかく介入しよう。完璧な言葉を並べられなくてもいい。彼ら
の行動が行き過ぎていて、看過できないものであり、直ちに改める必要があることを伝えるの
だ。保護者たちの牙が抜かれ、審判たちに危害が及ぶことがないことを確認できたら、選手た
ちの対応をしよう。目の前で起こったことを、どう理解すべきか説明しなければならない。

問題を起こした保護者たちに、チームで集まっているところまで来てもらい、チームで話し
合う内容をそばで聞いていてもらうのも一案だ。こうすることで、選手たちの言葉を通じて、
保護者たちにメッセージが伝わるかもしれない。一方、保護者たちが感情的になりすぎてなか
なか落ち着かない場合には、選手たちが集中できなくなってしまうので、ある程度の距離を
保った方がいい。どちらの方法がいいかは、その状況によって、監督が判断するしかない。

2. 状況をどのように理解すべきか選手たちを指導する

その保護者たちの問題行動によってざわついた会場にいる選手たちは、大事なことを忘れて
しまっているかもしれない。その試合はよい試合だったのだ！チームがそこまで大健闘する
と期待していた人はあまりいなかったはずだ。

せっかくチーム史上最高によい試合だったのに、あなたがそれを選手たちに思い出させてあ
げないと、その事実は彼らの頭の中から跡形もなく消えてしまう。また、このような出来事
は、審判の判定が試合進行においてどのような役割を担っているか選手たちに教える絶好の機

会となるため、それを活用しない手はない。相手チームに不利となる判定をいくつか例として挙げつつ、審判も人間であり、選手や監督と同じように常に完璧ではいられないということを教えてもいいだろう。

これで、目の前の危機の対応は終わったので、次は大きな絵の方を見てみよう。

参加できるということは恵まれているということ

十二歳のとき、私はノースダコタのメイヴィルからウェストファーゴに引っ越した。友達と別れることは寂しいと感じたが、ウェストファーゴの方が大きな都市であり、通学予定の中学校は大きく、そのバスケットボール部は市内の他校とリーグを組んでいると聞き、私はとても楽しみにしていた。今でもはっきり覚えているが、メイヴィルでは、五年生のときに一度六年生相手に、六年生のときにも一度五年生相手にバスケットボールの試合に参加した。わずか一年に一度だ。ウェストファーゴに引っ越したら、一年で十回から十二回試合に出られるかと思うと、私は楽しみでしょうがなかった。

今日、ユーススポーツに参加する子供たちにとって、一シーズンで五十回以上の試合を経験することは珍しいことではない。そのため、ユーススポーツに参加できることが特別なことだということを忘れてしまいそうになるが、本当はとても恵まれた環境なのだ！ 映画『ラストゲーム』（1998年、監督：スパイク・リー）のオープニングでは、全米の若者たちがそれぞれ異なる環境でバスケットボールをしている映像が流れ、見る者を圧倒する。プレーの場が大きなアリーナであれ、農家の納屋の外壁に釘付けされた簡素なフープであれ、バスケットボールができることを幸せに感じている人々が次々と映し出されるのだ。アメリカの子供たちが皆スポーツ用品を持っているわけではないし、設備が整ったグラウンドでプレーできるわけでもない。皆がボランティアにより運営されているリーグでプレーできるわけでもない。スポーツに参加できる子供たちは、それがどれだけ特別なことであり、いわば「特権」であるかということを認識する必要があると私は感じている。

ROOTS ―競技に敬意を払おう―

特権には義務が付きものだ。選手として競ったり、観客として応援したりなども含め、スポーツに参加できることはとても特別で、恵まれたことなのである。そのような恩恵を受ける者には、「競技に敬意を払う」という責任が付いて回る。私が子供の頃は、この標語をよく耳にしていたが、成長するにつれ、あまり耳にしなくなった。

ＰＣＡでは、この「競技に敬意を払う」というコンセプトを、ユーススポーツを司る行動指針にすべきだと思っている。それでは、「競技に敬意を払う」とはどういうことだろうか。監督、保護者、そして選手たちにこのコンセプトを覚えてもらうために、次のような合い言葉を考えた。競技に敬意を払うことはポジティブ・プレーをするためのルーツ（ＲＯＯＴＳ）だ。

ルーツ（ROOTS）は、以下の言葉の頭文字である。

Rules …………ルール
Opponents……対戦相手
Officials ………審判
Teammates …チームメイト
Self …………自分

一つずつ順に説明しよう。

R：Rules（ルール）

競技に敬意を払うということは、ルール違反しないということである。各種競技のルールは、公平でおもしろい競争にすることを目的として（ほとんどの場合）長い年月の積み重ねにより築き上げられてきたものであり、誰かに勝手気ままに定められたものではない。規則にはそれぞれ理由があるのだ。

最近のことだが、私が子供の頃（四十年ほど前）に使っていたような旧式のコートでバスケットボールをする機会があった。すると、キー（トップ・オブ・ザ・キー）が、なぜキーと呼ばれるかがわかった。昔は、フリースローレーンの幅が今よりもずっと狭かった。そのため、ファウルラインの外側の円と狭いレーンを合わせるとまさに、キー（鍵穴）のような形をしていたのだ。

今日のバスケットボールのレーンの幅は以前のものに比べ、幅広になっている。なぜだろうか。世代交代し、選手たちの体格が変わり背が高くなると、背の高い選手がバスケットの横で待ち構えハイパスをもらうと、簡単に得点することができるようになってしまったからだ。選手にとってもファンにとっても、おもしろみがなくなってしまったことを考慮し、ルールが変更されたのである。

ルールは、可能な限り公平に試合を執り行うことを目的としたものであり、今まで慎重に検討され、徐々に進化してきたものであることは、誰もが理解できることだろう。そのような重みのあるルールを守らない、もしくは都合よく解釈したとしたら、それは何を意味するだろうか。神聖なる競技の冒瀆である。

ルールの精神とは

「競技に敬意を払う」対象は、ルールの文字面だけでなく、その精神にも及ぶ。私がある地域のリトルリーグを担当していたとき、三塁付近から指示を出しながら、相手チームの投手をけなすコーチがいた。バッターに対し、「ボールをよく見ろ。そのピッチャーはずっとまともな球を投げてないぞ！」と大声で叫ぶのだ。

相手チームの投手（しかも十歳！）に対する誹謗中傷行為につき私が注意すると、彼はバッターの応援をしているだけだと反論した。そのときはそれで終わったのだが、彼は次のような言い訳をすることもできた。「『こういうことをしてはいけない』と、ルールブックのどこに書いてあるんですか？」と。

ありとあらゆる状況を想定し、それら一つひとつについて規則として規定することは不可能だ。ルールには明確に書かれておらず、曖昧なことも多々ある。ずる賢い人は、どのようなルールにも抜け道を見出すことができる。古いことわざで、次のようなものがある。「従業員が組織を潰したければ、指示されたことだけをやればいい。指示されていないことを一切しなければ、そのうち組織は潰れる」。ルールの文字面に従うだけでは不十分なのだ。

そもそも、ルールに書かれていてもそうでなくても、相手チームの選手を侮辱し、精神的に追い詰めることをするようなコーチが組織にいることは望ましいだろうか。ルールの精神の話をする場合には、組織の理念に立ち戻る必要がある。このスポーツリーグは何のためにあるのか。そこでは勝つことがすべてなのか、それともスポーツを通じて人生の大切なことを子供たちが学べるように手助けするための「教育的なスポーツ」組織であろうとするのか。このようなはっきりとした選択肢を突き付けられると、ほとんどの人は後者を選ばざるを得なくなるので、問題行動をする人にはこのような質問をするといいだろう。

次に、ルールの精神の理想像とはどのようなものか考えてみよう。私の頭に思い浮かぶのは、あるときジェフ・マッケイ監督が私に話してくれた、アメフトチームの伝説の監督ジョージ・デイビスに関するエピソードだ。デイビスはコーチングに関する古典とも言える幻の本、*The Fifth Down* の著者でもある。ある日デイビスは、「審判が誤った判定をした場合には、相手チームにペナルティーを課すことを辞退するように」と選手たちに指示した。デイビスは、誤った判定で有利になることを避けることで選手たちにルールの精神を学ばせ、身に付けさせようとしたのだ。「ルールを都合よく解釈したり、守らずに勝ったとしても、それは本当の勝利ではない」ということを、選手や保護者に繰り返し呼びかけることが必要である。

試合はどのように執り行われるべきか

Character Counts!（子供の人格形成プログラムを支援する組織）の創設者マイケル・ジョセフソンは、ルールの文字面と精神の両方を重んじる必要があるということを教えるために、極端な議論としてトラッシュ・トーク（挑発的で汚い言葉使い）を用いるそうだ。彼はこのように質問する。

「試合はどのように執り行われるべきでしょうか？ どちらのチームの方がより汚い言葉で相手の調子を狂わせることができるかで決めるというのはいかがでしょうか？ それでは、子供たちにトラッシュ・トークの仕方を教えて、上手にできた子供たちを褒め、賞を与えましょう」

マイケルはその極端な例を挙げることにより、競技の仕組みとは無関係なことによって試合の結果を左右されてしまうことがいかに馬鹿げているかを伝えようとしているのだ。相手を言い負かしたいのであれば、討論大会でやるべきであり、それをスポーツ競技でやろうとすべきではない。スポーツの試合の勝敗をトラッシュ・トークによって操ろうとすることは、討論大会で主張を伝えようとしている討論者を、物理的な腕力で押さえ込もうとするのと同じくらい馬鹿げたことだ。ましてや子供同士の試合で、どちらの方が上手に相手チームの子供の注意を逸らし、威嚇できるかを（保護者やコーチなど）大の大人が競うなんて、全く信じられない行為である。

ポジティブ・コーチももちろん勝つことは好きだが、ルール違反をしたり、ルールの精神を無下にするなど競技に敬意を欠くようなことはしない。競技の仕組みに従い、勝つために努力するのである。

O：Opponents（対戦相手）

競技に敬意を払うということは、「自分の才能が最大限発揮されるのは、対戦相手のおかげだ」と認識することでもある。競技に敬意を欠く行動の中で一番発生する可能性が高いのは、対戦相手に対する問題行為ではないだろうか。競争するため、勝つために努力をしてきている選手同士の気持ちがぶつかり合うことは、驚くべきことではない。

勝つための真剣勝負をしていると、なかなか目の前の出来事を中立的・冷静に捉えることはできないものだ。感情が肉体的・精神的奮闘に同調し、色眼鏡を通した世界しか見えなくなってしまうのである。たとえ勝つために自分がやっていることと同じようなことだったとしても、相手がやると、「それはルールの曲解ではないか」とか、「自分に対し侮辱的なことをした」と感じるかもしれない。目標に向かって脇目も振らず突き進んでいるようなときには、その障害となるものがどのようなものであったとしても、それに対し公平な判断をすることは困難であるため、そのような状況のときには、自身のことを信頼すべきではないのである。

限界まで奮闘することと、相手に対する敬意を欠くプレーをすることは紙一重なのだ。

対戦相手に対する誹謗中傷

どのような内容であったとしても対戦相手に対する誹謗中傷は、ポジティブ・コーチとして敬意を払うと誓った、競技の最も基礎的な部分を侵害する行為である。

私はスタンフォード大学の卒業生であることに誇りを持っているが、スタンフォードの男子バスケットボールの試合を観に行ったときに、自分の母校がみっともない行為をしていて、恥ずかしいと思ったことがある。6th Man Club（六人目の選手）と呼ばれるスタンフォードの応援席全員が、相手チームのスターティングメンバー発表のときに、意図的に彼らに向かって背中を向けたのだ。国際的に人気があり注目される競技はエンターテインメント性が強いため、「この程度の行為は文化であるとも言え、許されるべきではないか」という見方もあるだろう。

また、「大学チームの選手たちはファンの行為を余裕を持って受け入れることができるトップレベルのアスリートであり、年齢的にもほぼ成人であるため問題ない」という見方もあるかもしれない。

しかし私は、先のような意見には賛同できない。そのような行為を根絶した場合、大学・プロレベルの試合の質がさらに向上すると思っているからだ。いずれにしても、ユーススポーツは観客のためのエンターテインメントではなく、教育のためのものだ。そう考えると、テレビに映し出される大学生やファンの行為は、酸性雨のようにユーススポーツの試合環境を汚染していると言っても過言ではない。多くの大人は、子供を大学スポーツの試合観戦に連れて行く。そこで子供たちが目の当たりにするのは、最低のスポーツマンシップである。また、大学・プロレベルで許されているため、「ファン」たちは高校生以下の子供たちの試合でも相手チームのユース選手たちをあざける行為をしてしまうのだ。

釣り合う対戦相手

同じレベルのチームが対戦するとき、すなわちお互いに相応しい対戦相手とぶつかるときが、ユーススポーツにおいて最もよい学びの機会となる。ＰＣＡシニア・トレーナーのマイク・レガルザは、サンフランシスコ・ベイ・エリアで有名なバスケットボール・キャンプを主催している。そのキャンプに参加するためには順番待ちしなければならないほど評判が高いそうだ。キャンプ初日、マイクは綱引きをしようと言い、子供たち全員に綱の片方に行って綱を取るように指示し、「よーい、ドン！」と叫ぶ。対戦相手がいないまま綱引きをしろと言われた子供たちは、意味がわからず唖然とする。

まさに、そこがポイントである。相応しい対戦相手がいることがいかに重要かということを教えたかったがために、マイクはこのような印象的な方法を用いたのだ。つまり、対戦相手がいない試合は楽しくないということだ。

この例の応用編を用いて考えてみよう。綱の片方にプロのアメフト選手十人、もう片方に小学校一年生の子供たち十人で競うのはどうだろう。馬鹿げている！プロのアメフト選手と子供たちを競わせても意味がない。

一方のチームが圧倒的に強い場合、対戦する意味はあるのだろうか。インディアナ州マンシー市のボール州立大学のコーチング学教授ロック・キングによると、子供たちに「おもしろい試合とはどういうものか」と聞くと、「最後まで接戦で、最終プレーで勝ち負けが決まる試合」と答えるそうだ。これを聞き、私は自分がユースアスリートだった頃のことを思い出した。対戦しているチームとの実力差が大きすぎると楽しくなかったため、いつも試合を中断し、実力がほぼ拮抗するまでメンバーの交換をし続けた。スポーツが本当におもしろいのは、実力がほぼ同じレベルのチームが全力で対決し、最後の最後までどちらが勝つかわからないようなときだということを、子供たちは経験を通じて知っているのである。

２００１年のＮＢＡファイナル。決勝に至るまでのプレーオフでは無敗で勝ち進んだロサンゼルス・レイカーズがフィラデルフィア・セブンティシクサーズと対戦することになっていた。今季圧倒的な強さを見せつけているレイカーズにセブンティシクサーズが勝てる可能性は低く、盛り上がりを見せる前にレイカーズがあっさりと四試合ストレート勝ちすると大抵の解説者は予想していた。

ロサンゼルスにて開催された第一試合をセブンティシクサーズが制すると、全米中のファンが沸いた。レイカーズが四試合ストレートで圧勝するような決勝が見たいというファンはあまりいなかった、ということだろう。セブンティシクサーズが優勝する可能性もあるとわかり、視聴率は上がった（しかし、その後レイカーズがあっさりと四連勝し、視聴者の興味は薄れていった）。

当時ロサンゼルス・レイカーズの監督を務めていたフィル・ジャクソンは、ＰＣＡサポーターたちに対し、対戦相手が実力的に釣り合った相手であることの重要性について講演した。彼はモンタナ州とノースダコタ州に住んでいた経験から、その地域に住んでいたネイティブ・アメリカンを例として用いて、こう言った。「ネイティブ・アメリカンの中でも、クロウ族は恐れられていました。彼らは素晴らしい戦士たちだったのです。彼らの天敵だったラコータ族はクロウ族に対し尊敬の念を抱いていました。それは、彼らの存在がなければ、戦う相手がいなかったからです」

シカゴ・ブルズは、ＮＢＡで優勝するためにはデトロイト・ピストンズに勝たなければならなかった。ジャクソンは、そのような状況に置かれたブルズを指導するために、この視点を取り入れたそうだ。ジャクソンは講演で次のように説明した。「ピストンズはブルズの実力を最大限引き出したのです。彼らに勝つためには、自分たちの実力以上の力を出す必要があると私たちは認識していました」

これが、釣り合いの取れた対戦相手から得られるメリットである。そのような相手がいるからこそ、上達できるのだ。ベストを尽くさなくても勝てるような環境にいると、ベストを尽くしたら何を得られるかということがわからないままになってしまうだろう。

闘争には関わらない戦士たち

スポーツ選手がお互いどのように接するべきかということに関する、ＰＣＡのシニア・トレーナーのジェフ・マッケイから学んだ標語は、「激しくかつ友好的に」だった。笛が鳴った瞬間、勝つために全力で戦う。ボールを取ろうとして相手チームの誰かを転ばせたら、ボールを拾い、シュートする。しかし、もしそこで審判が笛を吹いたら、転んだ選手の手を取り、引っ張り起こす。試合中は激しく競争を繰り広げ、試合が中断されたときには友好的な関係を目指すべきなのだ。

フィル・ジャクソンの名言で次のような言葉がある。「今日の試合では、競技に敬意を欠いていると感じることが多く、改善が必要です。戦線が形成されているかどうかにかかわらず、私たちは競技に敬意を払う、いざこざには関わらない戦士でいるべきなのです」

これは、対戦相手に対し、敬意を抱くということだ。

O：Officials（審判）

競技に敬意を払うということは、審判の判定が間違っていると思ったとしても、それを尊重し、受け入れることだ。

「審判の判定に異論を唱えることはファンの当然の権利ではないか」とのご意見もあるかもしれない。先日、カリフォルニア州サクラメント市で、ある女性が娘の試合を観戦していると、監督に「審判を繰り返し批判することをやめてほしい」と注意された。その監督はPCAのワークショップで学んだ通り、保護者も含むチーム全体のリーダーとして責任ある行動を取ったのだ。すると、その保護者は言った。「でも、私は（NBAの）サクラメント・キングスの試合で、いつもこういうふうに振る舞っているわ」

ファンがプロスポーツの試合で審判に対し敬意を欠く行為をすることは正しいことではないが、プロスポーツはエンターテインメントビジネスでもあるため、許されてしまっている（ときには運営側がファンたちにそうするよう促すことさえある）。利欲のためか昇進のためかはわからないが、プロスポーツ関係者はチケットの売上に悪影響を及ぼすことを懸念し、このようなことについてリーダーシップを発揮し行動を起こすことには消極的なようだ。しかしユーススポーツはファンの娯楽ではなく、選手たちの教育のためのものであるため、前述のような振る舞いは許されないのである。

誤審だと思っても、受け入れよう

「誤審だと感じたときには、審判にどのように伝えれば監督として敬意を欠いた行動を取っていると思われずに済むでしょうか」

その質問に答えるためには、「どうすればいいか」ではなく、「どうしたらいけないか」について説明した方がいいだろう。いかなるときも、審判に対して声を上げてはならない。

カル・リプケン・ジュニアがルー・ゲーリッグの連続出場記録を塗り替えた1995年に、スポーツ・イラストレイテッド誌は特集を組んだ。その記事には、「審判の判定が誤っていたとしても、彼は敬意を払うことを忘れない人物だ」と書かれていた。その記事で挙げられたエピソードは次のようなものだった。三塁のプレーで審判が誤審をした。ランナーが二塁から三塁に盗塁しようとしていたため、キャッチャーが三塁を守っていたリプケンに送球し、彼は楽々とランナーをタッチした。しかし、審判はセーフだと誤審したのである。

リプケンは一言も言わず、守備ポジションに戻った。そして、そのポジションから本塁に向かって、今のは誤審だったと激しく抗議した。記事によると、リプケンは本塁の方向を向いて不快を表明していたため、スタジアム内でその行為に気付いていたのは、その審判とリプケンの二人だけだったそうだ。

私は、「誤審だと思っても審判への敬意を忘れるべきでない」ということを伝えたいときに、このエピソードを紹介していた。審判のミスを他の人の前で暴くことを意識的に控えているため競技に敬意を払っていると捉えていたのである。

ある日、私はスタンフォード大学男子テニス部のディック・グールド監督を含む、数名の監督に対してこの話を披露した。すると、素晴らしいポジティブ・コーチであるディックは、私の意見に異論を唱えた。彼からすると、「リプケンのこの行為も、敬意を欠いている行為だと思う」と言うのだ。エンターテインメント性の高いプロの試合でこのような抗議の仕方をしたリプケンを私は尊敬するが、ユーススポーツという環境では確かに許される行為ではないと私もディックの指摘に賛同した。

誤審があったと感じたときに、敬意を持って審判に接するためには、プレーが止まるまで待ち、「先ほどのプレーは（審判の視点から）どのように見えたのでしょうか？」と質問するとい
い。このように、少し時間を置いて冷静に質問することで、審判に自身の過ちを認める余裕ができるかもしれない。そのような対応を取ることで、残りの試合に関係者全員が再度集中しやすくなるのではないだろうか。審判がミスを認めるかどうかにかかわらず、ポジティブ・コーチは声色とボディーランゲージで審判に敬意を払っていることを示さなければならない。

火に油を注がない

アメリカ・ユース・サッカー機構（American Youth Soccer Organization ＡＹＳＯ）の集会で講演をした際に、私は聴衆の一人として出席していた審判からとても参考になる指摘を受けた。私は、審判の判定が誤っていると感じた場合に、敬意を払いながら抗議する方法について説明したのだが、彼としては私が挙げたような例は「ワークショップで用いない方がよいの

ではないかと感じた」ということだった。彼の視点からすると、審判の判定に監督が抗議する場合には、それがいかなる状況であっても火に油を注ぐことになり、保護者やファンたちが制止が利かない状態となってしまう危険性があるというのである。

それ以降、私は競技に敬意を払うことについて話をするときには、「火に油を注がない」という原則を追加するようにしている。審判が明らかに誤った判定を下したとしても、ファンの逸脱行為を悪化させる可能性が少しでもある場合には、ポジティブ・コーチはその火に油を注ぐようなことはすべきではない。

敬意を払うべきものだから、そうするのだ

あるとき、高校の各種競技のキャプテンたちのためのワークショップを開催した。その中で、競技に敬意を払うというコンセプトを紹介したところ、彼らから二種類の反応があった。一つは、「世の中にはひどい審判がたくさんいて、観客は選手たちのことを考えて弁護の気持ちでしてくれているにすぎないため、観客が審判に向かって大声を上げたとしても、特に問題はない」という反応。もう一つは、「観客が審判に対し乱暴な言葉を発すると、審判がチームに対し反感を抱くようになる。ファンたちの行為がチームに跳ね返ってきてしまうためよくない」というものだった。

それを聞き、私はある視点が抜け落ちてしまっていることを指摘した。彼らの答えには、何が正しいかという倫理的側面が含まれておらず、あくまでも実用本位のものだ。「競技に敬意を払うことが自分のためになるのであれば、やる。自分のためにならないのであれば、知ったことか」という具合である。

競技に敬意を払うのは、それがやるべき正しいことだからだ。敬意を払った結果、試合に負けたり優勝できなくなったりする可能性が高まることがわかっていたとしても、それが正しいことだからやるのだ。ノートルダム大学メンデルソン・スポーツ・キャラクター・アンド・コミュニティ・センターの創設者であるクラーク・パワーは、これを完璧な表現で言い表した。「競技は私たちよりも大きな存在。私たちが競技に敬意を払うのは、そうすべき存在だからだ」

T：Teammates（チームメイト）

チームが恥をかくようなことは、いかなるときもすべきでない。チームの一員となったら、グラウンドにいてもそうでなくても、まわりからはチームの代表として見られる。チームメイトは信頼してくれている。たとえグラウンド外であったとしても、不適切もしくは無責任な行動を取れば、その信頼関係はいとも簡単に崩れてしまうのである。

ＰＣＡ顧問委員であり、フェニックス・ミューチュアル・ライフ生命保険のＣＥＯを務めるボブ・フィオンデッラに初めて「競技に敬意を払う」というコンセプトを説明したとき、チームメイトに関しては何も言及しなかった。すると彼は説明し終わったばかりの私に、「チームメイトに対して負う責任は？」と聞いた。とても大事なことを私は忘れていたのだ。

監督に就任したばかりのチームのシーズンが始まるとき、私はいつも選手たちに同じ質問をしていることに気付いた。「どれくらいうまくなりたい？」。選手たちはこの手の話になると、将来の可能性を想像し、気持ちが高揚するようだ。当たり前のことだが、問題について考えるよりも、将来の可能性について考える方がワクワクするものだ。そして、その話をすると、そのシーズン中にお互いに対しどのような責任を負っているかという議論に入りやすくなる。

2000年のメジャーリーグ・ワールドシリーズのサブウェイ・シリーズで、ヤンキース対メッツの試合でヤンキースのロジャー・クレメンス投手が打者マイク・ピアッツァの折れたバットをピアッツァに向かって放り投げた夜、私はニューヨーク市にいた。多くの記者や解説者は、このクレメンスの行動に対し批判的だった。そのような反応は予想通りだったものの、驚くことに翌日の報道では、何人かの記者はピアッツァの受動的な態度を批判したのである。ある解説者は、もしピアッツァがピッチャーズ・マウンドにいるクレメンスに飛びかかり乱闘騒ぎを起こしていたら、チームを刺激し、メッツが勝てたのではないか、とまで書いていた。

ピアッツァの行動は、考えた上でのことだった。クレメンスに飛びかからず、不快な気持ちの示唆だけに留めたのは、彼を信頼しているチームメイトの期待を裏切ることはしたくないと思い、試合に集中し、勝つための努力をしなければならないと考えたからだそうだ。乱闘騒ぎを起こし、退場させられてしまったら、チームメイトの信頼を裏切ることになると考えたのだ。

ほとんどのアスリートは、そこまでチームメイトに対する責任感を感じていないようだ。有名なエピソードとしては、あるアメフト選手が、プレー予定だったスーパーボウルの前夜に買春したとして逮捕された事件だ。チームの皆にとって、スーパーボウルは人生で最も重要な試合だ。その試合の勝利を脅かすようなことをして、彼は一体何を考えていたのだろうか。信じられない。

映画『61*（シックスティワン）』は、ニューヨーク・ヤンキースのロジャー・マリスとミッキー・マントルがベーブ・ルースの持つ本塁打記録を塗り替えようと切磋琢磨する様を描き、チームメイト同士よい影響を与え合うことができるということを表す素晴らしい映画である。

マリスは、「ヤンキースがワールドシリーズに再度出場できるように、もっと自分を大切にした方がいい」と彼独特の不愛想な言い方で、マントルに生活改善を促す。ベーブ・ルースやジョー・ディマジオに続かなければならないというプレッシャーを感じていたマントルは、相次ぐ故障に苦しみ、飲み騒ぐ日々を過ごしていた。マリスに勧められ、マントルは野球の妨げとなるような様々な誘惑と距離を置くことを決意し、マリスとボブ・サーヴのアパートで同居生活を始める。しかし、生活態度を変更したにもかかわらず、マントルは珍しい怪我で戦線離脱を余儀なくされ入院。マリスがベーブ・ルースの記録を破るのを病床から見ているしかなかった。マリスが病院まで見舞いに訪れると、マントルは誇らしげに言った。「言われた通り、今シーズンは自分を大切にしたぞ」と。

多くの場合、チームに恥をかかせてしまうのは、監督や選手ではなく、ファンだ。チームオーナー側の宣伝活動によるところもあるかもしれないが、プロスポーツのファンは、「試合結果に影響を及ぼすことができる、影響を及ぼしたい」という考えを持っているようだ。近年、「ホームチーム・アドバンテージ」という表現は、贔屓にしているチームにとって有利に試合が運ぶように、騒がしいファンはできることは何でもやる、ということを指すようになってしまった。その傾向は、スポーツにとっては決してよいものではない。２００１年12月、審判の判定が気に入らなかったＮＦＬのクリーブランド・ブラウンズのファンは、審判や両チームの選手に対し、ソーダが入った瓶を投げつけた。このような敬意を欠いた行動を取った一部のブラウンズファンは、チームに恥をかかせただけでなく、全米中のブラウンズファンにも恥をかかせたと言える。

常識の範囲内であれば、応援するプロスポーツチームの一助となろうとすることはファンの楽しみの一つだと言えるかもしれない。しかし、教育目的であり、選手たちが楽しむことが何よりも大事なユーススポーツでは、審判や相手チームを攻撃するような言動は許されるものではない。

本当の意味で競技に敬意を払うためには、監督、選手そしてファンが、「チームを辱めたり、チームの努力を台無しにするような行為は、グラウンドでもグラウンド外でもしない」と自らの意志で責任のある行動をとる必要がある。

S：Self（自分）

自尊心は、優秀で成熟した個人の必要条件である。強固な道徳的指針を内在している人は、自分の自尊心が傷つくため、敬意を欠くような行動を慎む。自尊心があれば、競技に対し敬意を欠くような低レベルなことはしない。たとえ、審判がチームに不利になる判定を下したとしても、相手チームが不正行為をしたり卑劣な手を使ったとしても、サポーターたちに「みんなやってるのになぜやらないんだ」と言われたとしても、しないものはしないのだ。

自尊心がある人は、満たさなければならないと自発的に感じる自己基準がある。「どこまで許されるか？」ということではなく、「自分がどういう人間でありたいか？」ということだ。この質問に対し明確な答えを持っている人が次に考え、答えるべき質問は、「どういう人間になれば、自分が納得するか、自分に誇りをもてるか」である。他の人が何をしているかは関係ない。

２００２年。オクラホマ州のバレーボールチーム監督のマーク・マンは、自分の基準に見合った生き方ができるかどうかを試された。それは、アンダー14女子バレーボールの地区大会の大事な試合でのことだった。選手のうち一人がひどい咳をし始めたのだ。保護者数人は、彼女に対し「気合を入れろ！」と怒鳴った。

ダブル・ゴール・コーチ・モデルに触れる機会がなかったら、自分も同じように怒鳴っていただろうとマークは言う。しかし彼は、続けるよう選手に圧力をかけるのではなく、冷静に選手に話しかけ、呼吸が落ち着くことに彼女が集中できるようにし、選手交代させた。後日主治医から聞いた話によると、その当時はまだ判明していなかったのだが、彼女は心臓病を患っており、もしマークがあの試合で引き続きプレーするよう圧力をかけていたら、死に至っていた可能性もあるとのことだった。マークは選手たちをどのように扱うかに関する自己基準を設けていたため、試合結果の重要性や保護者からのプレッシャーを感じても、その自己基準を侵さなかったのである。

競技に敬意を払うというコンセプトの構成要素として自尊心を掲げると、指導の好機を多数作り出すことができる。監督は選手たちに対し、「偉大な人はそれぞれ自分の道徳的指針や基準を設けていて、それを満たすよう日々努力している。他の人が何をしているかによって自身の行動を決めないのだ」などと説明してもいいだろう。

若いアスリートたちにこの考え方を理解させる方法はいくつかあるが、その中で私が個人的に最も好きな方法の一つは、第8章で詳細を説明している「あなたは○○な人」描写だ。

・「シャノン、君はもしバレずにズルする機会があったとしても規則を守る人だね」
・「このチームは、自尊心が高く、どれだけひどい誤審があったとしても審判に対し敬意を欠いた行動は取らないチームだ」

「あなたは○○な人」描写をすることで、誠実さを選手の意識の中に植えつけ、成長の手助けができるのである。

競技に敬意を払うためのツール

1. 「競技に敬意を払う」の台本
2. 「競技に敬意を払う」というコンセプトを保護者とも共有
3. 保護者をチーム文化キーパーに
4. 考えていることを解説する
5. 教える好機を捉え、作り出す
6. 反復練習
7. 許可証―瞬時の道徳的勇気

ツール1：「競技に敬意を払う」の台本

選手たちが競技に敬意を払えるようになるには、監督が教えなければならない。シーズン中、繰り返し教える必要があるだろう。サッカー部の監督が競技に敬意を払うことについて教える場合の例を挙げてみよう。

私はサッカーというスポーツが大好きだ。君たちもそうだといいな、と思う。サッカーは長い歴史を誇るスポーツで、世界でサッカーほど競技人口が多いスポーツはない。サッカーグラウンドでは、様々な素晴らしいことが起こる。私はサッカーに関わることができて、光栄に思う。だからこそ、今日は君たちに「競技に敬意を払う」ということについて説明したいのだ。

今まで、ご両親や監督などからスポーツマンシップとは何かとか、いいスポーツマンとはどういう人か教えてもらったかもしれない。「いいスポーツマン」とはどういうものだろうか。わかる人？（「フェアプレーをする人」「ルールを守る人」などという答えが出るかもしれない）そうだ。スポーツマンシップも大事だが、今シーズンは「競技に敬意を払って」ほしい。競技に敬意を払うことは、ポジティブなプレーのルーツ（ROOTS）だ。ルーツはR－O－O－T－Sだ。

このルーツのR－O－O－T－Sは、競技する人たちにとって大事な要素を表している。RはRules（ルール）、OはOpponents（対戦相手）、次のOはOfficials（審判）、TはTeammates（チームメイト）、最後にSはSelf（自分自身）。

R　Rules（ルール）

ルーツのRはルールだ。サッカーにはルールがあるから、私たちは公平にプレーができる。ルールを守ることは大事だ。破っても見つからないようなときであっても大事なんだ。君たちには、どんなときでもルールに則ってプレーしてほしい。破っても見つからないと思うようなときでも、だ。ルールを守らず勝利を収めた場合、それは競技を汚したということになってしまうのだ。

O　Opponents（対戦相手）

対戦相手がいないと、試合を行うことができない。対戦相手がいるからこそ、自分たちの実力が引き出されるのだ。対戦相手が友人である場合もあれば、全く知らない人の場合もあるだろう。相手が知っている人であってもそうでなくても、その人たちも君たちと同じように楽しむためにサッカーをしているということを忘れず、どんなときも相手に敬意を払ってほしい。勝つために頑張るのは、「対戦相手が嫌いだからではなく、自分たちがどこまでやれるか実力を試したいから」であるべきだ。私自身も相手チームの監督や選手たちに敬意を払うことを約束する。だから君たちもそうしてほしい。

O　Officials（審判）

審判に敬意を払うことはとても大事なことだ。競技に敬意を払うということには五つの要素があるが、中でもこれが一番難しいことかもしれない。だから、試合のときには、特に注意してほしいと思う。審判は、選ばれた人であり、選手たちにルールを遵守させることを目的として特別な訓練を受けた人だ。審判の役目はとても難しいものだ。審判がいなかったら、試合は危険で不公平なものとなる。また、監督や選手や保護者と同じように、審判は完璧な人間ではない。ミスもある。でもそんなときにも、審判に対し敬意を欠くような行為はしてはならない。審判が誤審をしたと思ったとしても、敬意を払うことを忘れないでほしい。私もそうすることを約束する。

T　Teammates（チームメイト）

サッカーという競技には、チームという組織がとても重要だ。チームメイトと一緒に過ごすことは楽しいことだ。このチームを卒業してからも何らかの組織に属することになるから、他の人たちと協力し合えるようになることはとても重要だ。チームメイトを信頼し、チームメイトの信頼に応えることが大事だ。練習でも試合でも自分の力を振り絞って、精一杯頑張ってほしい。グラウンドにいるときもそうでないときも、励まし合ってお互いをサポートしてほしい。また、グラウンドにいてもそうでなくても、チームメイトに恥をかかせるようなことはしないでほしい。

S　Self（自分）

人によっては、対戦相手が敬意を払わないと、自分も払わないという人がいる。でも、うちのチームはそうではなくて、対戦相手の選手やファンが何をしたとしても、競技に敬意を払ってほしい。このチームは、他の人がそうしなくても、自分自身で設定した基準に基づいて、競技に敬意を払えるチームだと思う。このチームでは、自分自身で設定した基準は、何があってもクリアしないといけないのだ。私たちには確固たる自尊心があるから、競技に敬意を欠くようなことは絶対にしないのだ。

「競技に敬意を払うことは、ポジティブなプレーをするためのルーツ（ＲＯＯＴＳ）」というのはどういうことだろう。Ｒ―Rules（ルール）、Ｏ―Opponents（対戦相手）、Ｏ―Officials（審判）、Ｔ―Teammates（チームメイト）、Ｓ―Self（自分）に対して敬意を払うということだ。

この五つのことができれば、競技に敬意を払えているということになる。これを守れば、とてもよいシーズンになるだろう。また、サッカーという偉大な伝統の一部となることもできるのだ。今すぐに、今日の練習から、競技に敬意を払おう。特に練習試合のときには、意識的にやってみよう。

それではおさらいだ。どうすればサッカーという競技に敬意を払うことができるか？例を挙げられる人？

ルーツ（ＲＯＯＴＳ）はそれぞれ何の頭文字だろう？

選手たちに対し、まず競技に敬意を払うというコンセプトを説明するのが第一のステップだ。「競技に敬意を払う」やＲＯＯＴＳなどの用語を繰り返し用いることにより、それらのコンセプトを彼らの価値観や態度に内在化させることが重要である。

ツール2：「競技に敬意を払う」というコンセプトを保護者とも共有

競技に対し敬意を欠いた行為をする可能性が高いのは、選手ではなく彼らの保護者である。保護者がその場にそぐわない行為をする主な理由は、誰も明確かつ強制的に、どのような言動が相応しいかという期待値を設定していないからだ。ユースの試合を観戦に行くと、他の観客がその場にそぐわないことをしていても注意されないことを見てきているため、そのようなことが問題行為だと知らず、似たような行為をしてしまうのである。

ユーススポーツの試合観戦に来ている保護者の振る舞いを見ていると、彼らはまるでいたずら好きの幼児のようだ。何かやることを与えておかないと悪さをする。ポジティブなタスクがあれば、保護者は競技に対し敬意を欠く行動を取る可能性が格段に低くなるのだ。

チームのリーダーである監督は、保護者たちにどう振る舞ってほしいか基準を設け、それを彼らに伝えなければならない。その基準というのは、選手、監督、保護者、ファンを含むチーム関係者は全員、競技に敬意を払わなければならないというもの。また、具体的に保護者に何をしてほしいかを伝える必要がある。保護者に「競技に敬意を払う」ということの意味を説明し、試合でどのように振る舞ってほしいかが書かれている手紙を渡すといいだろう。その手紙の中で、競技に敬意を払うこと、そしてポジティブ・コーチングに関わるテーマを二つ紹介しよう。また、子供の成功のために保護者は何ができるかという点や、前向きなチーム文化を作り上げようとしている監督をサポートするために何ができるかについても具体的に書こう。

保護者との会議は、シーズンの初めの方に開催しよう。そのような場で、PCAが作成した保護者宛ての手紙の内容をわかりやすく説明し、理解しているか確認する。また、質疑応答の時間も設けよう。さらに、保護者たちに誓約書に署名してもらってもいいだろう。この「競技に敬意を払う」というコンセプトをシーズンの初めに説明することができれば、シーズン中に観客席で保護者が起こす各種問題の予防に役立つだろう。

ツール３：保護者をチーム文化キーパーに

グラウンドの試合に集中していると、試合中に保護者たちが審判に向かって暴言を吐いていても聞こえない、ということを何人かの監督に言われたことがある。

そのような状態だと、競技に敬意を払うように保護者たちを指導できないため、監督に代わって観客席でそのようなことをしてくれる味方がいると心強い。多くのチームには、試合後のおやつ係、日程調整や連絡をしたり、練習時間の変更などの際には監督の補助役として選手の親たちに電話したりする「チームペアレント」と呼ばれる保護者がいる。

競技に敬意を払う理想的なチーム文化を作り上げ維持するためには、「文化キーパー」を任せられそうな保護者を見つけ、お願いするといいだろう。理想的な文化キーパーは外交的で、友好的で、人に脅威を感じさせない人だ。フィラデルフィアに行ったとき、「観戦に来ているフィラデルフィアン（フィラデルフィア住民）に静かにするようにと注意すると、顔を殴られる」という半分冗談の話を聞いた。この話を聞いたとき、チームで一番いかついお父さんに文化キーパーをお願いすべきかもしれないと思った。冗談はさておき、文化キーパーに適任なのは、他の保護者とうまくやれ、彼らを興奮させることなく優しい口調で落ち着くように促せる人だ。では、文化キーパーの役割とはどのようなものだろうか。

・ROOTS、つまり競技に敬意を払うということ、またポジティブ・コーチングの原則である「勝者の再定義」と「Eタンクの補給」とは何たるかを理解する。
・シーズンの初めに他の保護者と面識を持ち、早いうちから彼らに競技に敬意を払う必要性について説明し、試合の際にはサポートしてもらえるようにお願いしておく。PCAの保護者宛ての手紙を読み、他の保護者も読んだかどうか確認し、質問がないか尋ねる。まだ手紙を読んでいない人がいたら渡す。シーズン途中にも、競技に敬意を払うことの重要性について他の保護者たちと意見交換する。
・他の保護者たちに渡すための「競技に敬意を」シール、バッジ、カードを持ち歩く。保護者の誰かが審判の判定を不服に思い感情的になったり、敬意を欠くような言動をした場合には、文化キーパーがその人に対し、「何があってもこのチームは競技に敬意を払うチームである」ことを物腰柔らかな言い方で伝える。「審判が誤審したとしても、相手チームが敬意を欠く言動をしたとしても、私たちは競技に敬意を払いましょう」と。このときに、準備したシールやカードを渡してもいいだろう。

ツール４：考えていることを解説する

選手たちのよいロールモデルになるだけでは、監督として十分とは言えない。説明がない行動は、見ている人に誤解を与えかねない。例えば、ひどい判定を審判が下したとしよう。あなたはそれを誤審だと思っているが、競技に敬意を払うと誓っているため何も言わない。「勝利がすべて」と考える保護者から、あなたはどう思われるだろうか。彼らは、あなたがルールを知らないのではないかと疑うかもしれない。もしくは、あなたが勝つことに無関心であるとか、意気地なしだと思うかもしれない。

監督は模範となるような行動を取るだけでなく、子供やその保護者にわかるように、何を考え、それに基づきどのように行動に移しているか解説しなければならない。「試合の最後のあの判定だけど、あれは誤審だったと思っている。でも、このチームでは競技に敬意を払うことがとても大事だと私は思う。競技に敬意を払うという原則を実践するためには、判定を不服に感じても、審判に敬意を払う必要がある。たとえそれが誤審だという確信があったとしてもだ。だから私は審判に対して大声を上げたり、抗議をしたりしなかった。タイムアウトまで待ち、審判のそばまで行き、なぜあのような判定になったか質問した」。あなたの行動とその理由につきこのように説明すれば、選手や保護者に誤解されることはないだろう。

ツール5：教える好機を捉え、作り出す

テレビで多くのプロ選手や監督が競技に対し敬意を欠くような態度を取っているのを見ると、以前はいちいち憤りを感じていた。しかし、あるとき気付いたのだ。用い方を工夫すれば、悪い例はよい例と同じくらい指導に有効だ。

ツール6：反復練習

高校のバスケットボールチームの監督をしていたときに戦略の要としていたのは、ハーフコートトラップを狙うゾーンディフェンスだった。数ヶ月かけて、選手たちにその戦術を教えた。試合で試す前に、長期間毎日繰り返し反復練習を行い、試合で使い始めてからもよりよいものに仕上げるために繰り返し練習した。

シーズンの初めに次のことを選手たちに口頭で指示したとしよう。

「1．バックコートからフロントコートにドリブルして入ろうとする相手チームのガードをカバーするために二人がつき」「2．残りの選手たちが、次にパスが来そうな相手チームの人をカバーできるように守備位置を調整し」「3．パスをしようとしている選手から一番遠い相

手チームの選手には常に誰もついていない状態となるよう、守備位置を調整し続ける」。これを繰り返し練習せずに、いきなり試合でできることを期待することは無茶だろう。そのようなことを期待していたら、九連勝し、リーグ優勝することはできなかったはずだ。

トラッピング・ゾーンディフェンスのようなことを反復練習なしで選手たちができるようになるとは思わないのに、競技に敬意を払うことが反復練習することなく身につくと思うのはおかしいのではないだろうか。チームに不利な判定を下した審判に対し、選手たちがどのように反応することを期待しているだろうか。私の場合、選手たちにはその判定を気にせず、次のプレーに集中してほしいと思っている。これは多くの選手にとって容易なことではない。そのため、それができるようになるまで練習させる必要があるのだ。

一つの練習法は、チーム内で練習試合を行い監督が審判役を務め、意図的に誤った判定をすることだ。シュートしようとしている選手が明らかにファウルされているのに審判がファウル判定をしなければ、そのシュートしようとしていた選手は感情的になり、審判に対し声を荒らげて抗議するかもしれない。このような状況は、絶好の教える機会となる。選手たちは理論上、競技に敬意を払うということは理解できる。しかし、試合で誤った判定によって自分の活躍が阻まれてしまうと、それは全くの別問題になってしまう。前述のような状況になったら練習試合を中断し、競技に敬意を払うとはどういうことかについて選手たちと話し合おう。

試合で起こりうるシチュエーションを想定し、その中で最も選手たちが冷静さを失いそうなシチュエーションを選ぼう。そして、練習試合でその状況になったら、意図的に誤った判定を下そう。この練習の目的は、実際に試合で同様の状況になる前に、自ら怒りを収めることを選手たちに経験させることである。

また、「気を散らす」練習も効果がある。一人の選手が集中してあるプレーをしたり、ある練習（例：フリースロー、ペナルティキックなど）をしようとしている中、あらかじめ決められた選手数人が何かを言って気を散らそうとする。こうすることで、プレーをしようとしている選手の集中力維持の練習になるのである。また、その選手の気を散らそうとした他の選手たちの発言は、競技に対し敬意を欠くものであるため、実際の試合では許されるものではないということも教えることができる。

審判に敬意を払うために最も有効な練習法は、選手たち自身に練習試合の審判を務めさせることかもしれない。私の場合は、サッカーの試合に予定されていた審判が誰も来られなかったときにラインズマンを務めたことが初めて審判を務めた経験だった。私の役割は、タッチラインの外に出たボールに最後に触ったチームがどちらだったかを見て、どちらのチームのボールとなるか旗を振るというもの。簡単なことだと思っていたが、実際やってみると、最後に誰が触ったかを判断すること、どちらのチームがどちらの方向に攻めていたかを覚えていることでさえ、信じられないくらい難しかった。その経験をしてから、私は審判に厳しく当たることはほとんどなくなった。選手たちにも、同様の効果があると期待できる。交代で、全員に練習試合の審判を経験させ、その後、正しい判定をすることの難しさや、審判の判定が間違っていると感じても審判に敬意を払う必要性につき、選手たちと話し合う場を設けるといいだろう。

このツールの素晴らしいところは、選手たちが机上で学んだ倫理を実践に移すことができるところだ。ＰＣＡ顧問委員会のジョン・ガードナーは、ＰＣＡの活動に積極的に賛同する理由の一つを次の通り説明している。「倫理というものは、授業で学んでもつまらないし、自分には直接関係なさそうだし、抽象的だ。一方、その倫理を試合が行われるグラウンドで実践することになると、それは強烈で、自分に直接関係があり、実践的で、全く抽象的ではなくなるのだ」

ツール７：許可証―瞬時の道徳的勇気―

本章のツールはすべて、防止策だと言える。監督が競技に敬意を払うというコンセプトを選手と保護者に説明し、選手たちに反復練習させ、教える好機を活用することができれば、競技に対し敬意を欠く行動を目の当たりにする可能性は格段に減る。しかし、ゼロにはならない。ときには、監督として「道徳的勇気」を求められる状況に置かれ、ユーススポーツの文化のために断固とした態度を取らなければならないこともあるだろう。道徳的勇気とは、他者に否定されたとしても、自分が正しいと思うことのために人前で個人的な力を振り絞ることだ。

多くの人は、他者の行動が間違っていても、その本人に指摘することに抵抗を感じる。ポジティブ・コーチはそのようなときのための「許可証」を作成した（ＰＣＡは、ＰＣＡと協力関係にある組織の監督たちに渡せるように、この許可証を作成した）。競技に敬意を払うという、チーム文化の中でも最も大事な原則を浸透させるのは、監督の責任である。この文化を選手だけでなく選手の保護者たちに広めることも、監督の責任である。

保護者やファンが競技に対する敬意を欠く行動を取った場合、監督は、「そのような振る舞いは許されない」ということをその当人に伝えなければならない。完璧でなくてもいいし、正しい言い方でなくてもいい。また、必ず明瞭に表現しなければならない、というわけでもない。必ずやらなければならないのは、事が起きたらすぐに、競技に対し敬意を欠くことはよくないと保護者とファンに伝えること。本章で紹介した方法を実践していれば、そのような状況になったときに、介入しやすくなっているはずだ。シーズン中繰り返し「競技に敬意を払うことの大切さ」について保護者に話してあれば、彼らにとって聞き慣れた言葉になっている。単純に「競技に敬意を払いましょう」と言い、敬意を欠いた行動を改めてもらうといい。ほとんどの場合、すぐに自分が間違ったことをしていたことに気付き、言われた通り、行動を改めるだろう。

人生の教訓：人生という競技に敬意を払おう

1999年女子サッカーワールドカップの決勝戦がパサディナのローズボウル競技場で行われ、アメリカと中国が対戦した。試合の勝敗はペナルティキックで決まった。アメリカのゴールキーパーがセーブをして、アメリカが優勝したのである。中国のゴールキーパーは、アメリカのキッカーがボールに触れるまでゴールラインから動かなかったが、アメリカのゴールキーパーは中国のキッカーがボールに触れる前にゴールラインを離れ、前に出ることでシュート可能な角度を狭め、ブロックに成功したのだ。ゴールキーパーが、キッカーがボールに触れる前にそのキッカーに向かって動くことはルール上禁止されている。しかし、アメリカのファンで埋め尽くされていたアメリカのスタジアムで、アメリカ代表に対しルール違反の判定は下されなかった。彼女は、試合中のペナルティキックでゴールラインを早めに離れても審判に何も言われなかったことに気付き、試合の最後のペナルティキックの際も同様に違反とされないだろうと考え、そうしたという。

スポーツと人生は、複雑につながっている。人々はスポーツに（選手が子供であろうと大人であろうと）、子供の遊びを超えた象徴的な意味を見出す。有名なプロスポーツや大学スポーツの選手や監督がルール違反をして許されると、その風潮がより広い範囲にまで蔓延し、アスリートでない人たちまでもが、仕事や個人的な生活の中でルール違反をしても許容されると感じるようになってしまうのではないだろうか。

エンロン、グローバルクロッシング、ワールドコムは、ビジネスの世界で競技に敬意を払わなかった例として世界的に有名になった。このようなことが起こってしまった経緯には、先ほど例示したアメリカ代表ゴールキーパーの意思決定プロセスとさほど変わらないものだったのではないかと想像している。問題各社の経営陣は、監査法人が問題を見つけたとしても世間には公開しない、ということを問題発覚よりもずっと前に知った。そして、会社として危機的なときに、つまり業績が非常に悪いときに、法に抵触する可能性のあるところまで攻め、何百万人もの退職後の蓄えを奪ったのである。

私たちの社会の仕組みは、「審判」が注意深く見ているかどうかや、逮捕されそうかどうかということにかかわらず「大多数の人がルールを守ること」に依存している。ほとんどの人が誰かに見られているときにしか正しい振る舞いをしなかったら、何人警官がいても足らない。

誰かが自分の都合のいいように規則を曲げ、そのまま見つからずにいると、いつの間にか規則破りの風潮は広まり、悪化していく。中国代表のゴールキーパーはルールを守ったがために、チームが苦しい状況に追い込まれてしまった。あの日、パサディナで起こった出来事は、今後中国（や他の国）のゴールキーパーの行動に影響を与えないと言い切れるだろうか。将来、大事な試合の勝敗を決めるペナルティキックの場面で、ゴールキーパーたちは、徳義に篤い中国のゴールキーパーのように振る舞うだろうか。それとも、不徳義なアメリカのゴールキーパーのように振る舞うだろうか。また、審判が見ているか見ていないか試す行為はいつまで続くのだろうか。エンロンの事業が強制終了させられたときのように、サッカーという素晴らしい競技がスキャンダルで汚され、強制終了されるまで続くのだろうか。

いかなる状況下でも競技に敬意を払うことが重要だと選手たちに教えることは、私たちが住みたいと思うような社会を作り、維持するための一助となるはずだ。ビジネスなどで、取引先の一挙一動を注視していないと騙されるのではないかと常に心配しなくてもいいような、そんな社会である。

ジョン・マッデンは言った。「勝利が最も有効なデオドラント（消臭剤）だ」と。勝利すれば、無数の罪は見逃される。アメリカ代表の女子サッカーチームはワールドカップで「優勝」したため、その優勝を手に入れた手段の倫理的是非は、少なくともアメリカではほとんど報道されることはなかった（中国のメディアはその行為を違反行為と表現し、大々的に取り上げた）。ポジティブ・コーチには、臭いものに蓋をするためのデオドラントは必要ない。

競技に敬意を払うという考え方とその実践について選手たちに教えることは、彼らのためになるだけはなく、私たちが住む社会をよりよくするための、小さくも必要で大切な一歩なのだ。

ツールのおさらい

競技に敬意を払うという考え方を選手たちに教える方法として、次のものがある。

1.「競技に敬意を払う」の台本

シーズン早めのタイミングで、当台本を参考に選手たちに「競技に敬意を払う」というコンセプトを紹介しよう。

2.「競技に敬意を払う」というコンセプトを保護者とも共有

保護者宛てに手紙を送り、「競技に敬意を払う」とはどういうことか説明し、監督として保護者に何を期待しているかを伝えることで、保護者たちの協力を得ることができる。また、その手紙の内容について話し合えるような場を設けるといいだろう。

3.保護者をチーム文化キーパーに

監督の味方となり、観客席で他の保護者たちも競技に敬意を払うよう促してくれる保護者、「文化キーパー」を任命しよう。

4.考えていることを解説する

監督は、よいロールモデルとして振る舞うだけでは不十分だ。正しい振る舞いをしていても、誤解されてしまうことがある。意気地がないとか熱意が足りないと誤解されないように、競技に敬意を払うという自分の考えや行動を、選手や保護者に解説しなければならない。

5.教える好機を捉え、作り出す

有名なプロチームや大学チームの監督や選手のよい振る舞いや悪い振る舞いを例として用いながら、競技に敬意を払うということはどういうことか選手たちに教えよう。

6. 反復練習

選手たちが試合本番でも競技に敬意を払えるように、練習で試合のようなシチュエーションを作り出し、繰り返し体験させよう。

7. 許可証：瞬時の道徳的勇気

競技に対する敬意を欠く行動を防ぐためにできる限りのことを監督がしていたとしても、いつか誰かが（多くの場合は保護者が）試合中に逸脱する行為をするだろう。そのような状況になったときには、ポジティブ・コーチは介入する権利を認められている。競技に敬意を払うという原則を守るために道徳的勇気を出し、そのような行為は認められないということを断固とした態度で伝えよう。

第5章

チーム文化を「鳴らない」から「鳴り響く」に変革する

方向性が比較的統一されていないチームの基本的な特徴は、エネルギーが浪費されていること。個人は非常に頑張るかもしれない。しかし、個々人の努力の集積がチームの努力に効率的に変換されるかというと、そうではないのだ。一方、チームの方向性が統一されると、努力が同じ方向に向き、個々人のエネルギーが調和する。浪費エネルギーが少なくなるのだ。要するに、「インコヒーレント」で拡散する電球の光ではなく、「コヒーレント」なレーザー光線のように、共鳴もしくはシナジーが発生するということだ。

——ピーター・センゲ

『最強組織の法則』

チーム文化の力

私は長年にわたり、多くのユーススポーツチームの練習を見てきた。ときには、グラウンドや体育館を半分に分けて、二つのチームが隣同士で全く異なる練習をしているのを見ることもある。片方のチームは、反復練習やプレーの練習を動作としてこなしていて、どこかおざなりに見える。もう一方のチームは、エネルギッシュでテンポが速く、動作がお互いにうまく噛み合っていて、生き生きとして見える。PCAでは、このような状態をそれぞれ「鳴らない」と「鳴り響く」と呼称するようになった。

では、どのようなチーム文化を形成すればチームを「鳴り響く」チームにできるのだろうか。本章では、チーム文化とは何かを紹介し、大事なポイントについて説明する。第6章と第7章では、練習においてチーム文化はどのような役割を担っているか、チーム文化はどこで形成されるか、また、チーム文化は試合本番でどのような成果につながるかを説明する。

まずは、プロスポーツの世界で好成績を挙げている二チームを取り上げて、チーム文化がどのような役割を担っているか見てみよう。

チームでストレッチし、髭を剃る

2002年7月に、ニューヨーク・ヤンキースはトロント・ブルージェイズからラウル・モンデシーを獲得した。7月15日版のスポーツ・イラストレイテッド誌によると、モンデシーは「態度に問題があり、才能を活かしきれていないキャリア」とある。モンデシーのヤンキースでの初試合が始まる前のことだった。その場に居合わせたブルジェイズファンは目を疑うくらい驚いたそうだ。というのもモンデシーがチームストレッチに参加していたからだ。

モンデシーは高慢な選手だという評判が、ヤンキースの一員となることで変わるかどうかはわからない。しかし、あの有名なピンストライプをまとったとたん、何かが彼を変え始めたようだ。

その二週間後、スポーツ・イラストレイテッド誌はヤンキースが新たに獲得したジェフ・ウィーバー投手が、特徴的な顎髭を剃り、肩まで伸びただらしない髪の毛を切ったと報道した。彼の行動は、まるでヤンキースに移籍し「オークランドの毛むくじゃら時代から変貌を遂げた」スラッガー、ジェイソン・ジアンビを手本にしているかのようだと。

チームメイトとの関係

2002年7月。フリー・エージェントであるデヴィン・ジョージ（NBAロサンゼルス・レイカーズ）は移籍したいと思えば契約上はできる状態だったが、移籍をしないという決断を下した。シーズンの成績がよく、さらに高い契約金が望めると言われていた中でのことだった。彼はその決断について、次のように説明している。「優勝チームの一員でいることと、そのチームメイトとの関係が自分にとってとても大事だということに気付いたのです。もっと高額な契約金をもらえたと思います。でも、今は幸せでいたかったのです」

チーム文化こそが、あるチームを「鳴り響く」チームにし、別のチームを「鳴らない」チームにする。チーム文化が、ヤンキースの一員となったラウル・モンデシーにストレッチさせ、ジェフ・ウィーバーとジェイソン・ジアンビに散髪させた。

また、デヴィン・ジョージが高額のオファーを断り、レイカーズに残るという決断を下した理由も、チーム文化だった。組織運営の専門家が「文化」の実用的定義として用いている「ここでのやり方」を、私はチーム文化の説明のときに活用させてもらっている。より強調した言い方だと、「ここでの私たちのやり方」と言っている。他のチームは異なるやり方をしているかもしれない。しかし、私たちのチームは、私たちの特別な方法でやるのだ。

どのチームも特有の文化を持っている。それはいい。ただ、信じられないくらい多くのチームが意図せず、いいかげんで、非効率で、ネガティブな文化を形成してしまっており、頑張りお互いをサポートし合う文化になっていない。

一方、選手たちがそのチームの一員でいることに誇りを持っており、チームやチームメイトの成功のために貢献したいと感じている文化が形成されているチームもある。いずれの場合も、それは誰かが（多くの場合は監督が）意図的にそのような文化を形成しているからである。

勝つことがすべてだと言う人もいるかもしれない。勝つチームの一員となれば、選手はシャキッとする、と。しかし、そのような人たちが見過ごしてしまっているのは、指導者が形成するチーム文化とその文化に付随する行動期待が、チームの成功を大きく左右するということである。

チーム文化の五つの要素

チーム文化は、本が何冊も書けるほど奥深いものだ。どのような文化がより効果的かという点については、合理的な人たちが議論したとしても同じ結論には至らないだろう。ここでは、監督が「鳴り響く」ユースチームを形成するために必要となるチーム文化の五つの要素について説明しよう。

1. 明確で合致した価値観

意識されたものかは別として、どの組織にも二種類の価値が存在する。一つは、「掲げられた価値」(価値として組織が公言するもの)。もう一つは「実行された価値」(実際行動に移された価値)だ。実行された価値が掲げられた価値とどの程度重なるかが、その組織が特別な組織となるかどうかの決め手となる。

どの組織も、その組織をよく見せようとする。1939年にナチスドイツがチェコスロバキアを侵略した際には、それが人道的介入であるという大義名分を掲げた。どの組織も、世間的によいとされる価値観をチームの価値観として掲げている。また、その掲げた価値観通りの行動をしていると自分および他者に言い聞かせる。しかし実のところ、その価値観通りに一貫して行動している組織は少ない。特に、重要な局面においてその価値観通りの行動をすることは難しい。多くの人は、言うこととすることに隔たりがある組織に属している。

ポジティブ・コーチは、チームの価値観に関わる二つの大事な役割を担っている。一つ目は、選手たちが明確に理解できるようになるまで、彼らに植え付けたい価値観を精力的に唱え続けることだ。二つ目は、掲げた価値観通りに監督自ら行動し、選手たちにも守らせることだ。掲げられた価値観と実行された価値観は合致していなければならないのである。

私は、どのユーススポーツチームにおいても、ＰＣＡの三原則（競技に敬意を払う、Ｅタンクを満たす、勝者の再定義）がチーム文化の基本として据えられるべきだと思っている。この三原則は、多くの研究、そして、全米中でこれを実践した監督たちによる証言をもとに導き出されたものだ。この三原則を用いれば、子供たちが生き生きと成長でき、スポーツを愛し、実力を発揮できるような環境を整えることができる。

マイケル・ジョセフソンによって設立された倫理組織、Character Counts!（子供の人格形成プログラムを支援する組織）は、「人格の六本柱」（信頼、責任、尊敬、公平性、思いやり、よき市民であること）を提唱し、教師や監督がそれを行動規範として取り入れ、子供たちに教えることを推奨している。*Sports PLUS: Developing Youth Sports Programs That Teach Positive*

Values の著者ジェフリー・ビーディーは、練習のたびに、人格の「ウォームアップ」と「クールダウン」をすることを提唱している。

監督は、その日の練習で集中すべき特定の人格特性について、練習前に選手たちに話す。これがウォームアップだ。また、練習の最後には、その人格特性が練習中にどのように活かされたか話し合う。これがクールダウンである。ダブル・ゴール・コーチは、六本柱やその他の人格に関する学びを、様々な方法で練習に取り入れることができる。

ポジティブなチーム文化形成のための第一歩として重要なのは、ポジティブ・コーチングの三原則をシーズンの初めに選手たちに説明することだ。例えば、選手たちに競技に敬意を払ってほしいと思ったら、早めにそのコンセプトを説明し、何度も繰り返し言及し、様々なシチュエーションでどのようにすれば競技に敬意を払ったことになるか説明するのだ。

審判が誤審の可能性が高い判定を下したときなど緊迫したシチュエーションの後には、そのことについてチームで話し合う必要がある。「あのようなシチュエーションにおいて、私たちの反応はよかったか、悪かったか。あのような行動は、競技に敬意を払えていたと言えるだろうか?」

選手たちが理想的な行動を取っていなかったとしても、このような話し合いをすることで、チーム文化を強化できる。もし彼らが理想的な行動を取れていたら褒めよう。逆に、理想に達していなかった場合は、次の二通りの対応がある。一つ目は、次回からはそのようなことがないようにと厳しく注意すること。この方法は、何も言わないよりはマシだが、あまり効果は見込めないだろう。

チームの価値観として掲げているものに反した行動をしてしまった場合のよりよい対処法は、逆にどうすればよかったかチームに聞くことだ。チーム共通の価値観を守り、それに沿った行動をするためにこれからどうすればいいか、選手たちに質問するのである。そして、答えが出たら、今後そのように行動することを約束できるかと選手たちに質問する。いずれの方法を取ったとしても、問題行為を改善できるような反復練習を翌週の練習に取り入れた方がいいだろう。

監督が体現する価値観

あなた自身は、チームの価値観を体現しているだろうか？「結果よりも、その過程でどれくらい努力したかが大事だ」とあなたが常日頃言っていたとしても、選手たちが一生懸命頑張ったにもかかわらず、試合に負けたことをあなたが悔しがっていたら、あなたの話にはなんの説得力もない。選手も保護者も真剣にあなたの話を聞かなくなってしまうだろう。反対に、そのような試合の後に選手たちを褒め称えることができれば、言葉として掲げた価値観と実行された価値観を合致させるための大きな一歩となる。

監督が有言実行するかどうかを、選手（や保護者）が最も注意深く見るのは、決定的で大事な局面だ。ティナ・サイヤーは、監督としての技量を試されたときのことを話してくれた。彼女は、審判の判定がいかに理不尽なものだと感じたとしても、決して言い返してはならないということを常日頃フィールドホッケーチームの選手たちに言い聞かせている。審判の判定に異論を唱えた選手は直ちに退場させるとも言っていた。

ティナはこう続ける。「まさかこんなに大事な試合で起こらなくても、と思うくらいの大一番でそれは起きたのです。チームで最も優秀な選手の一人が感情をコントロールできず、審判に対し、大声を上げてしまったのです。大事な局面だったため、スター選手をベンチに下げるタイミングとしては最悪でした。選手たち全員が私の方を向き、私が常日頃言っていることを実行するかどうか注目していました。私は迷うことなく、その選手をベンチに下げました」

もしそこでティナが有言実行していなければ、それまで選手たちに教えていたことすべてが一瞬にして水の泡となっていたことだろう。

監督が有言実行しなかったとしても、ここまで全員に注目される中で起こるシチュエーションはあまりないかもしれない。ここまでの大事な局面でなかったとしても、せっかく作り上げてきたチーム文化に悪影響を与えることには違いない。もし練習を時間通りに開始することに重きを置くのであれば、それを言い出した監督が遅れることがないよう、特に注意しなければならない。監督が時々遅れるようになってしまうと、遅刻することは貴重な練習時間を無駄にする行為だという教えが身に付かず、選手たちは時間にだらしなくなってしまう可能性がある。

2. 儀式と手順

文化とは、「どのように行動するか」である。「ここでのやり方」だ。そのチーム特有の手順や儀式を開発することは、チームに身に付けてほしい価値観や文化を形成するための大事なツールとなる。

Eタンクを満たすというチーム文化を作り上げるためにPCAがしているのは、スタッフミーティングや理事会のたびに「感謝と成功」を最初の議題とすることだ。それは、その日予定されている議題に入る前に行われるものである。前回から今回の会議の間に、他の出席者のおかげでPCA活動のある側面でいいことがあった場合、それを発表できる場である。ある人は、とても大事な職務を遂行する際に、担当範囲外なのに助けてくれた人について発表するかもしれない。また、ある人は、皆でお祝いすべき成功を収めた同僚について発表するかもしれない。

この儀式を続けることは、PCAという組織に二つの利点をもたらす。まず一つ目は、気乗りしない課題の解決に取り掛かる前に、出席者のマインドセットをオープンで活発なものにすることができるということ。二つ目は、会議以外の時間でも、正しいことをやったり、物事を正しくやっている人を探す習慣ができるため、実際私たち自身がEタンクの補給を実践することになる、ということ。仕事の一部としてEタンクを満たすという原則を実践しているのである。

1997年にNCAA決勝戦に出場したスタンフォード大学男子バレーボール部の監督で2001年9月にPCAの一員となったルーベン・ニーブスは、チーム文化を作り上げるために様々な儀式を設けているそうだ。その中でも、私が特に気に入ったのが、「カーテンの間をすり抜ける」というもの。彼のチームがいつも練習している体育館は、練習コートと更衣室がカーテンで仕切られているため、選手たちは練習前に必ずそのカーテンの間をすり抜けることになる。ルーベンは、「チームは外の世界の基準とは異なる基準で動いている」ということを表す隠喩としてカーテンを用いたのである。

オレゴン州エネルギー局時代からのよき先輩であるフレッド・ミラーは、会議開始時間を変わった時間に設定する人だった。例えば、午前9時ではなく、午前9時4分という具合である。キリの悪い時間に設定することで、「会議はきっかりその時間に始めるから、出席者は全員その時間よりも前までに集まらなければならない」ということを伝えようとしていたのである。

マイク・レガルザは、カニャーダ大学バスケットボール部を泊まりがけの旅に連れて行った。このとき一部の選手はベッドが与えられたが、他の選手は床にマットを敷いて寝なければならなかった。世の中のほとんどの組織には上下関係があり、先輩が後輩よりも優遇される仕組みだ、とマイクは言い、二年目の選手がベッドで眠り、一年目の選手が床で眠ることになっていた。しかし、あるときマイクは二年目の選手たちと話し合い、彼らの提案で二年目の選手が床のマットで寝ることにした。彼らは、自分たち二年目が一年目の選手たちを助けなければならない立場であるため、寝場所もその原則通りにすべきだと主張したのだ。「一年目の選手も来年は二年目になり、同じ目に遭うことになるから、今年はベッドで寝ればいい」と。

3. 共通言語

人間は言語を操る生き物である。話すことが大好きだ。話す内容によって、チームの価値観に貢献することもできるし、損なうこともできる。チームの価値観が反映されていて、その価値観をさらに強化できるようなチームの共通言語を開発できれば、「特別な組織に所属しているんだ」と選手たちは思うようになる。

ポジティブ・コーチングの三原則を選手たちに説明することで彼らに身に付けてもらうことの重要性については、すでに述べた。「子供たちが実力を発揮するためには何が必要か」という研究結果に基づき、ＰＣＡは長期間かけてこれらのコンセプトを開発し、提唱してきた。コンセプトを正確にわかりやすく表す統一された用語を用いることにより、より高い効果が得られると信じているからだ。

一つの例を挙げよう。どのレベルのアスリートであっても、「得点」ではなく、「熟達《マスター》」することを目標とした方が、よりよいパフォーマンスを発揮することができるということがわかってきている。しかし、今までこのような知識を得られるのはトップレベルのアスリートや裕福なアスリートに限られていた。スポーツ心理学者やトップレベルの監督を起用できるのは、そのような選手たちだけだったからだ。しかし、ユースチームの監督たちが「熟達するためのELMツリー」をチーム文化に据えれば、短期間でユースアスリート全員が熟達できるはずだ。

引き金言葉

試合中に監督から選手に伝えたいことがあっても、それを詳細にわたり説明する時間はなかなか取れない。そのようなときは、選手たちも慣れ親しんでいる用語を用いた「引き金言葉」の出番である。引き金言葉は、技術、戦略、態度の改善に使うことができる。例えば、「ヒジ！」で、スイングするときにヒジを上げなければいけないということを伝え、「モンスター」で……まあ、これについては詳しく説明しなければならないだろう。

2002年6月に開催した第一回PCAトレーナーズ・インスティトゥートでは、スタンフォード大学に全米中の監督・コーチが集まり、二日間にわたり、アイデア、ベストプラクティス、そして過去のワークショップの内容に関係する新情報などにつき情報交換した。ベテラン指導者が集まると、必然的に素晴らしい情報交換の場となる。テキサス州ダラス市のPCAトレーナーのアート・モリーは、小さなサッカー選手たちのために「モンスター」というディフェンス戦略の引き金言葉を考え出し、それについて次のように説明してくれた。

「相手チームの人が自分の陣地に入ってきたら、モンスターみたいに一生懸命自分の陣地を守るんだ。相手よりも前の位置を確保して、相手が動いても常に前に居続けること。グラウンドではモンスターになり、その相手がボールをもらえないようにするんだ。でも、もしその相手がパスを受けてしまったら、次は、ゴールに向けてシュートできないように、モンスターになりその選手にぴったりとついて邪魔をするんだ」

小さなサッカー選手たちはこの引き金言葉を気に入り、それからは粘り強い守備ができるようになったそうだ。

スタンフォード大学ラクロス部監督のミシェル・ウルフェルダーは、「ちゃんと不快になっているか」という引き金言葉を用いて、「快適ゾーン」から抜け出せていない選手に檄を飛ばすという。自分が快適だと感じる程度にしか努力をしなくてもよい「快適ゾーン」を越える努力を選手たちにしてほしい、と彼女は思っており、この引き金を引くことにより、選手たちにそれを思い出させることができるのである。練習や試合などで特に厳しいシチュエーションになったときに彼女はこう呼びかける。「ちゃんと不快になってる？」と。そうすることで、選手たちは無理だ、大変だと文句を言うのではなく、自分の目の前のやらなければならないことに集中できるようになるという。

*Shooting in the Dark*では、フリーモント高校女子バスケットボール部の選手たちが「フォー！（Four）」と声を張り上げることで、「第四クオーターは自分たちが制する」と気合を入れていたことを説明した。「フォー！」は「私たちの方が相手よりも体力があり、精神的にも強い。相手よりも動くことで第四クオーターは私たちが制する」ということを意味する引き金言葉になった。監督はいくらでも引き金言葉を作り出すことができる。また、選手たちと一緒に考えて作ると、とても楽しいものだ。

チームフレーズ――どういうチームとして知られたいか

チームの共通言語や用語を用いることによって、チームの自己認知能力を高めることができる。PCAのキャシー・トゥーンは「チームフレーズ」のことを「どういうチームとして知られたいか」という言い方をしているが、これはチームが「自分たちをどのように捉えるか」という認識を形作るための有効なツールである。

ルーベン・ニーブスがスタンフォード大学男子バレーボール部の監督を務めていたときのこと。「チームのプレーを見た観客にチームを言い表してもらうとしたら、どのような表現だと嬉しいか。五つの言葉を挙げてみてほしい」と選手たちに言った。チームは次の五つの言葉を挙げ、FUPIT（ファピット）がチームフレーズとなった。Fun（楽しさ）、Unity（一体感）、Passion（情熱）、Integrity（誠実）、Tenacity（不屈）。

フィールドホッケークラブチーム Endangered Species の監督を務めるティナ・サイヤーは、選手たちに「考えるチーム」になってほしいと常日頃言っている。シーズン初めとシーズン中に、次のことを何度も繰り返し伝えるそうだ。「私たちが相手チームに競り勝てるのは、考えるから。フィールドにいてもそうでなくても、考えてほしい。そうすることにより、もっと勝てるようになるのよ」。彼女のチームの場合、「考えるチーム」がチームフレーズとなり、選手たちは自分たちのことをそのように認識するようになるのである。

Shooting in the Dark では、フリーモント高校女子バスケットボール部監督時代に用いていたチームフレーズをいくつか紹介した。その一つは、S=E/T (Success comes from Effort over Time＝成功は長期間分の努力から為る）である。私は、選手たちが毎日一生懸命練習し、「シーズン中に成長を遂げるチーム」として知られるようになることを望んでいた（「私たちと二回目の対戦をするチームは、前回よりもよいパフォーマンスを発揮しないと痛い目に遭うぞ。前回よりもうまくなっているからな」と私たちは思っていた）。他のチームから自分たちを区別するための標語として、私たちはS＝E/Tを使っていた。

カリフォルニア大学ラグビー部監督のジャック・クラークは、秀でた「リーダーシップ」のあるチームとして知られることを目指していた。彼は、リーダーシップを「まわりの選手たちをよりうまくし、より生産的にする能力」だと選手たちに言い聞かせていた。彼のチームは、お互いのパフォーマンスを上げようと努力する選手の集団となり、２００２年には、連続十二回目の全米優勝を果たした。これは単なる偶然とは言えないだろう。

ＰＣＡワークショップと同様に、本書では、チームの共通言語を用いて監督がチーム文化を作り上げた例を多数紹介している。あなたのチームの役に立つかどうか、その一部（またはすべて）を試してみてほしい。また、試した後も、あなたのチームにより適したよりよいアイデアがないか探し続けてほしい。

物語

チームの共通言語を作り上げるために重要なことは、「チームはこうあるべきだ」という理想の姿が描かれているストーリーを集め、選手たちと共有することだ。趣旨が物語として描かれているかどうかでその定着率が変わると言われている。物語として伝えた方が相手は長期間覚えていることができるそうだ。私たちのPCAワークショップは物語を多用している。それらは、PCAトレーナーが話すこともあるし、参加者による発表もある。本書でも、趣旨を伝えるために、物語を多用している。

「最悪の状況でもベストを尽くすことが大切だ」ということを選手たちに伝えるために使える物語を一つ紹介しよう。

チームのみんな、よく聞いてほしい。勝てる方法が全くないと思うようなときでも、諦めず力を振り絞り、頑張れるチームになってほしいと思っている。だから今日は、そのような強い精神を持った選手の話をしたいと思う。

彼の名は、ドン・ビービーだ。1992年1月に開催された第27回スーパーボウルでのことだった。ダラス・カウボーイズがバッファロー・ビルズを圧倒し、スコアは五二対一七だった。試合も終盤に差し掛かっていて、ビルズには勝てる見込みがなかった。ダラス・カウボーイズのディフェンシブタックル、レオン・レットがファンブルリカバーし六十四ヤード走っていて、これからタッチダウンし、すでに確実なカウボーイズの勝利がさらに確実なものになると皆が確信していた。ファンだけでなくビルズの選手たちも、レットがエンドゾーンに猛進するのを唖然として見ていた。その中、ただ一人の男が猛スピードでレットを追いかけていた。ダウンフィールドでスクリメージし、その後方にファンブルしてからのランだったため、ビルズのワイドレシーバーのドン・ビービーはグラウンドのほぼ端から端まで走り、最後の最後にゴールライン手前でレットに追いついた。レットは決定的なミスをした。ゴールラインに近づくにつれ、レットはタッチダウンを予想し、それを誇示するかのように、ボールを右手で持ちながら両手を下に広げ、観客席の方を見上げながらゴールラインを走り抜けようとしていた。しかし、タッチダウンまで一ヤードのところで、ビービーが追いつき、ボールをエンドゾーンにはたき落とし、タッチバックとなり、攻守交代。ビービー。ビルズは、試合に勝つために一丸となったのではない。ドン・ビービーのひたむきなプレーはその当時も話題になったし、今でも語りつがれている。それは彼が、試合の勝敗がかかっていなかったとしても一生懸命プレーする選手だったからだ。うちのチームもそのようにプレーしてほしいと思う。

この話には、二つのテーマが含まれている。一つ目は、努力について。これは直接的に説明しているのでわかりやすい。もう一つは、勝っているときに気を抜いて調子に乗ることの危険性についてだ。

物語は、引き金言葉やチームフレーズの「軸」として用いることができる。例えば、シーズン初めに監督がチームにドン・ビービーの話をした場合、「スコアボード上は完敗しそうでも最後まで一生懸命頑張れ」という意味を込めて「ビービー」という引き金言葉を使うことができる。よい監督というのは、大抵ストーリーコレクターであり、物語を語るのが非常に上手で、物語を用いてチーム文化を効果的に作り上げ、チームを「鳴り響く」チームに育てることができるのだ。

4．風通しのいい、双方向のコミュニケーション

チームメンバー同士の意思疎通は、チーム文化に影響を与えるのと同時に、チーム文化からの影響も受ける。ノートルダム大学メンデルソン・スポーツ・キャラクター・アンド・コミュニティ・センターのブレンダ・ブレデマイヤーによると、英国と米国では、ユーススポーツの発展の経緯が異なるという。英国では、スポーツはリーダーを育成するための手段で、イートン校など私立校を中心にスポーツが発展した。ウェリントン公爵は、次のように話している。「ワーテルローの戦いは、イートン校の運動場で勝ち取られた」

イートンでは、大人の監督は置かれていなかった。英国社会のエリートとして将来国を背負って立つことを期待されている人材として、生徒たちはリーダーの役割の一つでもある組織運営をユーススポーツで実践していたのだ。試合の日程調整などを含め、チームとその活動を自ら運営していた。

一方米国では、ユーススポーツはより一般的に楽しまれるものであり、スポーツ人口は英国のように限られたものではなかった。アメリカのエリートたちの目標は、ノンエリートの子供たちを、（ブレデマイヤーの言葉を借りると）「従順な工場労働者」にすることだった。そのた

め、アメリカにおけるユーススポーツは、大人が細部まで運営し、組織形態もしっかりしており、大人に命令された通り動くことが子供たちに期待されていることだった。このような過去の経緯を聞くと、その頃と比べて、今もあまり変わっていないのではないかという印象を受けるがどうだろうか。

監督が指示をして、アスリートたちがそれを聞き、従うというトップダウンのコミュニケーションスタイルがチームの主な仕組みとなると、選手たちは従順になり、指示待ちするようになる。そしてそれがチーム文化となる。イニシアチブを取って、自ら考え、積極的に行動することが勝利の鍵である競技の場で、このような指示待ち状態となってしまうことは致命的だ。

また、選手たちがそれぞれ目標を立て、行動に責任を取れるようになり、第3章で挙げた「選手監督」のように振る舞うチーム文化を目指すのであれば、監督―選手間双方向のコミュニケーションスタイルの方がその文化の定着には適しているだろう。風通しのいい、双方向のコミュニケーションを築くために最も大事なのは会話だ。会話術の腕を磨いた監督の方が、選手たちがイニシアチブを握るようなチーム文化を築くことができるだろう。

イートン校の選手たちが試合の準備とプレーのために話し合い、議論し、力を合わせて結論を出すという一連のプロセスを行っている様子は、容易に想像できるだろう。この想像上の活気あふれる光景と、現実の世界の多くのチームを比較すると、私の目には対照的に映る。私がよく目にするのは、ユーススポーツチームが円陣を組んでいると、そこで唯一言葉を発しているのは監督で、選手たちは頷いているだけという光景だ。

5. 家族のようなフィーリング

「家族」という言葉はスポーツで多用しすぎているかもしれない。しかし、チームの一員としてよい体験を語るときに、この言葉がこれだけ頻繁に使われるのは、誰もが人に囲まれた居場所と自分以上に大切だと思える存在を求めているということなのではないかと思う。PCA顧問委員会の設立メンバーでもある故ジョン・ガードナーは、初期段階からPCAの活動が楽しみでしょうがないと言っていた。それには次のような理由があった。「若い人たちは、自分は無数にいる人類の中の尊い一人であると証明しようとしているかのように、高みを目指してそれぞれが一生懸命で、そんな彼らを見れば見るほど、私はその姿に心を奪われるからだ」

立ち直り（何か失敗したときに克服する能力）の早さに関する研究によると、非常に困難な状況（性的虐待や貧困など）を経験しても成功する子供たちがいるそうだ。その子供たちが成功できたのは、人から真に思いやられ、支えてもらったためだということがわかってきている。さらに興味深いのは、たった一人に支えてもらうだけでも、極めて厳しい状況をはねのけ、成功する子供たちがいるということだ。ユースコーチがその子供を支える大事な一人になることも多い。

サンノゼ州立大学バスケットボール部の総監督を務めていたスタン・モリソンは、新入部員の選手たちに対し、これから一生、毎日二十四時間、何かあればいつでも連絡してほしいと言っていたそうだ。卒業してから七年後の夜中の二時にどうしても相談したいことがあったとしても、遠慮せず電話していい、いつでも選手たちと話したい、と。大抵の子供の両親は、日中であれ真夜中であれ、子供からの連絡はいつでも受け入れる。モリソンが選手たちに言いたかったのは、選手たちは彼のことを父親のように思っていい、ということだった。そこまでできる監督は少ないだろう。しかし、あたかも理想的な家族であるかのような、「自分は無条件に受け入れてもらえる」という安心感を感じられるようなチーム文化を作り上げることができれば、選手たちは、限られた感情エネルギーを自己防衛に使うのではなく、自分やチームメイトのよりよいパフォーマンスに向けた努力のために使うことができるのだ。

これは、競争心の強い個人が集まる集団では特に重要だ。その競争心がチーム外に向いていればいいが、チーム内に向いてしまった場合、実力により序列が決まり、より実力のある選手が比較的実力がない選手に対しきつく当たり、チーム内不和が発生する可能性がある。

ここで言うところの「家族」という言葉は、明確な定義付けがされていない。しかし、基本的には、無条件にお互いを支え合う集団だと言えるだろう。あなたの親、兄弟、そして配偶者は、あなたが彼らに何かをしてあげるからではなく、家族の一員としてあなたが存在するから、あなたを支えてくれている。支え合う家族のような環境に置かれている方が、そうでない場合と比べると、目の前のタスクに集中することができる。それは、自分の見た目がどうか、パフォーマンスがどうか、まわりの期待に応えられているかどうか等心配しなくてもいいからである。

チームにおいて家族のようなフィーリングを育むために重要なのは、ＰＣＡが提唱している原則の一つである、Eタンクを補給することだ。選手たちがEタンクという概念を理解し、その概念と用語を身に付けることができれば、それを用いてお互いを助け合い、それまで夢だと思っていた高い目標を達成できる可能性も高まる。

チーム内のいじめに対処したり、家族のようなフィーリングを取り戻すために監督が使える最も有効なツールは、第3章で紹介したバディー制かもしれない。クレア・グッドナウらの教室内行動に関する研究によると、支えられて安心している環境に置かれていた方が学習効率がよい（質が高く、早い）ということがわかっている。場所は違えど、スポーツグラウンドでも同じだと考えるのが自然だ。

選手たちがお互いのEタンクを満たし合うことができるようになれば、彼らはあなたのチームでの経験を一生覚えていることだろう。監督が家族的なチーム文化を築き上げるためにEタンクというコンセプトを用いていると、その過程で選手たちからヒントを得て、その文化を強化できるようなクリエイティブなアイディアにたどりつくことも多い。次に説明する、「スターバースト」による関係強化は、そのようなおもしろい、クリエイティブな方法だ。

スターバーストにもらえる力

ペンシルベニア州のブルームスバーグ大学水泳部の監督だったロック・キングは、長期遠征のために選手たちと一緒にフロリダ州にいた。旅程後半のある日、ロックはスターバーストという飴を一人三個選手たちに渡した。

「一つ目は、私から君たちにだ。頑張ったし、この遠征中はよく集中してきたと思う。他の二つは、この遠征を成功裏に終わらせるために力を貸してくれたと思うチームメイトに渡し、感謝の気持ちを伝えてほしい」

その後ロックは、この遠征を楽しいものにしてもらったと感謝の言葉を言われ、選手たちから多くのスターバーストをもらい、嬉しかったという。しかし、それよりもさらに嬉しかったのは、多くの選手が彼のところに来て、他のチームメイトにも感謝したいから追加のスターバーストがほしいと言ってきたことだった。

名前で呼ばれ、知られること

家族という集団のもう一つの大事な側面は、子供が名前で呼ばれ、家族によく知られているということだ。自分の名前を聞くことがいかに大事なことか、私たちは忘れがちである。教育コンサルタント会社のサーチ・インスティトゥート（Search Institute）は、子供が将来成功するために必要な四十の「発達資源」があるという。より多く発達資源を持っている子供の方が成長し、社会に貢献することができるのだそうだ。

そのうち一つは、子供のときに、近所の人たち（家族以外の人たち）に知られ、名前で呼ばれるような環境で育つことだ。子供が近所を歩くと、まわりの大人たちが名前で呼びかけてくれるという単純な行為が、その子供の健やかな成長に寄与するというのだ。

今日の子供たちは、家庭外でそのように呼びかけられる機会が少なくなっている。社会に出て成功している大人も、名前で呼ばれ、人に知られることで成長することがある。グレート・プレインズ・ソフトウェア社（Great Plains Software）の元ＣＥＯダグ・バーガムは、一度マイケル・ジョーダンのファンタジー・バスケットボール・キャンプに参加したことがあった。大学の有名監督がそのキャンプで指導者を務めており、ＰＣＡ顧問委員会のメンバーであり、ノースカロライナ大学監督のディーン・スミス、デューク大学監督のマイク・シャシェフスキーもキャンプ指導者として参加していた。ダグは幸運にもスミス監督のチームでプレーすることになった。彼のチームがシャシェフスキー監督のチームと対戦した際、接戦になった。試合終盤に、ダグのチームは負けていた。そのときスミス監督は言った。「まだ試合は終わってないぞ。うちのチームにはダグのようにスリーポイントシュートの上手な選手がいるからな」と。

その後、実際ダグがスリーポイントシュートを決め、逆転。しかし、再度逆転を許し、最終的にはシャシェフスキー監督のチームが勝った。試合後、夕食ビュッフェのサラダバーで並んでいたダグに対し、バーケースの向こう側で並んでいたシャシェフスキー監督が声をかけた。「ダグ、さっき君がスリーポイントを決めたとき、もうダメだと思ったよ」と。

二人の監督の発言の中で、最も大事な言葉は、「ダグ」だ。ダグ・バーガムはビジネスの世界で成功しているが、その昔シャシェフスキー監督が彼の名前を覚えていて、名前で呼ばれたことは、今でも深く印象に残っているという。この話の一つの結論は、デューク大学でシャシェフスキー監督が指導するチームが成功しているのは偶然ではなく必然であろうということだ（もちろん、ノースカロライナ大学のスミス監督についても同様の結論を導くことができる）。二人ともＥタンクの満たし方を知っていて、その一つの方法は、相手の名前を呼ぶことなのだ。

ユースの監督は、アスリートのことを知り、毎日の練習で名前で呼び、Ｅタンクを満たすという素晴らしい役割を担っている。練習を開始するときに、全選手の名前を呼び、呼び掛けるようにしよう。「ラシャド、来てくれてよかった。今日の練習は少しハードだけど、楽しむぞ。準備はいいか？」と。

時間を少しだけ割いて、選手個人個人に呼び掛けをするようにすると、選手たちは自分がチームの一員として大切にされていると感じ、練習前にＥタンクが満たされるのだ。また、その呼び掛けに対する選手からの返事は、その選手のＥタンクのレベルがどれくらいか判断するよいヒントにもなる。監督は、選手たちに会ったときには名前で呼び、呼び掛けるようにしよう。

身体的接触による呼び掛け

人は、支えてくれる人と触れ合うことで力を得ることができる。背中を軽く叩かれたり、握手したり、ときにはハグをしたり、ということはビジネスの世界でも行われている。人間は触れ合うことが好きなのだ。

アスリートたちは、特有の身体的接触による呼び掛けを作り出してきている。男子バスケットボール選手は胸を張ってぶつけ合うチェスト・バンプをするし、アメリカンフットボール選手はヘルメットをかぶった頭をぶつけ合う（ＰＣＡはこれを推奨しているわけではない！）。そして、ほとんどのアスリートはハイタッチ（やロータッチ）をする。

私がよく使ってきたのは、フィスト・タップだ。チームの選手を見かけると、「ディアミ、調子はどうだ？」と聞きながら、フィスト・タップをする。お互い指が内側に向くように拳を握り、私は拳を選手の拳の上の位置から下に下ろし、逆に選手は下から上に拳を上げ、軽くぶつけ合い、次は逆に繰り返す。

身体的接触による呼び掛けを作り上げれば身体的に触れ合うことを好むという人間の習性を活かしてチーム文化を強化できる。体が触れ合うチーム特有の呼び掛けをすることで、チームの一体感は高まる（当たり前だが、不適切だったり、選手たちが不快に思うようなボディータッチは避けなければならない）。

コミュニケーション・キュー

強いチーム文化を持つチームは、特有のコミュニケーション方法を確立している。秘密のパスワードのような、秘密の言語を共有することにより、家族に似たフィーリングが醸成されるのだ。コミュニケーション・キュー（選手たちの注目を集めるためにする動作）のいいところは、チームに注目してもらうために、声を張り上げなくてもよいことだ。ぜひチームのコミュニケーション・キューを定めて、活用してほしい。コミュニケーション・キューは、単純で、目立つもので、楽しいものであるべきだ。コミュニケーション・キューの例をいくつか挙げるが、独自のものを作ってもいいだろう。

・選手たちが立ち止まり、耳を傾けるように、短い口笛を二回。選手たちに注目してほしいときに、二回吹けば、選手たちはその場で立ち止まって、指示を待たなければならないということがわかる。

・それまでやっていたことの終了の合図として、笛を長めに一回鳴らす。選手たちは、駆け寄り、監督を囲まなければならないということがわかる。

・チームが集まったときに、監督が「ダブル・ブレーク」と言う。すると、選手たちは揃って二回手を叩く。そうすることで、選手たちは聞く準備ができる。走り込んだ後や反復練習に集中していた後だと、監督の話に集中することが難しいこともあるが、ダブルでブレークすれば（二度断ち切れば）、聞く準備ができるのである。

・練習を開始するときに、チーム全員で手を叩くことにより、気分を高揚させ、エネルギーに満ちあふれた環境を作り出す監督もいる。

選手たちが文化を身に付けたら

文化とは、簡単に言うと「ここでの（私たちの）やり方」だ。強いチームには、チーム員を励ましパフォーマンスを向上させるような価値観、振る舞い、習慣などを維持・強化していく強い文化が必ずと言っていいほど備わっている。監督は、選手たちが目標に向かって実力を発揮できるようなチーム文化を意識的に築いていく必要がある。

「鳴り響く」チームでは、チーム員が文化を強化し、そして再強化し続ける。「鳴らない」チームでは、文化の強化と再強化は、正式なリーダーである監督にほぼ任せっきりだ。「鳴り響く」チームでは、ある選手がふざけていた場合、チームメイトがその選手に対し集中するよう呼びかける。「鳴らない」チームでは、監督が何か言うと思い、他の選手たちは何も言わない。

1997年にNCAA優勝を果たしたスタンフォード大学男子バレーボール部での出来事についてルーベン・ニーブスが話してくれた。ある日、監督がロッカールームに行くと、それまでドアノブに掛かっていた鎖が床に落ちていた。ルーベンはなぜそんなものが床に落ちているのかとアシスタントコーチに聞いたが、わからないという答えが返ってきた。その後、選手たちが、「ウィーケスト・リンクになるな!」とお互い励まし合っているのを聞き、ルーベンはピンときた。選手たちは、鎖をモチーフに使ったチームフレーズを考え出し、「鎖の強さは最も弱い環《リンク》によって決まる」という格言を用いて、いつでも全力を出すよう、お互いを鼓舞していたのだ。

この話をすると、別の格言を思い出す。「猫がいないとネズミが暴れる」(When the cat is away the mice will play.)だ。「鳴り響く」チームの場合、監督不在でも(物理的にいなくても、他のことに集中していても）、選手たちはプレーし続け、頑張り続ける。自分たちの文化を体現し続けるのだ。チーム文化が選手たちに根付くと、「鳴り響く」チームになれるのである。

第6章 ダイナミックな練習とチーム文化の創造

ある日、練習に行ったら意欲を感じなかったとしても、意欲があるフリをしろ。

――ハリー・シーヒー

Raising a Team Player（「チームプレーヤーを育てるには」の意）

監督は様々な課題に直面するが、その中でも最も難しいと同時に最も意義深い課題は、限られた練習時間をいかに有効活用できるかである。第5章では、「鳴り響く」チームにするための五つの方法について説明した。そして、ここからは、チーム文化を根付かせるためのダイナミックな練習を、監督としてどのように計画し、実行すればいいかについて解説する。これらの戦略を実行することにより、今までとは異なるレベルのチーム文化と成果に導くことができるのだ。

監督が選手たちを触発する

選手たちがやる気を持って練習に臨めるようになり、「鳴り響く」チームになるために必要な意義深い練習ができるかどうかは、監督の準備にかかっている。監督はまず、考えるところから始めなければならない。

監督は、チームが「鳴り響く」チームになれるように選手たちを触発しなければならない。選手たちは監督の自信と熱意のレベルに反応するからだ。監督が落ち込んでいると、チームも落ち込んでしまう。オレゴン州エネルギー局時代の上司だったリン・フランクに、私は口癖のように言われていた。私のデスクまわりを歩けば、私がその日機嫌がいいか悪いかが一目瞭然で、たとえ私がその場にいなくてもわかると。目には見えない私の機嫌が、目に見えるくらいの影響を職場のチームメンバーに与えていたのである。その後、少々時間はかかったが、準備を十分にすれば、相手に与える印象をコントロールすることができる、ということを学んだ。

準備１：精神的な準備

職場から直行するボランティアの監督にとって、精神的な準備は特に大事である。仕事がうまくいった日は、気分よく練習に臨みやすい。しかし、仕事がうまくいかなかった日や、大事な仕事があったにもかかわらず途中で出なければならなくなった日などはどうだろうか。練習場に着いても、そのネガティブな気持ちが消えず、選手たちに伝染してしまうかもしれない。

監督は、選手たちに会う前に少し時間を取って、メンタル面の準備をすることが必要だ。例えば、体育館や練習グラウンドに向かう前に、車の中で数分一人で座って過ごす。そして、次のように自分に言い聞かせる。「今日はひどい一日だったけど、これから楽しみにしていたチームとの練習だ！よし！テンションが上がってきたぞ！」。最初は、独り言を言いながら、自分を説得しなければならないが、スポーツ好きな大人が皆そうであるように、一旦チームと合流すれば、すぐに練習が楽しくなるはずだ。

Stuff! Good Players Should Know の著者ディック・デヴェンジオは、このことを上手に言い表している。「アスリートは、学生時代にスポーツという名の『ゲームにすぎないこと』をして、その後の人生で医者や弁護士などになるための準備をする。一方、医者や弁護士は17時になるのを待ち、いそいそと職場を出て、スポーツ試合をテレビで見ながら、アスリートだった若かりし頃の思い出話をすることを楽しみにしているのだ」。しかし、幸運なことにもあなたは、若かりし頃の思い出話をテレビの前でするだけでなく、現役の監督として、スポーツに関わることができる。私も、監督をしていた頃を振り返り思い出すと「あのときは本当によかった」と心から思う。スポーツのよさを選手たちと共有できる立場にいることがいかに幸運なことか思い出すことで、ポジティブな気持ちで練習に臨むことができるのではないだろうか。

将来の展望

これであなたは、グラウンドに行き、チームと会える状態になった。UCLAソフトボール部監督のスー・エンキストは、選手たちにこう伝えている。「自分でコントロールできるものは二つだけ。態度と努力。今は、自分の態度を見直し、改善するときよ」

監督なら誰でも「選手たちには、こういうふうに競技に取り組んでほしい」という思いがあるだろうが、監督自身の振る舞いや態度も、それに見合ったものでなければならない。あなた自身が見せるやる気や熱意が、選手たちから返ってくるからだ。スポーツを楽しみ、熱心でいることを選手たちに求めるのであれば、あなたも同じように楽しみ、熱心でいなければならない。「自分たちなら、強豪が相手でも諦めず一生懸命頑張れる」という自信を選手たちに持ってほしかったら、監督自身がその自信を見せなければならないのである。

練習場に行く前にメンタル面の準備をする時間を少し取ることで、練習のはじめから自信と熱意に満ちた雰囲気づくりができる。とても効果的なので、チームに望む態度を自分が見せられるよう、車を降りる前に心の準備をする時間を取ることをお勧めする。

また、事前のメンタルの準備と同じくらい重要なことがもう一つある。それは練習計画を書き出すこと。練習計画があると、練習を進めることに自信を持てるので、限られた時間を有効に使うことができるのだ。

準備2：練習計画

監督としてのキャリアを振り返ると、私が練習計画を練ってから練習に臨んだのは、全体の七五％くらいだったと思う。練習計画を書き出さずに練習に臨んだ日は、決まって後悔していた。いたずらに時が過ぎ、練習を振り返ると、もっと有効な時間の使い方があったはずだと感じたものだ。練習計画が手元にあれば、やらなければいけないことを一つひとつ確認しながら要領よく進めていくことができ、その時々の思いつきなどに振り回されることがない。

ユースのバスケットボールの監督から高校の監督に就任した際、これでやっとやりたいことを練習でカバーできるようになると思った。それまでは、週に一～二時間しか練習時間が取れなかったが、高校では練習時間が増え、一日二時間半、週五日になる。ときには土曜日にも練習を入れることが可能だった。しかし、なかなか想像通りにはいかなかった。一週間の練習を振り返ると、チームに理解してほしいこと・できるようになってほしいことを十分にカバーできていないことが多かった。監督にとって、練習時間はいくらあっても足りないのだ。

事前に練習計画を練ると、何が違うのだろうか。監督は限られた時間をどう使うか考えなければならない。練習計画を練ることの一つ目の利点は、教えるべきことが膨大にあるにもかかわらず、練習時間がいかに限られているか、ということを認識できることだ。私たちは、何が大事か、優先順位を決めなければならない。

また、すべてをカバーすることが不可能だということも認識する必要がある。選手たちが反復練習をし、そこから何かを得るためには最低十五分は必要だということがわかっているのに、五分しか時間を割かなかった場合、何も成し遂げておらず、無駄に時間を使ってしまったということになるのだ。

スポーツの習得

練習計画を立てることは大変な作業だが、大事な利点がもう一つある。子供は、立って説明を聞くよりも（多くの場合、聞いていない）動きながら聞く方が、より多くのことを学ぶことができる。しかし、知識として知ってはいるが、実際のところはどうだろう。私は長年にわたり、膨大な数の練習を見学してきたが、多くの場合、チームの過半数の選手が練習時間中ほとんど動くことなく監督の声を聞いて過ごしている。一方、チームの過半数の選手が練習時間中ほとんど動いていて、反復練習などに参加している光景を見ると、それは監督の周到な計画と、準備のたまものだと感心する。

バレーボールの全米代表チームの監督を務めるジョン・ケッセルは、上達は「タッチ」の回数で決まると言う。シュート、ディグ、バッティング、パスなどの経験回数が多ければ多いほど、早く上達するというのである。一人の選手がシュートをしている間、残りの十一人の選手が突っ立ってその選手を見ている場合、その十一人はその時間に上達できる機会を奪われてしまっているのだ。

多くの場合、その練習に一つか二つのステップを付け加えるだけで、その問題は解消できる。例えば、バスケットボールのシュート練習の場合、オフェンスリバウンダー一人とディフェンスリバウンダー一人、それに一人がアウトサイドにいて、リバウンド後にパスを受けるなどというものだ。そうすることにより、シューターはシュートし、ディフェンスはブロックアウトし、オフェンスはボールを取って、外にいる選手にパスし、ボールを受けた選手はドリブルして規定の位置からシュートし、その動きが終わると選手たちはポジションを一つずつずれる。こうすることで、同じ練習でも一人ではなく、四人が参加できる。そして、この四人一組の練習を、二組、三組で行うことで、同じ練習でも一人ではなく八人もしくは十二人が参加できるようになるのだ。

同じバスケットで三組が同時に練習すると、三人が同時にシュートし、リバウンドすることになり、よい頭の運動となるだろう。「このような慌ただしい状況でも集中できるようになれば、試合中のせわしなさなんて目じゃないぞ」と選手たちに伝えてもいい。

このドリルをする前に、しっかりシュートすること、自分の組のリバウンドボールを取ること、自分のチームメイトにいいパスをすることに集中するよう選手たちに指示しよう。集中することは難しいだろうがこれを学びの好機と捉え、練習終了後に、どれくらい集中できたか、また、次回この練習をするときにどうすればより集中できると思うか、選手たちに尋ねてみよう。

競技によっては、全員が参加できる練習を組むことはもう少し難しいかもしれない。野球やソフトボールの練習では、立って何もしていない子供が多くなってしまいがちだ。しかし、工夫をすれば、全員参加型の練習を組むことも可能である。

例えば、一人の選手（もしくは大人）がバッターに向かってボールを投げる。バッターが打てなかった場合は、本塁の右側で待機していた大人が内野ゴロを打つ。また、本塁の左側で待機していた別の大人が外野フライを打つ。そして打者が塁に出たら、もう一人走者を追加し、一緒に走らせよう。そこまでしても、何もしていない選手が残っている場合には、打席待ちの間、ペアを組み、一人がアンダーハンドで軽く投げ、一人がフェンスに向かって打つ練習をする。もちろん、予期せぬ方向からバットやボールが飛んできて誰かが怪我をしないように、安全面に考慮する必要がある。このような練習は、やろうと思えばできる。工夫することで、子供たちの打席、グラウンド、塁における「タッチ」の数を格段と増やすことができるのだ。

練習にスパイスを

人生にとってそうであるように、練習のスパイスになるのは、多様性である。種類に富んだ練習をすることにより、練習をさらに楽しくできる。練習を同じ時間やるとしても、一時間同じ練習を続けてやる場合と、その練習を何回かに分け異なる角度からアプローチする場合を比べると、前者の練習の方が興味を持ち続けることが難しい。一つのスキルであっても、様々な練習法を用いて教えることにより、選手たちは興味を失うことなく取り組むことができる。長期間にわたり、多様性に富んだ練習を組むためには、監督による計画が必要である。

多くの監督が練習計画を準備しない理由

今まで全米各地で行ってきたワークショップで、「練習計画を定期的に書いて準備しているか」と参加者に質問してきた。それに対し、はいと答えた参加者が、全体の一〇%を超えたことは、ほとんどなかった。

練習計画にはこんなにも利点があるのに、なぜ多くの監督は計画しないのだろうか。それは、ユースの監督のほとんどがボランティアで、他にいろいろとやらなければならないことがあるからかもしれない。これはこれで事実なのだが、実のところ、より大きな原因は計画を立てることが大変だからである。

ほとんどの人にとって、計画を立てることは楽しいことではない。思考することは大変だ。そして、思考の中でも「計画」は最上級に大変なことなのだ。計画するためには、予測を試みなければならない（「体力づくりのためのこのメニューは十分で完了できるはずで、守備の練習を十五分以内におさえられれば、残りの十五分で練習試合をできるはず」）。他の監督は十分な練習計画を立てていない可能性が高いため、もしあなたが練習計画を立てることができれば、それは競争力強化につながるはずである。

悪い練習計画

練習計画は、たとえそれが悪い計画であったとしても、問題解決のために利用できる枠組みとなる。カール・ワイクは、*Sensemaking in Organizations* で冬のアルプスで遭難した軍人たちの驚くべきエピソードを描いている。

彼らの食料は減り、凍えるほど寒く、どうすれば文明があるところまで戻れるか全く見当もつかない状態だった。そこで、軍人の一人がコートポケットの奥底で眠っていた古い地図を見つけた。彼らはその地図が見つかり非常に喜び、その地図に従って歩くことにした。すると何時間か後に、彼らはキャンプに戻ることができたのだ。

上長に報告したところ、その上長は彼らを救ったその地図を見せてほしいと言った。地図を見た上長は、それが彼らがいた場所とは全く違う場所の地図だということに気付いた。彼らがいたのはアルプスだったが、地図はピレネー山脈のものだったのである。

軍人たちは、地図を見つけ希望を感じた結果、間違った地図だったにもかかわらず、帰り道を見つけることができたのだ。その「悪い」地図がなかったら、極寒の山の中で凍死し、犠牲者となっていただろう。その地図の存在のおかげで、助かる方法を見つけ出すことができたのだ。

練習計画がないと、あなたとあなたのチームは、その日に起こることに流されるだけの犠牲者となってしまう。たとえ悪い計画であっても、それがありさえすれば、やらなければならないことを成し遂げようと工夫する実行者になれる。言いたいことはただ一つ。たとえ悪い計画であっても、計画せずに練習に挑むよりは断然よいということだ。

計画を準備し、その計画から逸れたとしても問題ない。計画はあくまでも計画であり、必ずやらなければいけないものではない。例えば、ある新しいスキルを身に付けるために10分あれば十分だと思うかもしれない。しかし、実際10分やってみて、身についていない場合には調整し、もう少し時間を取ってもいい（その場合、計画していた他のことができなくなる）。または、今回の練習はそこでやめ、次回の練習でそのスキルをカバーするよう、自分へのメモに書き残しておいてもいいだろう。

また、練習中に学びの好機が訪れた場合には想定外の時間が必要となるが、その好機は活用するといい。例えば、選手はあるプレーを成功させることができず、落ち込むかもしれない。このような機会を捉えて、勝者とは何かということを説明し、ＥＬＭツリーについて再度おさらいしてもいいだろう。もしくは、努力すること、物事が思うようにいかなくても落ち込まないことの大切さについてチームで話し合いをしてもいい。このようなことは計画できるものではないので、そのような機会が生じたときに都度練習に組み込むといいだろう。

今シーズンの練習計画を保存しておけば、それを来シーズン活用し、監督の能力を高めることができる。特に、何がうまくいき、何がどう微調整または変更が必要かなど、様々な練習を試した結果や感想を書き留めておくといい。

練習計画を書き出すことは、限られた練習時間を有効活用するためのツールである。その計画に完全に沿って練習を行うこともできるし、意味があると認められる場合には、慎重にその計画から逸れてもいいのだ。日々の練習の方向性を示す練習計画がない場合、あなたのチームは成し遂げられることも成し遂げられないままで終わってしまうだろう。

練習の構成および流れ

効果的な練習には構成と流れがあり、それによって限られた練習時間の有効活用が可能となる。ダイナミックな練習にするための構成要素とアクティビティを挙げてみよう。

1. 目的と優先順位
2. 練習開始の儀式
3. 指導
4. スキル・ドリル（反復練習）
5. コンディショニング
6. 楽しいアクティビティ
7. 練習試合
8. 会話としてのチーム会議
9. 人生の教訓につながる質問
10. 練習終了の儀式
11. 評価

1. 目的と優先順位

『7つの習慣―成功には原則があった！』の著者スティーブン・コヴィーは、何でも終わりを意識しながら始めることを勧めている。この練習が終わるまでに、次の試合までに、シーズンの折り返し地点までに、シーズン最終日までに、選手たちに何をマスターしてほしいか。例えば、もし次の対戦相手の得意とする戦略が得点直後にフルコート・プレスをすることである場合、その試合までにプレスをされたときの対処法を練習しておかなければならない。

練習計画を練るために机に向かったら、まずはその練習の目的を一つか二つか三つ書いてみよう。また、優先順位を決めておけば、どのアクティビティを組み込むべきか決めやすくなる。選手に身に付けてほしいことをすべてこなすことはできないので、その日の練習でやりたいアクティビティを優先順位の高いものから順に書き出し、横にそれぞれの予想所要時間を書く。こうすることにより、すべてはカバーできなくても、大事なことはカバーできる。

2. 練習開始の儀式

選手たちが、「このチームは独自のやり方、すなわちチーム文化があるチームなんだ」と思えるようなことから練習を開始しよう。

あなたは、いろいろと思い通りにいかなかった職場から練習場に直行した。でも、そのような状況に置かれているのはあなただけではないかもしれない。最高の一日を過ごしてから練習に来た選手たちばかりではないということを忘れないでほしい。その日受けたテストの出来があまりよくなかったかもしれない。親や兄弟と仲違いがあり落ち込んでいるかもしれない。練習前までの時間をどのように過ごしてきたかにかかわらず、チーム固有の開始の儀式をすることで、チーム練習という新しい現実を迎えるための切り替えの手助けができるのだ。

練習が始まってすぐ選手たちに体を動かす機会を与えるために、開始の儀式は動作のあるものにすべきだ。選手たちは、練習場に来る前は長時間座って授業を受けていた可能性が高い。彼らは動きたくてうずうずしているはずなので動かせてあげよう。まず最初に、チームワークを必要とし、重要なスキルを向上できるようなウォームアップから始めるといい。また、Eタンク補給のためのツールのどれかを取り入れるのもいいだろう。

ジェフ・マッケイ監督は、選手たちがグラウンドに出ていく前の儀式として、次のようなものが気に入っているそうだ。

選手たちがグラウンドに散っていく前に、ファーストベースラインかサードベースラインで立ち止まり、それぞれ「今日は、野球ができるんだ！」と楽しそうに声を張り上げるというものである。

私が女子バスケットボールの監督を務めていた頃、選手たちの手の筋力があまり強くないことに気付いた。女子は男子のように幼いころからボールで遊ばないからか、ボールをキャッチする能力が男子ほど発達していないように感じられた。原因が何であれ、強いパスを受け取る能力をもう少し高める必要があると感じたので、練習のはじめにトレーニング用の重いボールを使った「ウィーブ」を取り入れてみた。

この練習を取り入れたもう一つの理由は、シュート練習のような個人練習ではなく、チームワークが必要となる練習から始めたかったからだ。このウィーブとは、ゴール方向へ編み物のようにジグザグにパスをつないでいき、最後に受け取った選手がレイアップし、そのリバウンドからまたジグザグパスが始まりそれらの動作が繰り返され、コートの往復を繰り返すという練習である。ボールが一度も地面に着かず、かつレイアップも決めるということを連続で何回できるか目標を立てる。目標を六回とした場合、六回達成できたら、そこでこの練習は終わる。この練習をすると、いつも選手たちはお互いのEタンクを満たし合い、彼らのやる気は底上げされ、その日の練習は実り多いものとなった。

毎回同じ開始の儀式から練習を始めることで、チーム文化を育むことができる。あなたのチームに相応しい特別な開始の儀式を考案することは、監督の楽しみの一つではないだろうか。

3. 指導

練習時間の半分以上は、新しい技術や戦略を教えるべきである。どの競技にも、学ぶべきことは無数にあるため、新しいことを選手たちに紹介し続けなければならない。しかし、新たなスキルを習得するためにはある程度時間がかかるため、短時間にあまり多くのことを詰め込もうとすると、選手たちの許容範囲を超えてしまう可能性がある。

新しいこと、特に複雑な新しいことを教えるときには、「全体―一部―全体」方式を用いると効果的だ。一人ひとりが異なる動きをしなければいけないような複雑で新しい仕組みのプレーを教えたいときには、まず全体の流れを見せる。プレーがうまく回るのに必要な要素、一人ひとりの動作などを、簡潔に説明しながら、一連の動作をゆっくりと最後まで通しでやってみる。そのときに、「この後それぞれの動作をもう少し細かく丁寧に説明し、個人個人の動作を練習する時間を設ける」ということを伝え、選手たちに安心感を与えよう。

私が高校バスケットボール部の監督を務めていた頃、選手たちにハーフコート・ゾーン・プレスをマスターしてもらうために、まずは「大きな絵」を摑むことが大事だと考え、この「全体―一部―全体」方式を用いた。まず、最初から最後までの流れをゆっくりとした動作で通しでやる。その流れを通じて、全員で協力し合うこのディフェンス方式を用いれば様々なオフェンスの動きに対し柔軟に対応できるということを選手たちは感じ取ることができる。次にポジションごとに選手を分け、オフェンスの動きを読むこと、次のパスがどこに行くか予想することと、リカバーの仕方など個別の反復練習をする。そのような練習を何週間か続けたら、選手たちがどこまで上達したか、そして、あとどれくらい練習すればプレーとして機能するようになるかを確認するために、再度最初から最後まで通しでプレーをやってみる。

指導の一部として、戦略や戦術についてあなたが考えていることを、選手たちと共有するといいだろう。スポーツの楽しみの一つは、戦略を立て、どうすれば上達できるか、どうすれば相手の強みに対抗できるかなど、考えを巡らせることだ。その考える過程に選手たちも参加できるようになると、彼らも戦略的思考力を身に付けることができる。

発見的指導法（Discovery Teaching）

多くの監督は、やり方を順を追って教えていくことが最もよい方法だと思っている。彼らはまず、やり方を教える。そして、反復練習を通じて選手たちに覚えさせる。それができるようになってはじめて、練習試合や試合と似たようなシチュエーションで試させる。

発見的指導法は、これとは異なる。よりおもしろく、より楽しい方法で、さらに戦略的思考力も身につきやすく、覚えたことがより長期的に維持される指導法だ。私がこの発見的指導法というものを初めて耳にしたのは、ノートルダム大学男子サッカー部のボビー・クラーク監督とワバッシュ大学男子サッカー部のジョージ・ペリー監督に教えてもらったときだった。

この発見的指導法ではまず、選手たちがクリアすべき目標を設定をする。三対二にチーム分けし、ある制限時間を決め、三人の方のチームはその時間内に点数を入れようとする。一方、守備をする二人の方のチームは、その時間内に相手チームに点数を入れられないようにする。それ以上の指示はせず、その与えられた目標をどのように達成すればいいか、当事者の選手たちに任せるのである。

また、片方のチームが人数が多いことを考慮し、公平な点数システムの考案を選手たちに任せてもいい。例えば、攻撃チームがシュートを決めた場合は一点とし、一方、守備チームが攻撃チームのショットを防げた場合は、高い点数を稼ぐことができるなどというものだ。

試合のようなシチュエーションを用いない指導法の場合と異なり、このような課題を与えられると、子供たちは問題解決の糸口を意欲的に探そうとする傾向がある。ある点数でその試合形式の練習を中断し、その時点で、攻撃と守備をしながら何を学んだか選手たちに尋ねよう。あなたが上手に質問することにより、次回どのようにすればよりよい結果につながるか、選手たちに閃きを与えることができるだろう。

・何がうまくいって、何がうまくいかなかったか？
・コートのあるエリアに球が来た場合、何も障害のないクリアショットをオフェンスに許さないために、ディフェンスの二人はそれぞれ何ができるか？
・次回、何をすればよ今回よりもよい結果を出せると思うか？

また、選手たちをベストプラクティスに導くために誘導してもいいだろう。例えば、「〇〇〇を試したとしたら、よりよい結果が出ると思うか？」などだ。しかし、選手たちがイニシアチブを握っていることが重要なので、それを阻害しないように気をつけよう。
リン・キッドマン著 *Developing Decision Makers: An Empowerment Approach to Coaching* では、イギリスのロッド・ソープが「理解のためのゲーム（Games for Understanding）」と呼び

発展させ、オーストラリアやニュージーランドではさらに進化し、「ゲームセンス」という名称で知られるようなった発見的指導法が説明されている。

キッドマンは、ニュージーランド代表の男子ラグビーチーム「オール・ブラックス」の元ヘッドコーチ、ウェイン・スミスがこのゲームセンスを用い、それが多くの実績につながったと指摘している。スミスは、選手たちがこの方法から学ぶことができたのは、「理解しているからだ。……選手たちにわからせるために、『ボールが自分に向かってきているときは、自分から取りに行かなければいけない』と十回言うこともできただろう。しかし、選手たち自身がそれを体験することで、それをやれば早くパスをもらい、より早く次のプレーにつなげることができると自覚できたら、より積極的にそれを試したくなるのだ」。スミスは、「いつも試合のようなシチュエーションを用いているから」選手たちはトレーニングを楽しみながら戦略的思考力を身に付けることができているという。選手たちにいい質問をするためには、技術が必要だとスミスは言う。

彼らが学べるように、そしてよりよいプレーができるように論理的に質問し、誘導すれば、選手たちのモチベーションは向上する。一方、質問の仕方が論理的でなかったり、下手な場合、それにより選手たちが苛立ってしまうこともある。質問をしなければいけないからする、質問であれば何でもいいというわけではない。私は以前、選手に「もうそれはいいので、次に進みましょう」と言われたことがある。私が質問しすぎていたからだ。質問の技術は、やりながら学んでいくといい。

リンダ・グリフィン、スティーブン・ミッチェル、ジュディス・オスリン共著 *Teaching Sports Concepts and Skills: A Tactical Games Approach* では、七種のスポーツの練習に組み込むことが可能な練習計画が数多く説明されている。発見的指導法は難しそうに聞こえるかもしれないが、選手も監督も楽しんで取り組むことができるものだ。キッドマンはその利点を次のようにまとめている。「このアプローチは選手たちに力を与えるものなのだ……自ら状況をコントロールし、選択し、競争していく中で、選手たち自身に決断する余地を与えるものだ。内的モチベーションが向上するため、競技に参加する楽しさを再確認することができるのだ」

4. スキル・ドリル（反復練習）

スポーツの技術や戦術をマスターするためには反復練習が必要となるため、練習の際には、過去に学んだことを復習し強化するためのドリルが必要となる。

ゲームのようなドリル

ジョン・ガグリアルディは、全米大学アメフト史上優勝回数が二番目に多い監督だ。ミネソタ州のセント・ジョンズ大学で監督を務めていたガグリアルディは、世の中の常識を覆すようなことを実践していた。一つは、選手たちが接触するような練習をしなかったこと。この練習法の一つの副産物は、最初の試合を迎える頃には、選手たちは誰かをブロックしたりタックルしたくてたまらなくなっているということだ。

ガグリアルディ式練習法の二つ目の特徴は、徒手体操が含まれないことだ。ガグリアルディの考え方は、オースティン・マーフィー著 *The Sweet Season* で、次のように説明されている。「フットボールの保守的で軍隊的な伝統、すなわち、笛の音が鳴り響き、徒手体操をし、意味のないサディスティックな反復練習をするなど、毎日お互いを粉々に叩きのめすような練習は、成功するために必要なことではなく、むしろ障害に他ならないということに彼は気付いたのです。『練習時間は限られているんだから、プレーの練習をしよう』というのが彼の論理でした」

「監督になりたてのときにジョン・ガグリアルディについて知っていたら……」と何度思ったことだろう。多くの監督がそうであるように、試合でよいパフォーマンスを発揮するという目的に寄与しない練習に、私は多くの時間を費やしてしまっていた。読者の皆さんには私と同じ過ちを犯さないでほしい。

選手たちにやらせていることが単に伝統に倣ってやっていることではなく、実際に意味のあることかどうか、再確認してみよう。今やっているドリルが、試合における選手たちのパフォーマンス向上に寄与するものでなく、選手たちの人格形成にプラスの影響を与えるようなものでもない場合、直ちに廃止しよう（競技の楽しさを選手たちに思い出させるような練習は例外だ。このような練習はパフォーマンス向上に寄与するものだという解釈もできる)。

行っているドリルが競争の場で選手たちのためになると監督はわかっているからこそ、選手たちにやらせる。しかし、多くの場合、選手たちは理解していない。監督として何を考えてその練習をさせているか、選手たちに説明しよう。それぞれのドリルが上手にできるようになると、試合でどのようにパフォーマンスが向上するか説明しよう。例えば、選手たちは利き手や利き足を使って点数を取ったりボールを動かしたりする方が、不器用な方の手足を使うよりも楽しいと感じる。しかし、「試合で相手がプレッシャーをかけてくると、利き手、利き足とは反対の手足を使わざるを得ない状況になる」「試合中に相手に競り負けそうになったときに、このぎこちなく感じる反復練習が活き、相手に対し取りうる反応の幅が広がる」ということを説明しよう。

ドリルを課題に

アスリートは、挑戦すべき課題を与えられると燃えるため、ドリルを挑戦に結びつけよう。チームメイトとの競争、時間との競争、目標値の達成などが挙げられる。それぞれについて、私の高校女子バスケットボール部監督時代の経験を例として挙げてみよう。

a. チームメイトとの競争

選手たちを二人一組で組ませ競争させることにより、ドリルに一捻り加えることができる。

ただ単にフリースローを十回打つのではなく、選手たち同士で競争させる。チームで最も優秀なシューターが特定の選手といつも当たることがないように、ペアの組み合わせは順繰りになるようにしていた。

b. 時間との競争

スタンフォード大学女子バスケ部の練習を皆で見学しに行き、そのフルコートで行われるエネルギッシュなドリルを見てからというもの、そのドリルは選手たちのお気に入りとなった。私たちが「スタンフォード・ドリル」と呼ぶようになったそのドリルは、八分間でできるだけ多くの点数を入れ、その点数をスコアボードに表示するというものだった。慣れてくると、時間との競争を意識し始め、それまでの記録を塗り替えることを目標とするようになる。

c. 目標値の達成

トレーニング用の重いボールを使って三人で「ウィーブ」する練習については前述の通り。このドリルのチーム目標は、ボールを床に落とさずに、連続であらかじめ決めた回数バスケットに入れるというものだった。その回数を達成しないと、次の練習に進めない。最初は六回とし、徐々に回数を増やしていく。チーム記録を塗り替えることができた日には、選手たちのEタンクが十二分に満たされたものだ。

Shooting in the Dark では、コロラド州のメトロポリタン州立大学デンバー校の男子バスケットボール部監督を務め、２０００年と２００２年にＮＣＡＡディビジョン２の優勝を果た

したマイク・ダンラップのアドバイスについて言及している。

彼は私に、試合のような体験となるように、どのドリルにも罰ゲームを追加することを勧めた。試合中に選手が何かをすると、その結果として、何かが必ずその影響を受ける。しかし、練習中のドリルでは反復することに焦点が置かれその反動で起きることが設定されていないため、単調になってしまうものが多い。罰ゲームをドリルに追加することによって、選手たちは単純な反復練習をするよりも緊張感を持って練習に取り組むことができるようになる。

罰ゲームが選手たちのEタンクを枯らすことがないよう、必ず短く、厳しすぎないものにしよう。私が罰ゲームとしてよく用いていたのは、数回の腕立て伏せ。フリースロー練習の最後に、各ペアのうち少なかった方の選手が腕立て伏せをするというものだ。これはすぐに終わるし、誰か一人に与えられる罰でもない。コート一周など、長く、大変だと感じるような罰ゲームを設定すると、残りの練習にネガティブな気持ちが持ちこされる可能性があるので、気を付けなければならない。

カリフォルニア州ウェストミンスター市ラ・クインタ高校のスポーツディレクターのジム・ペリーは、さらによいアイデアを発案した。それは、罰ゲームをそのときの課題となっている技術の習得に役立つものとすることだ。例えば、選手たちがシューティング練習で競争している場合、点数が少ない方の選手が、（ボールなしの）「エア」ショットを五回しなければならないというものだ。これをすることで、フォロースルーを忘れないことを意識させることができる。

反復練習の結果待ち受けているものは、必ずしも罰である必要はなくご褒美であってもいい。また、対象者をチーム全体としてもいいだろう。チームが目標を達成したら、選手たちが好きなアクティビティを練習に取り入れるというのはどうだろうか。私のチームの選手たちは、監督対選手で行うシューティング練習が特に好きだった。選手たちが勝った場合（大抵の場合、そうだったが）、監督・コーチ陣が腕立て伏せをすることになっていた。

5. コンディショニング

思春期前の子供たちに循環器系強化運動をやらせてもあまり効果はないが、コンディショニング（体力づくり）はスポーツに必要なことだということを教えるために、幼い子供たちの練習に組み込む意味はある。

体力づくりは、数ある練習の中でも選手たちが最も嫌がる部類に入るだろうが、工夫すれば選手たちにとって魅力のあるものに仕立て上げることができる。一つ目は、前述の通り、選手の「タッチ」回数を増やすこと。例えば、サッカーやラクロスの場合は、ドリブルやクレードルをしながら走らせるといい。また、ゴールに関わるような方法で体力づくりをするのもいいだろう。野球の場合は、外野で走らせるよりも、本塁から塁を回って走らせる方がベースラインに対する「タッチ」が増えていい。

私はあるとき、楽しむことの大切さについて保護者の方たちに説明した。それを聞いたある父親は、私に挑戦的に言った。「私は高校のときに、クロスカントリー部に所属し、走っていました。クロスカントリーは苦しいだけで楽しくするなんて無理だ。上達したいと思ったら、その苦しさを我慢しなければいけないのだ」

そう言われ、私はどう反応すればいいかすぐにはわからなかった。そのため、保護者に対し、こう話した。「皆さんはこの男性がおっしゃっていることは正しいと思いますか？　クロスカントリーを楽しくすることは可能でしょうか。どなたかいいアイデアはありませんか？」。そのときテープレコーダーを持っていなかったのが残念だったが、走ることを楽しくするための方法を他の保護者たちは二十種類以上も考えてくれた。そのうち、覚えているものを挙げてみよう。

・走る場所を変えてみる。ある日は車道、次の日はゴルフコース、その次の日は陸上競技場、ショッピングモール、砂場など。
・ランの一部をミニレースにして、誰が一番速いか競う。
・三万人の観衆が応援するオリンピックで走っていると想像しながら走る。
・二人一組でペアを組み、あるトピックについて話し合いながら走る。ＰＣＡの原則について話し合うのにちょうどいいかもしれない。例えば、上達するために、どのように「熟達するためのＥＬＭツリー」を活用しているか、選手たちに話し合ってもらうといいだろう。
・チームと一緒に監督やコーチも走る。２００１年にコロラド州大会で男子の部と女子の部の両方で優勝を果たしたボルダー市のフェアビュー高校クロスカントリー部のジョアン・アーンスト監督は、定期的に選手たちと走っている。ジョアンは、世界レベルのトライアスロン選手で、ハワイで行われたアイアンマン大会で優勝経験もあるので、選手たちはそんな彼女と走ることを楽しみにしているそうだ。あなたが世界レベルのアスリートでなかったとしても、監督が参加すれば選手たちは喜ぶはずだ。

コンディショニングは皆が嫌がるものだと思われがちだが、必ずしもそうではない。コンディショニングを楽しくできる方法さえ考案すれば、選手たちは楽しく筋力を向上させることができるのだ。

6. 楽しいアクティビティ

競技が楽しいということを選手たちが再確認できるようなアクティビティを定期的に計画しよう。選手たちに、その競技の一番好きなところは何か質問し、その楽しさを再確認できるようなアクティビティを選手たちに選ばせる、というような簡単なものでもいい。このような楽しいアクティビティを行うタイミングとしては、ドリルやコンディショニングなど選手たちがあまりやりたがらないような練習の後が最適である。

ティナ・サイヤーは、フィールドホッケーチームの選手たちの瞬発力を高めるドリルを行っている。彼女のチームの選手たちが一番好きなドリルは、選手たちがお互いの影の中に居続けようとする、ごくシンプルなものだ。

先に、セント・ジョンズ大学フットボール部のジョン・ガグリアルディ監督の練習法について説明した。ガグリアルディは、様々な楽しいアクティビティを練習に取り入れている。一つは、「いい天気ドリル」だ。選手たちはうつぶせに寝転がり、のけぞって空を見上げて、「いい天気だね」とお互いに言い合うというもの。*The Sweet Season* の著者オースティン・マーフィーがある日ガグリアルディのチームの練習を見学すると、「完璧なジャンピング・ジャック（挙手跳躍運動）を一回、次に『指の運動』、そしてその次には選手たちがうつ伏せになり、あざらしの鳴き真似をするようなことなどをしていた」そうだ。

スタンフォード大学経営大学院時代の上司でありよき先輩でもあったジム・パテルは、初心者女子サッカー部の選手に、よいサッカー選手になるためには、「唸り方」を学ばなければいけないと教えていた。彼は選手たちにお手本を聞かせ、唸る練習をさせていた。最近ジムに会った際に、彼が彼の娘の高校のダンスパーティーにボランティアとして参加したときに、そこで綺麗に着飾った元選手に声をかけられ、「サッカー練習で唸る練習をしたことがとても楽しかった」と何年も前の話をされた、というエピソードを聞いた。フォーマルドレスを着た綺麗な女性が昔習った唸り方を忘れていないということを証明する光景は、思い浮かべるだけでもおもしろくて、私はジムと一緒に笑った。

あるスポーツをマスターしようとしている選手にとって、そのスポーツを楽しむことはとても大事なことではないだろうか。だからこそ、ダイナミックな練習の要素の一つとして、楽しいアクティビティを個別の項目としている。決して、練習の様々な側面に楽しい要素を組み込んではいけないという意味ではない。ハードな反復練習やコンディショニングに楽しさを加えることができれば、より効果的になる。ドリルやコンディショニングを楽しくするいい案を思いつかない場合は、よいアイデアがないか選手たちに聞いてみるといいだろう。

7. 練習試合

選手たちは試合のような状況で対戦することが大好きだ。試合は、それまで練習してきたスキルを、ある程度プレッシャーを感じるような状況で試すよい機会でもある。練習試合をさらに楽しくするために、プレーのレベルに応用を利かせてもいいだろう。例えば野球やソフトボールでは、ティーを用いてバッティングしたり、水泳では腕だけや足だけ使って競争したり、バスケットボールやサッカーでは利き手・利き足を使わないでプレーをしたりなどというものだ。

また、意図的に二つのチームを同じ人数にせず、片方のチームの人数を多くするというのもおもしろい。バスケットボールでは、スタメン対七人で対戦させてみるのもいい。野球やソフトボールでは、守備の人数を増やし、「守備がいないところに打て」という指示をバッターに出してもいいだろう。また、練習試合をヒートアップさせる別の方法としては、コーチたちも参加するというのも一案だ。もちろん、誰も負傷しないように気をつけなければならない。選手とコーチの体の大きさや年齢に大きな開きがある場合は特に気をつけよう。

8. 対話としてのチーム会議

チーム会議とは、チーム全員が参加し、そのチーム独自の進め方で進められ、お互いが何を考えているか知ることができる場である。「鳴り響く」チームでは、そのチームに関わるすべての事柄に選手たちが興味を持ち、積極的に関わっている。会話の多いチームの方が、「積極的にチームに関わろう」と選手たちが思う可能性が高い。どのチームもチーム会議を開くだろうが、「鳴り響く」チームでは監督が一方的に話すのではなく、そのチーム会議の時間のほとんどを双方向の会話に使うのだ。

会話の力

The Post-Modern Organization にてウィリアム・バーグキストが言う通り「会話は人々を結びつける。大抵の組織において、会話は糊の役目を果たす」のである。会話は人間にとって自然な行為だ。人は人と話すことを好む。一方的に講義を受けることを楽しいと感じる人はあまりいない。相手のことが好きで尊敬でき、逆に相手も好きで尊敬してくれるような関係の人と話すことは、人生の楽しみの一つでもある。

選手と「会話」するとき、監督は彼らを自分と対等な立場の人間として扱うべきだ。「会話」することにより、「あなたがこの件についてどう考えるか知りたい」という監督の気持ちが選手に伝わるのだ。これは選手たちのEタンクを満たし、彼らのパフォーマンス向上につながるものでもある。

会話をすることにより、人は成長し変わっていく。多くの人は、誰かに言われたから変わるわけではない。尊敬する人との会話を通じて新しい考え方や別の行動の方がいい、と思えるようになるから、考えや行動を変えるのである。話を聞いてくれて、その話に対して反応してくれる人と意見交換することにより、考えを改めたり、行動を変えたりするのである。

会話vs講義

講義形式のチーム会議と、会話形式のチーム会議には、大きな差があるということを強調しておきたい。私たち監督は、選手たちに対し、一方的に物を言うことが多い。少なくとも、以前の私はそうだった。選手たちが次の試合でベストパフォーマンスを出せるように多くの時間をかけて様々なことを準備し、計画していたこともあり、いくら話しても話し足りないと感じていた。

子供たちに対し講義形式で監督が一方的に話し、選手たちが受動的に聞くよりも、選手たちと会話をする選手参加型の方が選手たちは多くを学び、ポジティブ・コーチングで大事とされるコンセプトを吸収できる。そのため、監督から選手たちに話すよりも、選手たちと話す会話形式にした方が、伝えようとしていることを選手たちに理解してもらいやすいのだ。

考えるチームを育てる

人に物事を考えてもらうためには会話が必要だし、第2章で書いたように、「(一方的に)言うのではなく問い尋ねる」というツールを使えば、選手たちは選手監督のような考える力を身に付けることができる。チーム会議で選手たちに質問することにより、監督のように考えられる技術の習得を推進していることを彼らに見せることができる。

答えが「はい」「いいえ」の二択ではなく、自由に答えられる質問をした方が、考えを促進できる。練習中に次の二問を選手たちに質問した場合、選手たちがどのような反応をするか予想し、比較してみよう。

1. 今日の練習はどうだ?
2. 今日の練習でうまくいっていることを一つ挙げてほしい。さらに、練習をよりよい状態で終えるためにできることを一つ挙げてほしい。

質問1は、選手が脳の表面的な部分だけ使って、答えられる質問だ。「まあまあです」。質問2は、より深い反応を要する。「そうですね……。さっきの○○○練習がおもしろいと感じました。この練習でしたことが身についていると、チームの調子が悪くなったとしても、調子の回復につながるんだろうなと思いました。この後の練習試合とコンディショニングでは、もっと声を出してお互いを励まし合うといいと思います。特に全速力スプリントの最後のセットになるとみんな疲れていて大変なので、お互いを励まし合えると練習の最後まで頑張れると思います」

また、スポーツチームにおいて会話が大事な理由がもう一つある。団体に属しながら自分の考えを表現する力は、民主主義国家において重要なスキルだ。チームで会話することによって、チーム員全員が問題解決に参加できるのだ。

ジョン・ガードナー逝去直前のインタビュー内容を、ＰＣＡのニュースレター「モメンタム」に掲載した。事業継続のために成果が求められるビジネス界で今日広がりつつある、リーダーシップの新たな考え方についてこう話してくれた。

リーダーシップの新たな形は、部下が想像力を働かせ個人的な自己開発を進めることを推奨することだ。才能が発見されず、埋もれたままの状態になっていることが多すぎる。そのような潜在的な才能を引き出そうとしないリーダーは、大きな過ちを犯しているのだ。

リーダーシップの新たな形とは、部下に「多くの裁量を与える」ことだ。私はこの会社の長を務めているかもしれないが、ショップフロアの現場に立っている職員は私が知らないことも知っていて、私が思いつかないようなパターンを探し出すかもしれない。だから私は、彼らがそのようなパターンを探し出すことができるように、彼らに裁量と余裕を与えたいと思うのだ。それはスポーツでも同じであり、想像力と自己開発のために、幼い頃から裁量と余裕を与えるべきだと思うのだ。

ガードナーの言う「想像力」を働かせるきっかけを作るために、選手たちと会話をしよう。チームにおいて効果的な会話をするためのヒントをいくつか挙げてみよう。

練習の一部にする

人生の糧となるようなスポーツ体験を子供たちにさせたいと考える読者の皆さんのようなダブル・ゴール・コーチは、一回の練習につき一度は選手たちと会話する機会を設けよう。パフォーマンス向上のために必要なのは、身体的な準備だけではない。頭と感情も大きく関わっている。練習は、頭と心と体のすべてを使うものにしなければならない。練習のたびにチームで会話をすることにより、定期的に頭と心と体を働かせることができるのだ。

チーム会議をいつするか

多くの監督は練習前にチーム会議をするが、私は練習中盤にすることをお勧めしている。ほとんどの場合、選手たちは一日中教室で座って過ごし、練習に来ている。監督による講義を楽しみにして練習に来ているわけではない。体を動かし、スポーツをしたいのだ。私はその気持ちを大切にし、体を動かすことから始めるべきだと考えている。選手たちが体を動かしエネルギーをある程度発散してからチーム会議をしても遅くないだろう。

個人的には、コンディショニングをした後の練習中盤に会議をするといいと思っている。バスケットボールチームの監督を務めていたとき、選手たちにコンディショニングをさせ、フリースロー練習（試合と同じように、疲れた状態でフリースローを打たせる練習）をさせ、その後にチーム会議をしていた。選手たちは、息を整え、休めることをありがたく感じながら会議に臨むため、より会議の内容に集中できるようだった。

長さと頻度

基本的に、チーム会議は長くない方が効果的だ。大抵五分から七分で十分だろう。何回かの短いものに分け、一度の練習に何度か分割して行ってもいい。経験を通じて感じるのは、十五分間一気に話すよりも、何回かに分けて三分ずつ話した方が効果的だということ。会議が短ければ短いほど内容が少なく、選手たちは聞くことに集中することができ、そのため内容が頭に入りやすいのだ。

ＰＣＡの三原則とそれらを覚えるための標語を選手たちに紹介しても選手たちから反応がなかったり覚えていなかったりしても、気を落とさず諦めないでほしい。前回の練習で話したことを選手たちが覚えていなかったとしても、シーズンが終わるまで先は長いので、焦る必要はない。身につくまで、何度も何度も繰り返し話をしよう。

競技に敬意を払うことを選手たちが覚えられない場合は、こう言ってみる。「競技に敬意を払うことは、ポジティブなプレーのルーツ（ＲＯＯＴＳ）だ。ＲＯＯＴＳはそれぞれ何の頭文字か覚えている人？　どれか一つでもいいぞ」。すると、選手たちから、一つは答えが返ってくるはず。そこから会話を広げていけばいい。

一度説明しただけで、選手たちがすべてを覚えることを期待しないでほしい。選手たちに、知識をたたき込もうとするあまりに、長く話しすぎると選手たちは興味を失ってしまう。また、一度にたくさんのことを伝えようとすると、選手たちは容量オーバーになってしまう。説明する場合は、一回一回を短くし、定期的に（一週間に何回練習があるかにもよるが、理想的には一週間に一度）同じ内容の話をしよう。大事なのは、短くわかりやすく、繰り返し話すことだ。

質問から入る

チーム会議を始める際には、質問から入るといいだろう。

・昨晩テレビで試合を見た人？　両方のチームがグラウンドに出てきて、喧嘩になりそうな状況になったのを見て、どう思ったか？
・今日の練習はどうだ？
・練習以外で、ＥＬＭツリーを使えるのはどういうときだろう？

・土曜日の試合をいい試合にするために、今週練習すべき一番大事なことは何だろう?

質問から入ることにより、選手たちは会話を始めてすぐに頭を働かせることになる。質問から入ったからといって、監督として言いたいことを言えなくなるわけではない。監督が一方的に言うよりも、選手のコメントに反応する形で言いたいことを伝える方が効果が高いこともある。「ダニエラ、そう、君の言う通りだ。そうすることは私も大事だと思う。……」

選手たちの意見を聞く

チームのパフォーマンスに関わることすべてについて、選手たちの意見を聞くといいだろう。多くの監督が選手たちの意見を聞くことをためらうのは、自分と異なる意見や、チームに取り入れられない意見を選手たちが言うことを恐れているからだ。しかし、監督は必ずしも選手の意見に同調しなくてもいい。「君の考え方は理解する。でも、今はその方向性に向かうべきときではないんだ」などと言えばいいのである。

選手に変化球を投げられ、それに対しどのように反応すればいいかわからない場合には、「少し考えさせてほしい」と答えよう。多くの監督は、選手たちに何かを言われたときに十分に対応できる自信がないため、チーム会議を会話形式にすることをためらうようだ。しかし、選手から何かを言われても、即答する必要は全くない。一旦保留して、十分な時間をかけ考えてから反応してもいいのだ。

会話の積み重ね

監督が何か質問をしても、選手たちから反応がないこともある。会話の相手となる子供たちが会話を得意とせず、会話が成り立たない場合、会話を諦めて講義形式に戻してしまう監督がいる。講義の場合、受け手側が話すことは期待されていないため、選手たちが何も言わなくても、気まずく感じないのだ。しかし、選手たちが反応しないのは最初だけだ。人はほとんど誰もが話すことが好きなので、遅かれ早かれ、選手たちは口を開くようになるはずだ。

選手たちが何を考えているか表現し始めるまでには、時間を要するかもしれない。覚えておいてほしいのは、会話の積み重ねが大事だということ。どの練習中の会話をとっても、大きな価値は生み出されていないように感じるかもしれない。しかし、「鳴り響く」チームのすべてに関心を持って主体的に参加する選手は、その積み重ねを通じて成長していくのだ。

9．人生の教訓につながる質問

ダブル・ゴール・コーチであるということは、選手たちが試合で勝てるように、また、その後の人生で成功するための糧となるようなことを経験できるように、選手たちの力になろうとすることだ。スポーツ競技場の外で役立つことを教えるために、監督として簡単にできることは、「人生の教訓につながる質問」をすることである。「人生の教訓につながる質問」には、次のようなものがある。

・練習終了時に、「今日学んだことで、今後の人生を生きていく上でためになりそうなことは何かあったか？」と聞く。
・試合で惨敗を経験した際に、「生きていると、誰もが失敗を経験するんだ。将来失敗を上手に乗り越えるために、今日の経験をどのように活かせると思うか？」と聞く。
・選手が新しいスキルを習得できたときに、「できたな！　できるまで本当に頑張ったな。それと同じような頑張りを学校の勉強に向けることができたら、何がどう変わるだろう？」と聞く。
・体力的に厳しい練習後に、短いチーム会話にて「大変だったと思うが、最後まで諦めずにやりきったな。練習以外の毎日の生活の中で、大変だけど諦めずに頑張り続けるしかないと感じることはあるか？」と聞く。

これらはあくまでも例にすぎない。人生の教訓につながるいい質問を考えてみてほしい。大事なのは、スポーツ体験が選手たちの人生の現在と将来につながっているということを、選手たちに繰り返し伝えることである。

10. 練習終了の儀式

練習開始の儀式とは、生活圏という大きな文化圏から出てチームという小さい文化圏に入る際の気持ちの切り替えを補助するためのものだと述べた。練習終了の儀式はその逆を目的としている。チームという守られた文化圏を出て、厳しい世界に戻っていく選手たちを応援するようなものだ。

選手たちが何を考えているか質問するのは、練習の終盤がいいだろう。小学校の授業を視察しに行ったときのことだ。ある教師は、毎日授業を同じ方法で終えていた。教室の出入り口に立ち、子供たち一人ひとりに同じ質問をしていた。単純なものとしては、「一番好きな食べ物は何？」「今日学んだことを一つ挙げてみてください」「一番好きな曲は何？」などが挙げられる。子供たちが教室を出ていくときに行われるその儀式を通じて、生徒たちは「自分たちにとって大事なものに、先生も興味があるんだ、自分たちは先生にとって大事な存在なんだ」ということを認識するのである。

監督は次のような質問をしてもいいだろう。

・百点満点中、今日の練習は何点だったと思う？
・今日の練習で一番好きだったことは？　なぜ？
・練習を通じて、今週一番上達したことは？
・一番好きなスポーツチームやアスリートは誰？
・週末の予定は？
・明日の授業で、一番楽しみにしているのはどの教科？

・家の方のEタンクを満たすために、家で何ができる？
・上達・改善するために、次回練習で取り組みたいことは？

また、それぞれの選手のEタンクがどれくらい満たされているか、時間をあまりかけずに確認するのもいい。「今のEタンクのレベルはどれくらい？」。練習の始まりと終わりには、チーム独自の文化とやり方があるということを選手たちに再確認させ、選手たちの気持ちを意図的に切り替えることが必要なのである。

11. 評価

監督を務める楽しさの一つは、練習をよりよいものにしていくために定期的に自己評価をすることだ。それでは、早速評価してみよう。練習後、家に帰宅するまでの間に、「練習の目標を達成したか」「次の練習でチームが焦点を当てるべき課題は何か」を評価をしてみよう。「イメージしていたくらい選手たちのEタンクを満たすことができたか」「大事なことをすべてカバーできたか」「指導した内容を選手たちは十分摑めたか」それとも「次回もまた復習すべきか」。せっかく評価した結果を忘れてしまわないように、私は練習直後に評価結果を参考にしながら次回練習の目的と優先順位などを書き留めておくようにしていた。

また、特に注意を払うべきポイントがもう一つある。それは、選手の態度に問題があったときにどうするかである。これは難しい問題で、簡単な対処法はない。しかし、そのような問題が発生したときにも思いやりがある合理的な対応ができるように、いくつかの原則を伝えておこう。

問題行為の対処法

「クラスを統率できない」「問題行為に対処できない」「適切な学び環境にするための管理体制を整えられない」などという問題に直面し、多くの理想主義的な若者たちが教師という職業から遠ざかっている。子供たちが教室で感じることと練習で感じることは異質のものであり、ほとんどの子は練習したいと思って練習に来ている。そのため、ユーススポーツの監督の悩みは教師の悩みよりも軽く済むようだ。しかし、必ずそうというわけではない。監督が綿密な練習計画を立てたとしても、選手一人か二人がその練習はしたくないと抵抗した場合、チームに負の気持ちが広がり始める。

強い文化（チームの物事のやり方）を形成することにより、選手たちによる問題行為を減らすことができる。監督としていくら努力をしたとしても、子供は時々問題行為を起こしてしまう。問題行為に対しどのような対処法を施すかによって、チーム文化を強化することもできるし、逆に損なってしまうこともある。問題行為を最低限に押さえつつ適切な対処をするために取り入れるべき基礎的三原則について説明しよう。

不適切な言動に対処するための三原則

1. してほしい行為を強化する
2. してほしくない行為は無視する
3. 行為を無視することが難しい場合は、最低限の介入に留める

1. してほしい行為を強化する

これは、誰にとっても明らかなことだと思われるかもしれないが、実はそうではない。「関心」について、多くの人は誤解をしている。ほとんどの人は、子供にプラスの関心を寄せると（「いいぞ！」）、その関心を引きつけたことを繰り返しやるようになるということは知っている。しかし、あまり知られていないのは、マイナスの関心（「違う違う！そうじゃないだろ！」）も、その行為を繰り返す原因になってしまうということだ。特に、よい行為で大人の関心を引きつけることができるということを信じていない子供において、この傾向は顕著に現れる。プラスの行為でもマイナスの行為でも、その行為に関心が示されると、その行為の強化につながるのである。しかし、私たちはしてほしくない行為をする選手たちに気を取られ、そのような選手たちに関心を寄せてしまう。

私が選手たちに集合するように合図をすると、十二人中十一人は走ってきてすぐに集まる。

しかし、ビクターだけは信じられないくらい遅く来る。そのような場合、私の関心はどこに向くだろうか。まわりに十一人の選手が集まり、私が英知の泉であるかのごとく何か言うことを期待し待っているにもかかわらず、私は彼らを無視し、やるべきことをしないビクターに関心を寄せてしまうのだ。「ビクター、長く笛を吹いたら走って集まれということだと、（さらに声を荒げて）一体何度言ったらわかるんだ！」

ついつい指示に従う選手たちを無視し、指示に従わない選手に必要以上の（マイナスの）関心を寄せてしまうのである。多くの人は喜びを求め、痛みを避ける。しかし、子供は別だ。子供に関心を寄せると、それが褒めているか怒鳴っているかにかかわらず、その行為を増幅させてしまうのである。

私は人に怒鳴られることが好きではないので、私がビクターに向かって怒鳴ると、彼はそれを嫌がり、次回からは同じ間違いをしないはずだと思う。しかし、実際に起こるのは、その正反対のことだ。問題行為をしたビクターに対し、マイナスの関心を寄せると、彼がその問題行為を続ける可能性が高まってしまうのである。

また、もう一つの問題点は、遅れてくる選手に注意を向けてしまうと、やるべきことをちゃんとやっている選手たちの時間を浪費してしまうということだ。監督としてすべきなのは、やるべきことをやっている選手たちを褒め、今後もそうするように促すこと。

「アルテミオ、ルーベン、ジョン、笛が聞こえてすぐに走ってきてくれて、嬉しかった。練習時間は限られているから、そうしてくれるととても助かるんだ。すぐに集合してくれると、その分できることが増えるからな。ありがとう」

監督が正しい行為に対し関心を寄せるということがわかると、子供たちは監督の関心を引こうと競争するようになる。例えば、監督の関心を引きつけ褒めてもらうために、集合の合図が鳴ると一番になろうと一目散に駆けつけてくるなどだ。なんと好都合なことか。それでは、問題のビクターはどう対処すればいいのだろうか。

2. してほしくない行為は無視する

二つ目のルールは、不適切な行為は無視することだ。右記の例のビクターの場合、彼のよくない行為に注目するようなことはせず、できる限り無視すべきなのである。

ビクターがやるべきことをしていないときには、私は彼が存在しないかのように振る舞う。心理学的には「消去」と呼ばれ、これはとても効果的なテクニックである。ビクターが他のチームメンバーと同じように集合していないことには言及しないようにしよう。やるべきことをやるまで、彼は存在しない。すぐに集合した選手たちを褒め、次の練習に移る。

ビクターを無視することに成功したら、おもしろいことが起きる。チームメンバーが私の関心を集めていて、自分は無視されていることにビクターが気付くと、彼は走って来てこう言うかもしれない。「監督、僕は？ 呼ばれたから、来たよ」

すると、それが当たり前であるかのように冷静に「ビクター、彼らはすぐに来てくれたから、お礼を言ったんだ。次回君も早く来てくれたら、君にもお礼を言おう。さあ、次の練習に移ろう」

この戦術は驚くほどよく効く。言うことを聞かない子供たちにとって、問題行為は大人たちの気を引くための常套手段なのである。

言うことを聞かなかったり悪いことをすると、いつも両親や先生はその子に関心を向けてきた。そのような子供は、よいことをすれば関心を集められるということを知らないため、知っている唯一の方法で関心を集めようとする。関心を集めることが目的であるため、悪いことをしても無視されてしまうと、嫌なのだ。そのため、言われたことをやると関心を集めることができるということを知ると、大抵の子は言われたことをするようになる。それまで関心を集める唯一の方法だと思っていた方法が、その子の頭の中から「消去」されるのである。

しかし、幼い子供ではなく、もう少し年齢が高いアスリートの場合はどうだろう。ティーンエイジャーにもこの「消去」は効くのだろうか。

ティナ・サイヤーは、ウォームアップを開始する時間になっても、いつも準備ができていない十七歳のフィールドホッケー選手を指導していた。彼女以外の他の選手は全員準備ができている中、この選手はまだ靴下を片方しかはいていない状態。ティナは「消去」を試してみることにした。大会前に、「試合前ウォームアップにどれくらいの時間をかけるべきか」と選手たちに相談を持ちかけた。チームで話し合った結果、四十五分がいいということになった。

試合の日、試合開始四十五分前になっても、その選手はまだ靴を片方しかはいていなかった。ティナが「レッツゴー！」と言うと、選手たちは駆け出し、いつも準備が遅いその選手だけその場に取り残されてしまった。その選手は急いで靴紐を結び、走ってチームに追いついた。それ以降、彼女は遅れることはなかった。監督からもチームメイトからも注目されなくなってしまい、彼女のそれまでの問題行為は水を与えられない植物のように干からびていったのである。

消去は効く。しかし、使えない場合はどうすればいいのだろうか。無視すべきでない不適切な行為の場合は、どうすればいいのだろうか。

3．行為を無視することが難しい場合は、最低限の介入に留める

ときには選手が、無視すべきでない不適切な行為をすることがあるかもしれない。例えば、その選手本人、もしくはまわりの人が怪我をする恐れがあるようなときだ。そのようなときは、完全に無視するのではなく、本人に知られないように見守るといい。一方、子供が高速道路に立ち入るなどの危険行為をしようとしていたら、無視せず、本人やまわりの人の安全のために、直ちに止めに入ろう。

同様に、選手が競技に敬意を欠くような行動をしているときは、無視すべきではない。あるとき、友人の高校生の娘のバスケットボールの試合を観に行った。相手チームの選手が速攻でバスケットに向かってドライブしようとしていると、友人の娘のチームの選手が、ボールをブ

ロックしようとすることもなく、ドライブしようとしていた選手を押し倒してしまった。彼女は、倒れた選手の手を取って起こそうともせず、（適切な）ファウル判定を下した審判に対する怒りに任せて、足を大きく踏み鳴らしながら、その場を立ち去った。監督はその後、その選手に注意したかもしれない。しかし、そのような状況が発生した場合は、直ちに対処すべきだ。その監督が「競技に敬意を払うチームにしたい」と思っている場合、このような行為が行われたら、即座にその選手をベンチに下げるべきである。

また、無視すべきでないシチュエーションをもう一つ挙げるとするならば、それは、チーム全体に悪影響を及ぼすような行為だろう。監督がチームを指導することを妨害するような行為は無視すべきではない。

以上のように、場合によっては、選手による不適切な行為を無視すべきでないこともある。そのようなときには、介入しなければならない。効果的な介入方法をいくつか紹介しよう。

最低限の注意力で

どうしても介入しなければならないときは、「最低限の注意力」で対応することにより、成功確率を上げることができる。チーム全体に指示を出そうとしているときに、ベンが私語をしていたとしよう。冷静な態度で、他の選手たちから離れている場所にベンを呼び、小声でこう話そう。

「ベン、『監督が話しているときはしゃべらない』というチームで合意したルールを守れるようになるまで、ここに立っていてほしい。少しだけここに立っていて、ルールを守る準備ができたら、チームのみんながいるところに戻ってきてほしい」

それだけで十分効くこともある。ただ、言うことを聞かない子供の多くがそうであるように、ベンは悪いことをすることで大人の関心を引くことに慣れていて、なかなかやめようとしないかもしれない。彼は、従ったり、従わなかったりを繰り返し、監督をヨーヨーのように翻弄しようとするかもしれない。理解したと思っても、すぐにまた以前のような振る舞いに戻り、進行の邪魔をするかもしれない。

そのような場合、再度冷静かつ小声で話そう。「ベン、まだチームがいるところに戻るための準備ができていなかったようだ。だから、しばらくここに座り、どうすればまたチームのところに戻れるか考えてみてほしい。何分か経ったら、ここに戻ってきて、ルールを守る準備ができているか、確認しに来る。それまでの間、ここに座って、次に私がここに戻ったときにどのように振る舞えばいいか考えておいてほしい」

そのような状況になったときに、お勧めなのはその選手以外の全員で、楽しいアクティビティをすることだ。例えば、バスケットボール、サッカー、ラクロスなどであれば、シュート練習。野球やソフトボールの場合は、バッティング練習などを行う。ベンもやりたいことをできない状態にするのである。このタイミングでコンディショニングをしてしまうと、ベンは参加しなくてもいいことを逆に喜んでしまうからだ。

確認のためベンのところに戻るときには、参加できなくなった理由をベンに言わせよう。

「ベン、チームから離れたところにいるように、私が指示した理由は何だったか説明してくれないか?」。彼が次のように自発的に発言することが理想的だ。「監督が話している間に、僕もしゃべっていました」。しかし、彼からそのような発言を期待できないときには、次のように促してもいいだろう。「私が話しているときに、君がしゃべっていたからだと思うか?」。ベン本人がその理由を認めるまで、チーム練習に参加させてはいけない。

しかし、まだそこで終わりではない。「チームに戻ったらルールを守る」という確約を取り付けよう。「チームの活動に参加できるようになったら、君はどうすべきだと思うか?」

期待している答えが彼の口から出てこなかった場合、次のように促してもいい。「チームの活動に参加できるようになったら、私が話しているときには、君は聞かなければならない。できると思うか?」。それに対し彼が言葉で同意することが望ましいが、難しい場合は、最低でも彼が頷くことを確認してからチームの活動に参加させるようにしよう。

このように介入することにより、ベンの不適切な行為によってチーム全体の練習が被害を受けることを避けられる。また、自分自身をコントロールしなければならないということをベンに教えることができたはずだ。用いる注意力は最低限に抑えつつ、他の選手たちから離れたところで彼がチームの一員に戻るために何をしなければならないか説明し、対処することで、他の選手たちを巻き込むことを避けられる。

三つのCによる規律

マイク・レガルザは、練習に遅刻する大学生選手たちに対し、素晴らしい対処法を導入していた。遅刻をしたら、練習に参加できないというチームルールである。選手が数分遅れで練習に来ると、マイクは同情的にこう言う。「今日は練習できずに残念だな。君がいないと困るから、明日は遅刻しないように頑張ってほしい。じゃあ、また明日」

選手が遅刻しても、マイクが怒ったり、感情的にならずに済むということに気付かれたかもしれない。あらかじめ決められている一定のルールに従って、淡々と執行しているだけなので、マイクは冷静でいられる。大事なのは、三つのCだ。

Calmness（冷静さ）、Consequences（罰）、Consistency（一貫性）。この例のような罰は、保護者が練習の送り迎えをしているような幼い子供たちには使えない。しかし、三つのCという原則を用いれば、どの年齢の子供にも、どのような状況でも、適切な対応ができる。

多くの監督は選手が自分の期待する基準に達しない場合、怒ることで自分の威厳を保つことができると考えているようだ。私は、逆だと思っている。選手たちに対し、否定的な態度を取ったり、怒りを見せることは、自分の弱さや自制心が欠如しているということを見せることになるのではないだろうか。

あらかじめ、選手たちに期待することやルールを明確に伝え、不適切な行為の対処法を定めておくと、立場上強くなり、ルールを執行する際にも声を荒げることなく対処できる。

一番大きいのは、練習がなくて寂しいということ

フリーモント高校女子バスケットボール部の最終試合（1996年セントラル・コースト・セクションのプレーオフ）の数週間後に、元チームキャプテンの一人でスタンフォード大学に進学が決まっており高校卒業を控えていたシャウナに偶然出会ったときの話だ。私は、「振り返ってみて、シーズンについてどう思うか」と質問した。そのシーズンは、リーグ優勝を果たしたという喜ばしいことと、プレーオフ一回戦で敗退したという残念なことの両方が起こったシーズンだった。予想外の答えが返ってきたため、私は驚いた。

「一番大きいのは、練習がなくて寂しいということです」。その後、彼女の言葉を思い出し、私も同じ気持ちだということに気付いた。試合もいいが、選手たちと手を取り合って、「鳴り響く」チームづくりをするために時間を共有するということがなくなり、私も寂しさを感じていたのである。

第7章

記憶に残る試合をする

いかなるときも、試合の領域は制限されており、解放されておらず、守られた世界なのだ。純粋な空間なのだ。

——ロジェ・カイロワ

Man, Play and Games

チーム文化が作り出される場所が練習だとすると、そのチーム文化を築くための苦労が実り、意味をなす場所は、試合である。しかし試合は多くの場合、ロジェ・カイロワの言う「純粋な空間」というよりは、乱雑な空間に近いだろう。史上最高のバスケットボール選手の一人であるビル・ラッセルは、試合について的を射た表現をしている。「あるバスケットボールの試合で発散されたすべての感情を瓶に封じ込めることができたとしたら、そこにあるのは戦争ができるくらいの嫌悪と、戦争を防ぐことができるくらいの喜びだ」

試合のトラウマ

Will You Still Love Me If I Don't Win? の作者クリストファー・アンダーソンは、スポーツをすることは子供たちにとって怖いことだということを、大人はあまり認識していないと言う。

試合は監督にとっても決して楽園のようなものではなく、トラウマになることもあり得る。*Positive Coaching* では、監督としてチームを指導することは、水槽の中にいるのと同じだということを書いた。学校の先生の場合は、ミスやあまり物事がうまくいかない日があったとしても、保護者に見られることがないまま、やり過ごすことができる。しかし、監督はそうはいかない。監督の職場は、人目にさらされた競技場なのだ。

また、さらに状況を難しくするのは、多くの保護者やファンは、「自分だったらもっとうまく指導できるはずだ」と信じ込んでいることだ。彼らは、試合中に監督が愚かな判断をすると、観客席から声高に指摘してくる。多くの場合、質問攻めのような形になる。

・なぜ監督は投手交代させないんだ？ 調子が悪く、苦しんでいるじゃないか。
・シルビアがもっとボールに触れることができたら、今よりもよい流れになるはずだと思わないか？ 彼女はこれまで機会を与えられればよいプレーを作り出し、結果を出してきたんだ。
・監督はディフェンス戦略を変えるべきじゃないか？ あまりうまくいってないじゃないか。

監督は、保護者やファンが自分の判断のあら探しをし、「ああすればよかったのに」と批判していることを十分に認識している。それは、監督自身も、他の監督が指導する試合を見ているときに、ついつい同じことをしてしまうからだ。ガラス張りの水槽という環境の中に置かれ、羞恥や恥を感じるような出来事が起こることを恐れているため、監督は試合中に感情的になってしまうこともある。

Healing the Shame That Binds You の著者ジョン・ブラッドショーは、恥ずかしさのあまり自身や他者にとって最悪のことをしてしまう極度の恥のことを「毒性のある恥」と称している。サクラメント州立大学女子バレーボール部のデビー・コルバーグ監督は、恥がいかに試合中の行動に影響するか気付かせてくれた。

監督が試合で子供たちに向かって怒鳴るのは、恥をかいたと感じているからだと思います。選手がミスをしたりチームの調子が悪いとき、監督が感情的になり怒鳴るのは、自分が教えた通りに選手たちがやっていないということを示すためなのではないかと思います。監督は、自分は試合を理解していて、選手たちが理解していないことは自分のせいではないということを、体育館にいる全員に知らしめたいがために、大声でわめくのです。

感情的になり選手たちを侮辱する監督たちを何年間も見てきていて、なぜ彼らがそうするか理解できなかったが、デビー・コルバーグの説明を聞き、監督が選手たちを怒鳴る行為は、監督自身が恥を感じているからだということがやっとわかった。

試合には感情が付きものであり、慎重に扱わなければならない。本章では、監督が試合におけるトラウマを乗り越え、逆にそのトラウマを選手たちのために役立てることに使える仕組みやツールを紹介しよう。

指導しすぎとリーダーシップのロマンス

組織のリーダーは、何かドラマチックなことをしていないと（能動的に統率していないと）組織のために自分が価値を生み出せているかどうか不安になることがあるようだ。

スタンフォード大学経営大学院のジェフェリー・フェファー教授は、ビジネスの世界で起きている「リーダーシップのロマンス」という現象について説明してくれた。「リーダーには、決断力と行動力があるべき」とよく言われ、権勢を振るうことは気持ちがいいことなので、本来的には他の人が指揮をとった方がいいとわかっているようなときでも、ついつい自分自身でやりたくなってしまうことがある。

また、上の立場の人間でも、現場で実務に携わる人の方ができる人だと思われる傾向があり、私たち自身も、物事に深く関わり何かを実現させることができたときに自分自身を高く評価する傾向がある。

特に、メディアを通じてプロおよび大学スポーツを見慣れてしまっていると「リーダーシップのロマンス」の誘惑に負け、過度に指導（オーバーコーチング）したくなってしまう。有名なコメンテーターは監督時代にオーバーコーチングしていた人も多く、解説する際にも自分と同じスタイルで指導する監督に注目しがちであるため、それがテレビで紹介されることになる。またテレビの視聴者としても、コート脇を行ったり来たりしながら大声で次のプレーの指示出しをする監督の方が、ベンチに静かに座っている監督よりも、見ていておもしろいということもある。

ＮＦＬのタンパベイ・バッカニアーズのジョン・グルーデン監督は、ほぼすべてのプレーに対し、情熱的で目に見えるリアクションをするため、ノートルダム大学アメリカンフットボール部のタイローン・ウィリングハム総監督のような監督と比べると、わかりやすく、ストーリー性がある。ウィリングハム監督は、フットボールという競技と選手たちに対し、大変情熱的な人だ。しかし、それを表に出さない。ウィリングハムがスタンフォード大学で監督を務めていたときのこと。私がテレビのチャンネルを替えると、スタンフォード大学のフットボールの試合をやっており、サイドラインにいるウィリングハム監督のアップが映し出されたのだが、彼の表情や動作を見ただけでは、スタンフォードにとっていい流れになっているのか、悪い流れになっているのか全くわからなかった。それだけ彼は感情を表に出さない人なのだ。

リーダーシップのロマンスに惑わされ、監督が誤った方向に進んでしまうことがある。残念ながら、多くの監督が試合中にオーバーコーチングしてしまっているというのが現状だ。多くの場合、試合中に監督がすべきことは、「選手たちの邪魔をしないこと」だったりする。

次のような話を聞いたことがある。ある監督が、僅差で競っているバスケットボール試合の終盤にタイムアウトを取った。チームが円陣を組む中、彼はほとんど何も発しなかったそうだ。彼のチームが試合を制し勝利した後に、「指示したいことがなかったのになぜタイムアウトを取ったのか」と聞かれると、彼は次のように答えた。「相手チームの監督が徐々に感情的になり選手たちに怒鳴り始めていたのを見て、タイムアウトを取れば、その監督が爆発し、選手たちのEタンクを枯渇させられると思った」

確かに、実際その通りになった。タイムアウトを取り、相手チームの監督にオーバーコーチングする機会を与えたところ、彼のチームは勝利を手にすることができたのである。

少ない方が多くを手にすることができる

フリーモント高校の女子バスケットボール部の監督としてアウェーゲームでマウンテンビュー高校を訪れたときのことだ。リーグ優勝をかけて競っていたこともあり、試合終盤に差し掛かり、選手たちの動きが鈍り始めていたことに私は苛立っていた。タイムアウトを取り、いつもだったら選手たちがベンチの方に駆け寄るのを待つのだが、そのときばかりは私がコートまで行き、こう言って立ち去った。「この二分間で三回ルーズボールがあったが、誰一人として取りに行かなかった。大事な試合じゃなかったのか？ どれだけ勝ちたいんだ？」。すると、選手たちは試合終了までの五分間のルーズボールをすべて取り、逆転勝利することができたのである。

修正vsつながり

選手たちに時間を許せば、彼ら自身で直せることもよくある。フィル・ジャクソン監督は、チームが試合中に何かを正しくできていないことに気付いたとしても、介入しないことも多いという。それは、コート上で選手たちがつながり合いよい流れができている中、修正するために監督が介入すると、そのつながりを阻みかねないことを知っているからだそうだ。

２００１年のＮＢＡシーズンが残り数週間となっていたときに、ロサンゼルス・レイカーズとフェニックス・サンズの試合がテレビ中継されていた。私がつけたとき、ちょうどレイカーズがサンズに十三点連取を許し、逆転されたところだった。このような状況に置かれると、普通のＮＢＡの監督であれば、チームを落ち着かせるためにタイムアウトを取る。人によっては怒りに任せてわめき散らす監督もいるだろう。しかし、ジャクソンは、サイドラインで微動だにしなかった。

試合後にその理由を聞かれると、「プレーオフの準備の一環として、監督がタイムアウトを取らなくても、選手たち自身の力で解決できるようになってほしかった」とジャクソンは答えたそうだが、プレーオフを待つことなく、その試合中に機転を利かせた選手たちが調整し、ジャクソンが介入しなくても勝利を手にすることができたのである。

ノートルダム大学男子サッカー部のボビー・クラーク監督は、試合中のサイドラインでテープレコーダーを持ち歩いているそうだ。彼は、自分の仕事は「選手たちの状態を試合前までに整えること」だと思っているため、サイドラインから指導するということはほとんどしない。

彼はチームが練習しなければならないことをメモするために、試合中テープレコーダーに吹き込んでいるのだ。

戦略家とタンクフィラー

監督を務めていたとき、私はどのディフェンス方式を使うか等、主に戦略と戦術に力を入れていた。しかし、それと同じくらい大事だったのは、チームのEタンクを満たすタンクフィラーになることだった。

Eタンクと戦略について、おもしろい話がある。Eタンクが満たされている人は、戦略が完璧でなくても不思議と物事をうまく進めることができ、逆にタンクの残量が少ないと、いくら完璧な戦略を事前に練っていたとしても、必ず失敗してしまうような方法を選び遂行してしまう可能性がある、と。タンクが空っぽな人は、いかに完璧な戦略であっても台無しにしてしまう可能性があるため、監督は、どのような戦略や戦術を用いるかだけでなく、選手たちのEタンクのレベルについても気を配る必要があるのだ。

数年前、私は教会の運営委員会の一員になった。その準備のために、ケノン・L・カラハン著 *Twelve Keys to an Effective Church* を読んだ。牧師の言動を見て「よい羊飼い」だと感じると、聴衆は、「説教が上手」だという評価をすることが多いそうだ。「人々は、牧師が彼らのことを知っていて、気にかけてくれて、愛してくれていると感じると、神父のことを尊敬し、説教に耳を傾ける」のだ。信徒のEタンクを満たす牧師の方が、「説教が上手」だと評価されるとカラハンは言う。

誰かが私たちのEタンクを満たしてくれていると、他の誰かがミスをしたとしても甘めに評価したり、誰かの行為を好意的に解釈したり、誰かのことを実際よりもスマートだと感じたり、誰かが成功するために協力したりするのだ。ここから得られる結論は、Eタンクを上手に満たせる人は、よい戦略家として評価されることになるだろう、ということだ。

試合のロールモデルとしての監督

NBAの異端児と呼ばれたデニス・ロッドマン選手の指導を経験し、以前よりも落ち着きのある監督になれたとフィル・ジャクソンは言う。フィルが審判に抗議をしているのをデニスが見ると、彼はそれをさらに十倍に増幅して抗議をし始めるということに気付いたんだそうだ。

ロッドマンが興奮しないようにするためには、自分が落ち着かなければならないと感じたフィルは、それ以降気をつけるようになった。デニス・ロッドマンほど極端な行動に出る選手はあまりいないかもしれないが、多くの選手は監督の感情に左右されやすい。監督が競技に敬意を払う主な理由は、それが正しい行いだからだが、実は実用的な利点もある。競技に敬意を払うことにより、審判の判定など自分たちのコントロールが及ばないことではなく、コントロールの及ぶことに選手たちの集中力を向けることができるのだ。

ＰＣＡのキャシー・トゥーンは、「禁止事項はできることではない」という表現をよく使う。選手たちが何か間違ったことをしていたら、その間違いを何度も指摘するのではなく、その間違いをどのように直すのがいいか考え、直すためにできることを教えるべきだというのだ。やるべきことをやれば、やるべきでないことは大抵消え去るのである。

監督がロールモデルになるべきもう一つの側面は、自信だ。監督が明らかに緊張していたら、選手たちはどれほど緊張することだろう。内心自信がなかったとしても、自信があるかのように振る舞おう。そうすれば、選手たちがよいパフォーマンスを発揮できる可能性を高めることができる。

明らかな間違いを指摘することは避ける

バッドランズにあるメドラという歴史的な街を訪れるために、ノースダコタ州を車で横断していたときのこと。西ノースダコタの美しく広大な平野に突入する前にガソリンを入れ、眠気覚ましにつまめるものでも買おうと、スターリングという州間高速道路沿いの小さな集落に立ち寄った。母をレンタカーに残して売店に入っていくと、その数分後、「車の鍵はかけてきたから心配しないで」と言いながら、母も売店に入ってきた。

私の記憶では、一つしかない鍵を車の中に残したまま鍵をかけてしまった母に対し、優雅とは言い表せない振る舞いをしてしまったと記憶しているが、母の記憶によるとその逆で、「あんなときでもあなたは優しかったわ」と言ってくれた（さすが私の母だ！）。事件当時、私は「そんなことはしないでほしかった」と言ったのだ。

母の記憶が正しく、嫌みっぽい言い方をしていなかったとしても、明らかな間違いを指摘しているだけなので、そのような発言はしない方がよかった。負けている試合で最後のアウトを取られてしまった十歳児が、自分自身も監督もそうなることを望んでいなかった、ということを知っているのと同様に、自分が失敗したということ、また、母自身も私もそれを望んでいなかったということは私に言われなくてもわかっていたのだ。

ジェフ・マッケイ監督は、ニューヨーク・ヤンキースのジョー・トーリ監督とショートを守るスター選手、デレク・ジーターに関わるエピソードについて話してくれた。デレク・ジーター選手は、私が最も好きなアスリートの一人だ。競技に敬意を払う選手で、まわりの選手が実験室で組み立てられたかのような体格をしている中、普通の体格をしているところも好感が持てる。

ジェフが話してくれたのは、ジーターのキャリア序盤でのエピソードだった。進塁しようとしていたところ、ランダウンプレーでアウトになってしまった。ダグアウトに戻ってきた彼は、機嫌が悪くなったり隅に逃げたりせず、「やらかしてしまったので、どんな説教でも聞きます」と言わんばかりに、監督のトーリとベンチコーチのドン・ジマーの間に座ったのだった。トーリは何も言わなかった。ただ、「自分で何をしたかわかっているな。君のような選手がチームにいてくれて嬉しいよ」とでも言うように、ジーターの帽子のつばを軽くはたいただけだった。

明らかなミスは指摘する必要はない。指摘しないことにより、選手たちは（また、あなたのお母さんも）よりよいパフォーマンスを発揮することができるだろう。

試合を通じて選手たちを育てる

監督は試合で、常に「大きな絵」を見ていなければならない。試合が始まり、その試合に勝つことに集中していると、長期的な目的を忘れてしまうことが多いものだ。

ＰＣＡ理事を務めるマーティー・カンディスは、試合終盤に打席に入る順番待ちをしていた十歳の少年の話をしてくれた。彼がバッターボックスに向かって歩いていたところ、監督が彼を呼び戻し、代打を立てたのだ。その少年は深く傷つき、涙を堪えながらベンチに戻った。その監督は、選手を育てることよりスコアボードを重視していた、とマーティーは言った。

その話を聞いてからすぐのことだった。この話を親睦団体の集まりで披露したところ、ある監督が少し前にこれと似たような問題に直面したと話してくれた。同じくらいの年齢の少年が、チームにとって大事な局面に打席に立った。この子は緊張のあまり腕が震え、バットを握る手には指の関節が白く透けて見えるくらい力が入っていた。その少年は三振し、しゃくりあげながら打席を去った。その監督は、「彼に打たせる、という私の判断は正しかったのでしょうか」と私に聞いた。

これらのエピソードを聞いたおかげで、以前よりも賢くなった私は、このような状況に絶対的に「正しい判断」というものはないということがわかってきた。ダブル・ゴール・コーチは、勝利に対する短期的な欲望と、子供たちを選手として、そして人間として育てるという長期的な目的を、うまくバランスさせる方法を身に付けなければならない。

「もし試合中に監督が選手たちと意思疎通することが許されなかったら、指導法はどのように変わるだろう?」と過去何度も思いを巡らせたことがある。監督に頼らず、自分たちで考えてプレーできるように選手たちを育てることが監督の役目だとされるような世界だったら、監督たちの振る舞い方は今のそれとは異なるものであるはずだ。試合中にサイドラインから指示しようとするのではなく、選手たちが指示を待つことなく自分で判断する力を付けられるように監督は指導するはずである。

独立心のある選手の育成を目的とした、新たなユーススポーツリーグの名前を考えてみた。それは「老子(Lao-Tse)」リーグである。紀元前600年ごろに存在したとされる中国の哲学者・思想家の名前から取った。道教の父として知られる老子だが、西側諸国では、次のリーダーシップに関する考えが一番知られているだろう。

「優れたリーダーは、目的が達成されたときも悠然として何も語らず、部下が口を揃えて『自分たちがやったのだ』と言うものである(悠として其れ言を貴《わす》れ、功成り事遂げて、百《ひゃく》姓《せい》、皆な我れを自然と謂う。訳注:『老子17章』)」。

老子リーグのシーズンは三部構成で、シーズンの最初の三分の一の試合中、監督は自由に選手たちと意思疎通をすることが許される。シーズンの次の三分の一の試合では、試合の前半にしか監督は「指導」できない。シーズン最後の三分の一の試合中には、プレーオフなどが開催される場合も含め、監督は試合中一切選手たちとコミュニケーションを取ることができない。この老子リーグの場合、監督は単に選手たちに指示するだけでなく、選手たちが自ら考え決断できるようになることに重きを置かざるを得なくなるため、その訓練に多くの時間を割くことになる。

しかし、ダブル・ゴール・コーチは、老子リーグの設立を待たずして今すぐにでも、自ら決断できる選手たちの育成を始められる。米国バレーボール協会のジョン・ケッセルは、試合中にタイムアウトを取り、子供たち自身にこれからどうすべきか発言させることを推奨している。それを促すために、監督はこう言うといいかもしれない。

「もっとよいプレーをするために、どうすればいいと思う?」

試合開始とは

試合開始のブザーよりも前に試合は始まっている。試合は、試合前ミーティングから始まるのだ。選手たちがよいプレーをし、競技に敬意を払うことを忘れないように、監督は試合前ミーティングで何を言うか、あらかじめ考えておく必要がある。

子供たちにとっても、監督にとっても、試合は練習とは全く異なるものだ。選手たちは、

「自分が負っている責任が練習とは違う」ということに気付く。監督も試合の場合は緊張し、期待が膨らむ。

監督は、次の二種類の方法で選手たちの手助けができる。試合のストレスに対処できるように準備すること、そして試合で起きたことの解釈と理解を手伝うことだ。試合のストレスに対処するためには、試合のたびに選手たちと試合前ミーティングをする必要がある。また、試合で経験したことの解釈と理解を手伝うためには、試合のたびに試合後ミーティングをする必要がある。

試合前ミーティング

どの試合も試合前ミーティングから始めるべきだ。たとえ二、三分であったとしても、試合前にチームとして一体感を感じ、選手たちが落ち着いて試合に臨める状態にすることは、とても大事なことだ。

大人には容易に想像できるものではないが、試合に出る選手たちはあるリスクを負っている。試合には不確定要素が必ずあり、不確定要素があると、人間は不安を感じる。馬鹿な失敗をして、恥ずかしい思いをする可能性もある。試合前ミーティングでは、「自分は選手たちの味方であり、選手たちには監督やチームメイトという仲間もいて、支え合うことができる」ということを強調しよう。

選手たちを鼓舞するプレゲーム・スピーチにおいては、ＮＢＡのパット・ライリー監督の右に出る者はいないと言われている。ライリーがニューヨーク・ニックスの監督を務めていたときに、将来監督になりたいと思っていた選手が参考にするためにライリーのスピーチを聞き、毎回メモを取っていたそうだ。

ＮＢＡレギュラーシーズンの試合は八十四回あるのだが、驚いたことに、ライリーはすべて異なる内容のプレゲーム・スピーチをしていたという。

普通はそこまでの創造力はない。私は一シーズンで多くても二十五試合だったが、それぞれオリジナリティーのある内容にするのは難しかったことを覚えている。いずれにしても、試合前・試合中・試合後の監督と選手たちの会話は、選手たちがその試合からどれだけ学べるかを大きく左右するため、内容がとても大事である。どのプレゲーム・スピーチでもカバーすべき要素を次の通りまとめてみた。

ポジティブ・コーチングの三原則

競技に敬意を払うこと、勝者を再定義すること、Ｅタンクを満たすこと。これらは、子供たちの今後の人生にも役立つもので、スポーツを通じて子供たちに身に付けてほしい考え方だ。それまでに教えてきたことを試合中にも守ってほしいと思ったら、試合前に再度念押しする必要がある。子供たちにとって試合は緊張するものなので、よく理解しているつもりのことでも、混沌とした試合中にはいとも簡単に忘れてしまうのだ。

毎日の練習で三原則の話をしていたとしても、必ず試合前におさらいをすることが大事だ。限られた選択肢の中から選んで答えるような質問をするのではなく、自分で考えて言葉を選ばなければ答えられないような質問をすることをおすすめしている。そうすることで、選手たちは頭の中にある知識をもとに考え、自分の言葉で表現することができるようになる。具体的には、次のような質問をするといいだろう。

「この試合で競技に敬意を払うとしたら、何をどうすればいいのだろう?」

「ELMツリーという考え方は今日の試合でどのように使えるだろう? 誰か例を挙げてくれないだろうか?」

「試合中にチームメイトのEタンクを補給したかったら、どのようなことをすればいいだろう?」

「自分がミスをした後、どのように考え、対処すべきだろう?」

選手たちの年齢や成熟度合いにもよるが、よい試合にするためにチームの状態を整える、という大事な役割を選手たちと共有してもいいかもしれない。毎試合、選手たちに順番に「選手ペップトーク」を任せてみてはどうだろうか。

選手ペップトーク

選手ペップトークには、高度なテクニックが必要である。何かを本当に身に付ける一番手っ取り早い方法は、誰かに教えることだ。競技に敬意を払うこと、Ｅタンクを補給すること、勝者を再定義すること。これら三つを世界中の選手たちの共通言語にしようとする場合、これらのコンセプトをお互いに教え合うというのはよい方法だ。

まず、このような案を受け入れてくれそうな選手に声をかけてみよう。その選手に、これから試合の前に毎回、チームのモチベーションを上げ、みんなが実力を発揮できるようにするために、ペップトークをしていきたいと伝えよう。

そして、その選手に次の試合でそのペップトークをしてもらえるか、協力を仰いでみよう。私の経験上、一人ではなく、二、三人に同時に声をかけて、順番に次の二、三試合のペップトークを担当してもらえるよう依頼するとうまくいくかもしれない。そうすることで、一人の選手が感じる責任を分散することができる。お互いのモチベーションを上げることがチーム文化の一部だと選手たちが認識し始めると、チームに対し大きな影響を与えられる。あなたよりも上手なモチベーションスピーチをする選手が出てくるかもしれない。

高校でバスケットボール部の監督を務めていたときに、まさにこのようなことを経験した。チームリーダーを務める選手、コリーンに、ライバル校ホームステッド高校との試合のペップトークを準備してほしいと依頼した。するとコリーンは、当時ボクシング界の圧倒的王者だったマイク・タイソンとの対戦で、前評判では全く勝負にならないと言われていたバスター・ダグラスがＫＯ勝ちし、ヘビー級チャンピオンのタイトルを手にしたエピソードを例に挙げ、チームメイトたちに衝撃を与えるようなモチベーションスピーチをしたのだ。私たちのその試合も、ホームステッドを下し、番狂わせを実現できていれば、この場でお話しするストーリーとしてはさらによかったかもしれないが、私たちは過去に経験がないくらいのねばり強さを見せ、本当に内容の濃い、よい試合ができた。スコアボード上では負けたものの、それまでの練習の熟達という意味で意義深い勝利を手にできたのは、コリーンのペップトークによるところが大きかったと感じている。

エピソードを用いてメッセージを伝える

特に試合前に選手たちにメッセージを伝えたい場合には、エピソードを用いると、そのメッセージが伝わりやすくなる。私は、ポジティブ・コーチングの原則を表すようなエピソードをいくつか収集しておき、試合前に選手たちと共有することが好きだ。例えば、熟達するためのＥＬＭツリーのＥ＝Effort（努力）の大切さを伝えるために有効なのは、ジョージ・ブレットのメジャーリーグ最後の打席の話だ。

ジョージ・ブレットって誰か知っている人？　いないかな。彼は史上最高の三塁手だ。彼はメジャーリーグのカンザスシティ・ロイヤルズに長年所属していた。１９９２年のメジャーリーグ最後の打席で何をしたいと言っただろうか。あるリポーターが、キャリアをどのように終えたいか彼に質問した。それを聞いた私は、「満塁ホームランでチームに勝利をもたらしたい」とでも答えるのではないかと予測した。知ってるか？　ボストン・レッドソックス史上最高のヒッター、テッド・ウィリアムズのメジャー最後の打席は、ホームランによって締めくくられたんだ。

でも、私の予測は間違っていた。ジョージ・ブレットはこう言った。「平凡なセカンドゴロを打って、一塁まで全力で走り切って、残り半歩のところでアウトになりたい。若手選手たちに、野球とはそういうふうにプレーするものだ、ということを伝えたいんだ。いつでも全力でプレーすべきなんだ」

今日、君たち一人ひとりがホームランを打てればそれほど嬉しいことはないが、たとえ平凡なセカンドゴロであっても、毎回一塁まで全速力で走ってくれたら、同じくらい嬉しい。

また、L＝Learning（学習）の大切さについて説明するために、私は南アフリカの若き裸足のランナー、ゾーラ・バッドの話をするかもしれない。

何年か前、南アフリカ一の女子長距離ランナーがいた。彼女はまだ若かったが、出場したレースはすべて優勝していた。また、別の南アフリカの女子ランナーがいた。彼女の名前はゾーラ・バッド。出場したすべてのレースでもう一人の選手に負け、万年二位だった。

それでも彼女は試合のたびに少しずつタイムを縮め、チャンピオンに近づいていった。

彼女が徐々に上達していることに気付いた人はあまりいなかっただろう。しかし、最終的にゾーラ・バッドはもう一人の選手に勝ち、優勝を手にしたのだった。今は誰も、ゾーラの前に優勝し続けた選手のことは覚えておらず、努力を重ね、優勝するまで学習し、上達し続けたゾーラ・バッドのことを覚えているのだ。

Mistakes（ミス）のMについては、あのマイケル・ジョーダンが、「接戦の終盤で数え切れないミスショットをした」と語るテレビコマーシャルについて話すかもしれない。チームを勝利に導くことができたのは、失敗してもめげずに努力し続けたからだ、と彼は説明している。

Eタンクの補給については、1996年の女子サッカーのワールドカップ準決勝で、ドイツを相手にアメリカのブランディ・チャスティンが決めたゴールについて話すかもしれない。サッカー選手にとって、オウンゴールをすることほど屈辱的なことはないだろう。しかも、何百万人が注目するワールドカップという舞台でそのような失敗をしてしまったことは、彼女にとって本当につらい経験だったに違いない。しかし、その直後にチームメイトが彼女のもとに行き、彼女のEタンクを満たそうと次のように言った。「大丈夫。誰にでも起きることだよ。私たちは取り返せる」。その後、同じ試合中にチャスティンはゴールを決め、アメリカ代表は勝利を手にすることができた。その後、彼女は決勝戦でウイニングゴールを決め、母国にワールドカップを持ち帰ることに成功し、雪辱を晴らすことができたのだ。

これらは、毎日スポーツニュースに取り上げられている無数のエピソードのごく一部にすぎない。選手たちが競技に敬意を払い、ＥＬＭツリーを上手に登り、お互いのＥタンクを満たせるようになるためのインスピレーションとなるエピソードは、探す努力をすれば、必ず見つけることができる。

具体的な情報共有

試合前に相手チームの選手たちの研究をしていなかったとしても、ウォームアップを見ているだけでわかることもある。ウォームアップを見ているだけで得られる情報としては、「ポイントトガードは左側にボールを回す確率が高い」などという微妙なものから、「このチームの選手たちは本当に背が高い！」などという明らかなものまで多岐にわたる。

試合前ミーティングではこのような情報を共有しつつ、この相手やこの試合のために今週練習してきたことを口頭でおさらいするといい。また、ラインアップを発表したり、お手洗いの場所など必要な情報を伝えてもいいだろう。このような情報について選手たちに説明すると、選手たちは安心し、試合に集中できるようになる。

緊張することは当たり前

試合は誰でも緊張するもので、緊張することは当たり前だということを選手たちに話すと、選手たちは少し気が楽になる。プロ選手でも試合の前は大抵緊張するものだ。しかし、一流選手はその緊張は悪いものではないということを知っている。彼らは自分が緊張していることを認識し、「緊張感は安定したパフォーマンスを出すための力となる」と自分に言い聞かせる。緊張感が全くないということは、ベストパフォーマンスを出そうという気持ちが十分にないということでもあるため、緊張感は大事だと選手たちに伝えよう。

審判と天気

私たちは、「審判は天気のようだ」とよく言う。多くの人は天気について不満を口にするが、賢い人は天気に応じてうまく予定を変更し、気分を害したりしない。審判が私たちにとって不利な「誤審」をした場合、それに対し私たちは不満を口にすることもできるが、それを受容し、それに応じて自身の言動を調整することもできる。私は、実際試合で誤審とも取れるような判定があることを想定し、そのようなシチュエーションになっても選手たちのペースが乱れることがないように、必ず試合前にこの天気の話をするようにしている。

また、第4章で述べた競技に敬意を払う練習をしていると、さらに高い効果が望めるだろう。練習ですでにカバーされている場合、試合中に誤審があったとしても、私から選手たちに、「自分自身をコントロールするように」と念押しするだけで、彼らは私が何を言わんとしているかわかるのだ。

Fから始まるあの言葉を忘れるな

楽しむこと（Fun）。勝利がすべてというチーム文化の重圧を感じると、最初に忘れてしまうのは、楽しむことだ。楽しんでいる子供たちの方が、よい結果を出せる確率が高い（また、よい結果が出るとさらに楽しくなる！）。試合前ミーティングでは、点数がどうであれ、楽しむことが大事だということを選手たちに伝えよう。

また、「今日の試合で楽しみにしていることは何か」「試合を楽しむことを忘れないように私が監督としてできることは何か」などと質問してみてもいいだろう。

私は、「歳をとって、膝を痛めてしまったため、バスケットボールをできなくなってしまい残念だ」ということを選手たちによく話す。また、「自分が実力を出し切れなかった試合や、惨めな負け方をしてしまった試合でさえも、終わってしまうと寂しく感じる」ということも付け加えることがあるが、私は心底そう思っている。選手たちがコートに走り出ていくときに最後に耳にしてほしい言葉は、「楽しんでこい！」という言葉である。

試合後ミーティング

すべての試合を選手たちとの会話で始めることが重要であるように、試合後解散する前に会話で締めくくることも大事である。試合直後に選手たちを放置しないようにしよう。時間が三分しかなかったとしても、必ず試合後ミーティングをしてほしい。保護者たちに対しては、

「試合後には必ず試合後ミーティングをするため、それが終わるまで待機していただきたい」ということを、あらかじめシーズンの初めに伝えておこう。

当日十分に時間が取れず、短時間でミーティングを終えなければならない場合には、次の練習の際にその試合の総括をすることが理想的だ。「試合について話し合いたいことはいろいろあるが、今日は時間がない。次の練習までに、試合について自分が言いたいことを考えておいてほしい。そのときにまたみんなで話し合おう」

大事な試験を受けた後には、答え合わせをしてどの質問を正解し、どの質問を間違えたか確認することにより、非常に多くのことを学ぶことができる。スポーツの試合は、大規模な公開試験のようなものであるため、毎回試合後には何が上手にできて、何があまり上手にできなかったかということを分析することで、多くを学ぶことができる。あなたは監督でもあり教師でもあるので、試合のたびに教える機会が多数あることを楽しみにしていてほしい。試合後ミーティングで話すべきポイントをいくつか紹介しよう。

発言はまず選手から

結果がどうであったにせよ、選手たちは私たちが計り知れないほどの感情を感じているはずだ。二十点差で勝ったかもしれないし、その差で負けたかもしれない。最後の最後で逆転したかもしれないし、されたかもしれない。結果がどうであれ、関係ないのだ。選手たちは、たくさんの人の前でプレーしていたため、多くの感情を抱えているはずだ。そのような状況を活かし、まずは選手たちに発言させるといい。感情を放出する機会を与えよう。自分たちが先に話す機会を与えられると、その分後で監督が言うことに、聞く耳を持てるようになるからだ。

選手たちに先に発言させることには、複数の利点がある。まずは、あなたの考えをまとめる時間を確保できること。私は、なかなか瞬時に適切な言葉で適切なことを言うことができないタイプだ。少し時間を取り、考えて、他の人の意見も聞いてから発言をした方が、より説得力のあることを言える。先に選手たちに話す機会を与えることで、自分の考える時間を確保することができる。

また、自分が先に話していたら得ることができない情報を得ることができる。人は、リーダーの発言に影響される。あなたはチームのパフォーマンスに納得していないかもしれないが、選手たちは全力を尽くしたと感じているかもしれない。試合後ミーティングの開口一番、「やる気が見られず残念だった」と監督が発言した場合、試合中に何を頑張ったかという情報を選手たちから引き出すことはできないだろう。

監督として初めて経験した高校レベルの試合は、チームにとっては特段大事な試合ではない夏季リーグの試合だった（一方、初試合で勝利を挙げたいと思っていた私にとっては、大事な試合だった！）。試合終盤で逆転負けしてしまい、相手チームのモメンタムを止める方法を知らなかった私は、不甲斐なさを感じていた。

私は選手たちに対しなんと言っていいかわからなかったため、選手たちに何か言いたいことはないかと尋ねた。すると、すぐにシャウナはキムを指差し、「今日の彼女の守備はよかった」

と言った。それを聞くまで、私はキムのディフェンスがよかったということに気付いていなかった。私は、「監督として失格だ」と自意識過剰に思い込み落ち込んでいたため、大事なことが見えなくなってしまっていたのだ。それからは、最初に選手たちに発言させるようにし、毎回のように、自分では気付かなかったことを選手たちに気付かせてもらっていた。

アラウンド・ザ・ホーン、ウィナーズ・サークル

試合後ミーティングの形式は、最低でも二つある。一つ目の「アラウンド・ザ・ホーン」は、くだけた雰囲気の中、試合を総括する形式だ（野球の試合で、アウト等の後かつランナーがいない状態のときに、肩慣らしのために内野手たちが内野各ポジションに送球することを英語でaround the hornという。試合進行上必要な動作ではないため選手たちは気負わずに投げることができ、内野手一人ひとりに球が回っていくことが、このネーミングの由来ではないだろうか。米ESPNでロングランしている、ある特定のスポーツ関連トピックにつき著名解説者たちがパネリストとして意見を述べ、説得力を競い合うスポーツバラエティの番組名でもある）。選手たちは、座っていても立っていてもよく、監督が一人ひとりに、試合について何か感じたことはあるか、質問していく。特段コメントがなければ、選手は何も言わなくてもいい。しかし、一人ひとりが試合について感じたことを話す機会を与えられる。このような仕組みにすることにより、控えめな選手にも考えていることを表現する機会を与えることができる。この仕組みで与えられた機会に、控えめな選手が発言し、チームが新たな視点に気付くことができた、ということが過去何度もあった。この仕組みがなかった場合、

その選手は発言していなかっただろうし、その発言がなかったらチームはその視点に気付くことはなかっただろう。

二つ目の「ウィナーズ・サークル」は、一つ目の形式と比べると、より活気のある総括となる。選手たちは円の形に並んで立つか、円陣を組む。監督を含むチームの全員は誰でも、他のチームメンバーに対し称賛や感謝の言葉を述べることができる。誰かがチームメイトについて話し終わったら、円陣の全員がその称賛または感謝された選手にハイタッチをする。誰からも言葉を向けられない選手がいるかもしれないので、選手たちの話を聞きながら、監督はまだ取り上げられていない選手について称賛できるように準備しておこう。この方法を用いることにより、選手たちの心を動かし、チームとしての一体感を高めることができる。

これは特に、試合に負けてしまった後に、絶大な効果がある。負けてしまったとしても、選手たちは称賛に値することをたくさんやっているはずだ（このような努力は、勝利がすべてというチーム文化では認識されない）。

試合後に、話し合うべきことや整理すべきことが多数ある場合には、多くの内容をカバーできるアラウンド・ザ・ホーン形式の方が適しているかもしれない。一方、待ち望んだ勝利を手にした祝賀ムードのときや、大敗を喫した後に選手たちを盛り上げたい場合など熱気に満ちた場にしたいときには、ウィナーズ・サークルの方が適しているかもしれない。もしくは、試合直後にはウィナーズ・サークルをして、アラウンド・ザ・ホーンを次の練習時にしてもいいかもしれない。

いずれの方法をとっても、選手たちが発言し終わった後には、監督の話に聞く耳を持つことができるはずなので、その点については心配をする必要がなくなる。選手たちの発言を強調したり、大事なことを再度取り上げたりする一方、話に上がらなかったことにも焦点を当てるといいだろう。

監督の発言は最後に

次は、ついにあなたの番だ。選手全員が試合について胸の内や思ったことを表現した後には、彼らは監督が言うことを聞こうという気になっているということに気付くだろう。選手たちに先に発言させることにより、あなたは何を言うか考えをまとめる時間を得ることができたはずだ。あなたが発言する前に選手たちの話を聞くことができ、有用な情報も得られたはずだ。選手が言ったことを強調してもいいかもしれない（「先ほどジャンが『思ったほど積極的にバスケットに向かって攻められなかった』と言ったが、私もその通りだと思った」）。こうすることで、選手たちが今後も自分たちのプレーを分析することを促すことができる。

また、選手たちが誤った分析をしていると思ったら、言葉を選びながら、それに対し反対意見を述べてもいい。「ヒーナ、君はさっき審判のせいで負けたと意見を述べてくれたが、私はそれとは少し違う見方をしている。疑念の余地があるような判定はいくつかあったかもしれないが、それよりも大きかったのは、そのような判定に対する私たちの反応の仕方だったのではないかな。切り替えてプレーし続けるのではなく、落胆し、その後の試合に響かせてしまった。審判の判定は天気のように扱うべきだ。受け入れ、切り替え、プレーし続けるべきなのではないだろうか」

どんなときでも選手たちに対し次の質問などを用いて、ポジティブ・コーチングの原則について話すといいだろう。

・今日は、競技に敬意を払えただろうか？

・今回の試合で、ＥＬＭツリーの三つの要素は実行できただろうか？

・チームメイトにどのようにＥタンクを満たしてもらったか発表したい人はいるかな？

燃料計を確認する

試合後には必ず、選手たちのＥタンクのレベルを確認しよう。ときには、明らかで、容易に感じ取ることができ、瞬時に確認できるかもしれない。「アントワンは大丈夫そうだな。ジョナサンは落ち込んでいるな。ショーンはよくわからないな……」

しかし多くの場合、選手たちのＥタンクの残量がどれくらいか目視で確認することは困難だ。そのようなときには、選手たちにストレートに聞いてもいい。例えば、「試合に負け、本当に残念だったな。この試合のために頑張って準備していただけに、なおさら悔しいな。みんなのＥタンクのレベルは大丈夫か？」

あるいは、選手一人ひとりに聞いてもいいだろう。「君のＥタンクのレベルはどれくらいだろう?」。また、監督自身のEタンクの燃料計の値について選手たちに話してみてもいい。「負けたのは悔しいけど、試合中ずっとみんなが精一杯頑張ったから、私のEタンクはほぼ満タンだ」

選手たちのEタンクの残量は、試合の内容によって左右される。これを事実として受け止め、全員で話し合うことにより、選手たちはEタンクの扱いに慣れ、上手になっていくのだ。

締めはポジティブなトーンで

チームのプレーの調子が悪かったとしても、何かポジティブな側面を探そう。試合後ミーティングの最後に言うことは、次の練習の始まりでもある。勝ったとしても負けたとしても、大敗でも、最後の数秒で逆転することができたのだとしても、ミーティングの締めとして必ず何かポジティブな側面を見つけよう。選手たちがチームメイトと一緒にその競技をすることにモチベーションを感じ、次の練習が楽しみだと感じられるようにしよう。

評価

試合が終了し、あなたは帰路についたところかもしれない。試合のことについて頭を整理するために、静かな場所を見つけたところかもしれない。何がうまくいったか？ 何がうまくいかなかったか？ 次の試合まで何に重点を置いて練習すべきか？ 特別にタンク補給を必要としている選手はいるだろうか？

わずか五分しか時間を取れなかったとしても、試合について、そしてこれから一週間の間にやるべきことについて考えを書き留めておこう。ボビー・クラーク監督が試合中にテープレコーダーを使って、試合中に思いついたことを記録していることは前述した通りだ。私の場合、試合後に思いついたことがあると、それを忘れないように、職場の留守番電話に電話をかけ、メッセージとして残すことがある。そして、職場に着いたときにそのメッセージを聞き直し、メモに書き起こして次の練習に備えるのだ。

どのような方法でもいいので、試合後に必ず評価することを習慣としよう。評価は早ければ早いほどいい。時間が経てば経つほど、記憶は失われていく。試合の後、なるべく早いタイミングで評価し、思いついたことを記録しよう。

記憶に残る試合

高校バスケットボール部の二軍の試合が行われているときに、体育館に入ったことがあった。相手チームの選手が私の目の前でフリースローを打とうとしているところだったので、私はプレーの邪魔にならないように入り口で立ち止まった。スコアボードや試合タイマーは私の頭上にあったので、私は両チームの得点も残り時間もわからなかった。そのフリースローは入らなかった。小学生のときに監督として受け持ったことがあるネイトがリバウンドを取り、高校の試合ではあまり見かけないくらい小柄な選手にロングパスを出した。

その選手は、自分の足がスリーポイントラインの外にあることを落ち着いた様子で確認し、ボールを放った。ボールがバスケットに向かって飛んでいる間に試合終了を告げるブザーが鳴り響いた。ボールがバスケットに心地よく吸い込まれていくと、体育館中から大歓声が沸き上がった。私が体育館に足を踏み入れたときには、残り5秒でホームチームが二点差で負けていたので、小柄な選手のスリーポイントで逆転勝利を勝ち取ったのだ。

私は昔、ユース野球のマイナーリーグでディレクターを務めていた。リトルリーグの規定により、十二歳の誕生日を迎えた選手はマイナーリーグ（マイナーリーグの対象年齢は六歳から十一歳）で投手を務めることは禁じられている。私がちょうどグラウンドに到着したとき、監督が細身の十二歳の選手、トレバーを投手として指名したところだった。その場に居合わせた人たちの中で、トレバーの年齢を知っていて、なおかつ彼が投球することを禁じる規定があるということを知っていたのは私だけだったかもしれない。トレバーがウォームアップでピッチング練習をしている間に、私は監督に声をかけ、トレバーは投手を務める資格がないことを伝えた。同時に、自分があと一回遅く到着していればよかったと思った。それを聞いたトレバーは打ちのめされ、ショックを受けてしまったからだ。私は知らなかったのだが、（彼の言葉を借りると）「生まれてからずっと」投手を務めることを夢見てきたという。やっとそのチャンスを摑んだと思ったところに、私が突如として現れ、彼の栄光の瞬間を奪い取ってしまったのだ。

私はこの章の前半で、試合開始よりも前に試合は始まるということを伝えた。しかし、試合終了後にも試合は続いているのだ。試合は記憶に残る。社会は競争に象徴的な価値を見出すため、試合で起こった出来事が人々の記憶の中で増幅されることは珍しくない。

元大統領夫人のエレノア・ルーズベルトが自身の長い人生を振り返り、「一番嬉しかった日は、高校時代にフィールドホッケー部で一軍に選ばれたときだった」と発言し、それを聞いた私は非常に興味深いと感じた。彼女は著名人として、そしてアメリカ合衆国のファーストレディとして数々の賞を受賞し、称賛されてきた。そのような華やかなキャリアにもかかわらず、彼女の記憶の中で最も嬉しかった日は、ユーススポーツに関連した出来事だったのだ。その後一軍でプレーすることはなかったあの小柄なスリーポイントシューターや、リトルリーグで投手を務める機会を与えられなかったトレバーは、エレノア・ルーズベルトのように、前者は栄光の瞬間が、後者は絶望の瞬間が記憶に残り続けることだろう。

私は、高校やそれ以前の試合のことを詳細にわたり覚えている。記憶によっては四十年以上も前のことだ。他の人からもこのような話を聞いたことがあるので、ユーススポーツの記憶が残っているのは私だけではない。

試合とは、「私たち監督がこの地球上を去ってからも長らく選手たちの記憶の中に留まるような瞬間を作り出すことができるもの」だということを、ダブル・ゴール・コーチは認識している。あなたという監督のもとでユーススポーツができて嬉しかったという記憶を残したいのであれば、試合のための準備にそれだけの価値を見出せるはずだ。

第8章

セカンド・ゴールを目指す
―保護者のためのコーチング―

新しいことを学ぶときに避けて通れないのは挑戦である。あなたが体操選手のスポッターや綱渡りアクロバットのセーフティーネットのような安心できる存在となれば、子供は挑戦に立ち向かう勇気をもてる。それは、成功しても失敗しても、あなたがそばにいてくれることを確信するからだ。

――デボラ・スティペック、キャシー・シール
Motivated Minds: Raising Children to Love Learning

口をガムテープで塞ぐ

数年前、ケイ・キャットレットを含むオハイオ州北部の賢い人たちは、保護者が子供のサッカー体験を台無しにしないように、革新的な方法を編み出した。彼らはそれを、「サイレン

ト・サンデー」（静粛な日曜日）と呼び、「試合中サイレントでいられるのであればぜひ観戦しに来てください」と保護者に伝えた。

試合開始から終了まで、保護者は一言も発してはいけないのである。その結果はとても興味深いものだった。子供たちは、保護者の大声がない中プレーでき、心から楽しそうにしていた。一方、一部の保護者は、そのような規制をされたことを快く思っていなかった。しかし、ほとんど全員が言われた通り、一言も発せず観戦した。その後、そのアイデアは全米中のユースサッカーに広まり、一定期間、各地の試合で適用された。

ある保護者は、これをおもしろおかしく表現するために、サイレント・サンデー（試合によってはサイレント・サタデー）にガムテープを持参し、それで自分の口を塞ぐというパフォーマンスをした。すると、その保護者の写真が全米各地の新聞で取り上げられた。私はその写真を、ユーススポーツに保護者が持ち込む数々の問題を鮮明に象徴するものとして捉えた。子供たちのスポーツ体験を損なわないようにすることは、口をガムテープで塞がなければならないくらい難しいことなのだろうか。もしそうであれば、ユーススポーツ界において大改革が必要ということにならないだろうか。

保護者が一言も発してはならないとか、試合が行われているところから距離が離れている場所に保護者の観戦席を設けるなどという、一部の組織が推進している極端な試みに、私は反対だ。子供たちの心の支えとなるようなことを、保護者はいくらでもできるからだ。本章ではそれらについて述べよう。

監督を務めていない保護者であっても、本書全体を読み、ポジティブ・コーチングの原則を深く理解することは有益であると私は信じているが、本章では、「子供がユーススポーツ体験を最大限活かすために、監督を務めていない保護者として何ができるか」ということに焦点を当て、さらにわかりやすく説明しようと思う。

サインポスト・アンド・ザ・シティ

誰もが自分の子供のために一番いいものを与え、一番いい経験をさせてあげたいと思い、子供が将来成功を収めて幸せな大人に成長することを望んでいる。それなのに、私の長年の観察によると、多くの保護者は、子供たちがスポーツで成功し、社会で成功する大人になるように手助けするのではなく、その真逆の行動を取っている。なぜ、そうなってしまうのだろうか。

東洋哲学の研究者アラン・ワッツの言葉を別の言葉に言い換えると、道標（サインポスト）はファーゴ（アメリカで最も支店数が多い金融機関。ウェルズ・ファーゴ）までの距離を示しているのに、それを見た保護者たちは、ノースダコタ州のファーゴ市までの距離が表示されていると思い込むようなものだ（アラン・ワッツの「イメージと事実の混同」についてわかりやすい例を挙げている）。保護者は、子供による単純な物理的行為を見て、それに大きな象徴的な意味を持たせてしまうのである。保護者は、子供のスポーツの出来を潜在意識の中で次の事柄と混同してしまう傾向がある。

・子供が人生でどれくらいの成功を収めるか（「私の子供は、ウイニングゴールを決めたわ。彼女は将来偉大な医師（または、弁護士、教師、警察官など）になるに違いないわ」）

・保護者としての役目をどれくらい果たせているか（「二塁打を打ってサヨナラのランナーを返し、チームを盛り上げて勝利への道筋を付けたのは私の息子だ。私は彼の父親で、彼がこんなにいいヒッターになったのは、私が上手に育児してきたからだ」）

・保護者自身の価値（「私の子供は、二度フライングし、失格となった。私の何がいけないのか？ 他の人たちの子供はそういうことをしないのに！」）

保護者の潜在意識の中の「独り言」の例を読み、あなたはそれがいかに馬鹿げたことであるか認識し笑うかもしれない。ユーススポーツ体験は、熱意をもって取り組んでいるがゆえに強烈で、あなたやあなたの大事な子供に直接関係するため、保護者はまるで魔法にかかったようになってしまうことがある。そのような状況に陥っている保護者も一定数存在するため、先の例を読んでも笑えない人がいてもなんら不思議はない。

何年も前のことだ。息子が通っていたカリフォルニア州クパチーノ市のケネディ・ジュニア高校の野球場の観客席に座り観戦していたところ、息子がよいプレーをしたのを見て、「さすが私の息子だ！」と思ったことを今でも鮮明に覚えている。それと同時に、自分自身にも聞こえるか聞こえないかくらいの小さな内心のささやきが聞こえてきた。「これで、私がいかに素晴らしい親かということを皆が知ることになるぞ」

保護者は、子供の育児をいかに頑張っていても、人に評価されることがあまりないため、学校の成績やスポーツにおける子供の活躍などを取り上げ、本当の意味をはるかに超える大きな象徴的な意味をもたせてしまうのである。

全体像とユーススポーツ近視眼

ユーススポーツの試合は、保護者を誤った方向へと誘惑してしまう。子供のパフォーマンスが公開されていて、世界中の人がそれを見ることができてしまうと思うと（さらに、私たち親の育児スキルまで公開されているように感じてしまうと）、本当に大事なことが何かということを忘れ、全体像を見ることができなくなってしまう。

子供がいいプレーをして活躍するかどうかを気にすることは、完全に視野が狭くなってしまっていることを意味する。子供が勝敗を決めるヒットやタックルをした場合、瞬間的な価値はあるが、それ以降は自分のエゴを満足させる以外に、ほとんど価値はない。そのような出来事を子供の将来の前触れだと思ってしまうことを、私は「ユーススポーツ近視眼」と呼んでいる。

ユーススポーツで大局的に捉えるべき「大きな絵」は、子供が成長する過程で活用できそうなことを学べるかどうか、そして、本当に大事なフィールド、すなわち人生という名のフィールドで成功するために役立つことを学べるかどうか、ということだ。しかし、勝つことに対する欲望は麻薬のように非常に強力で、それ以外のすべてを圧倒する。そのため「この」試合を、「今」勝つことがすべてになってしまう。これが「小さな絵」しか見えない近視眼的なものの見方である。ユーススポーツ近視眼は、その目を通じて見る「小さな絵」をとても魅惑的なものに見せてしまう。

例えば、子供がゴールを決めたのに、その努力が不当に損なわれたとしよう。彼女の今シーズン初のゴールだったのに、その唯一のゴールが誤審によって取り上げられてしまうと、とても不当な仕打ちだと感じるかもしれない。そうすると、父親としての感情がすべてを支配し、大局的な視点は完全に失われてしまう。娘のために、そのとき、その場所で正義を求めてしまう。それが近視眼的なものの見方なのだ。

「大きな絵」として捉えた場合、どの子供も、人生において不条理なことを経験することになる。この「誤審」という出来事は、不条理なことに出くわしたときの対処法を学び始めるよい機会だ。大局的な目的は、何か不条理なことがあったとしても、本人自ら気持ちを切り替え、決意を新たに頑張ることができる人間に成長することである。しかし、審判に大声を上げて抗議する保護者は、そのような大局的なものの見方を失ってしまっている。目の前の近視眼的な誘惑に負けてしまっているのである。

セカンド・ゴール・ペアレント

ＰＣＡワークショップのはじめによくやるのは、ユーススポーツにおける子供の目標を保護者に発表してもらうことだ。発表される内容としては、楽しむこと、生涯健康的な生活を送ること、友達づくり、勝つこと、負けても気持ちを切り替えて頑張れるようになること、自信をつけること、そして大学の奨学金を得ることなどが挙げられる。保護者たちがユーススポーツの素晴らしい利点を話し合う場となり、いつも生き生きとしたディスカッションが繰り広げられる。

多くの保護者は、敗北感の克服の仕方を学ぶことは、人生で成功を収めるためには不可欠だと共感するようだ。また、「勝つこと」の優先順位が高いと発言する保護者が少ないことも特筆すべきことだろう。考えれば、当たり前のことかもしれない。いつも勝っていたら、敗北を乗り越え克服する方法を学ぶことはできないからだ。

しかし、保護者が実際試合を観戦するとどうなるのだろうか。残念ながら、ユーススポーツの素晴らしい目的や利点は、一つ以外はすべて放棄されてしまうことが多い。その残された一つというのは……そう、勝つことである。まるで保護者たちは「子供には敗北から立ち直る方法を学んでほしいけど、それは今日じゃない！　この試合だけはダメ！　敗北したときにどのように乗り越えるかというのは他の日に学べばいい！」とでも訴えかけているようだ。

監督がダブル・ゴールを目指すのであれば、すなわち、チームが勝つために一生懸命やり、それと同時に、そのスポーツ体験を通じて選手たちの人生に役立つ教訓を教える、という二つの目的を目指すのであれば、監督を務めていない保護者も同じことをすべきではないだろうか。実は、この答えはＮＯだ。

子供が実力を発揮し、素晴らしいプレーをし、チームが勝つことを保護者が望むことは全く問題ないことだ。多くの保護者は、子供たちのパフォーマンスを向上させるために、様々なことを考える。一部はよいアイデアだが、そのほとんどはあまりよくないアイデアだったりする。保護者の主たる目標は、セカンド・ゴールであるべきなのだ。つまり、子供がより強く、より責任感があり、より自信をもった人間になって、人生において成功を収められるように、スポーツを通じて子供が経験したことをうまく消化できるよう手伝うこと。それが保護者の第一の目標であるべきなのだ。保護者が子供にアドバイスをすることに固執し、親子関係が崩壊しそうになるのを何度も見てきた。では、そのアドバイスとはどのようなものか。大抵の場合は、パフォーマンス向上や試合に勝つためのアドバイスだ。

試合でチームと選手たちに最高のパフォーマンスを発揮させる責任を負っているのは二種類の人たちであり、監督を務めない保護者はこれに含まれない。二種類の人たちの片方は監督たち。この人たちは監督という役目を請け負ったとともに、重責を負うことを受け入れた人たちだ。もう片方は、パフォーマンスを発揮する責任を負う選手たち。勝つことは、選手と監督の責任である。保護者である、あなたの責任ではないのだ。

あなたには、もっと重要な責任がある。あなたの役目はセカンド・ゴールに関係がある。あなたの役目は、子供たちが将来成功を収め、社会に貢献できるような人間になれるよう、スポーツ体験から生涯の糧となるようなことを必ず学べるようにすることだ。近視眼的な誘惑があるため、これは容易なことではない。しかし、この責任をしっかりと果たすことができれば、子供たちの人生に大きなプラスとなる。

何が何でも勝たなければならないと考える保護者は、自分の子供が試合の終盤に満塁の中ストライクアウトしてしまったら、それを悲劇と捉えるかもしれない。しかし、セカンド・ゴールを大事にする保護者の場合、その同じ光景が希望の光に見えるのだ。その悲劇を克服する力を子供が身に付ける絶好のチャンスとして捉えるからだ。

もしあなたが子供の人生において大事な役目を負う、セカンド・ゴールを大切にする保護者である場合、競技場での失敗は、生涯の糧となる教訓を教える絶好の機会となるのである。

三つの大事な関係

子供にスポーツでよい経験を積ませるために、あなたは三種類の関係の円滑な構築・維持に努めなければならない。一つ目は、言わずもがな最も大事な子供との関係である。二つ目は、監督との関係で、これは複雑なものだ。三つ目は、自分自身との関係。これは、他の関係と違って気付きにくく、いくつかの側面においては維持が最も難しいものだ。子供たちは、スポーツで成果を出そうとするとその過程でストレスが溜まってしまうため、保護者は頑張る子供のEタンクを補給し、できる限りのサポートをする必要がある。また、監督に協力し、監督をサポートしつつ、深刻な問題がある場合には適切に介入する方法を知っておかなければならない。最後に、スポーツ体験から子供ができる限りの学びを得られるように、また、保護者が子供の妨げとならないように、保護者は自己管理をし、子供の力になれるよう努めなければならない。

最も大事な関係：子供に寄り添うこと

これが最もわかりやすい関係である。あなたがやらなければならないことは、子供に寄り添うことだ。成功を収めている人の伝記やインタビューは、両親による絶大なサポートのエピソードで溢れかえっている。１９９２年バルセロナオリンピックの水泳で四つのメダルを勝ち取った経験があり、ＰＣＡ顧問委員でもあるサマー・サンダースは、著書*Champions are Raised, Not Born*にて、親は、「アース線であり、子供を無条件で愛し、子供の取り組み内容を子供の存在価値と混同しない人」であるべきだと訴える。

*Motivated Minds*の執筆者のデボラ・スティペックは、両親が自分の味方であり、親と自分が一つのチームの仲間だと感じると、子供たちは学ぶことが好きになる、と説明する。どのような分野でも、その分野で突出した成果を出すためには、相当なエネルギーが必要だ。特にスポーツでは公衆の面前でミスをして恥をかく可能性があるため、大量のエネルギーを要する。

子供が持つエネルギーは限られているため、その貴重なエネルギーをあなたの批判に対する自己防衛のために使うのではなく、競技について学ぶために使えるようにしよう。

勝者を再定義し、Eタンクを満たし、競技に敬意を払うというPCAの三大テーマに沿った、子供たちにユーススポーツを最大限活用してもらうための実用的なツールを、監督や保護者の皆さんのために準備した。

子供の才能を育む

1985年にベンジャミン・ブルームがチームを組織し統括したDeveloping Talent in Young Peopleという研究は、若者の才能がどのように現れ、開発されるかを解明しようという試みだった。ブルームと彼の研究チームは、芸術、音楽、数学、スポーツ（水泳およびテニス）の才能が見出された子供たちを研究対象とした。

ユーススポーツに参加している子供がプロ選手になったり、そのスポーツで大学奨学金をもらえる可能性は非常に限られている。しかし、ブルームは、ほとんどの子供（九五％）は、励みとなるような適した刺激を与えられれば、才能のある子供に近づくことができる、と提唱している。ブルームは次の通り説明している。

「私たちの研究で明らかになった驚くべき結果の一つは、水泳の才能を認識するのには時間がかかるということだ」。十一歳、十二歳の時点で、水泳の才能があると確信をもって見分けられるのは、全選手のわずか一〇％以下だ。ある監督は、同じ選手を五年間指導していたにもかかわらず、彼女の才能を認識できなかったそうだ。

才能が開花する段階に到達できる子供と、そこまで到達できない子供にはどのような違いがあるのだろうか。両親との関係の中で、子供たちはある二つのことを経験し、それが才能が開花する段階に到達できるかできないかの差だと考えられている。一つ目は、前述した「子供に寄り添う」こと。ブルームによると、親が子供に寄り添うと、その子供はそれを「無条件の献身（コミットメント）」だと捉えるのだそうだ。

私たちが知る限り、保護者が（および兄弟が）応援し、本人をやる気にさせ、サポートするかどうかが、オリンピック水泳選手の家庭とそうでない家庭の顕著な違いである。個人の元々の特徴がどのようなものであったとしても、長期的かつ集中的な応援、育成、教育、訓練という過程を経ないと、その個人は特定の分野における突出した能力に達することはできないのだ。

このような過程を経るためには経済的資源が必要であり、必然的にそのような資源が十分にある家庭の方が、子供たちの才能をより容易に伸ばすことができる。

才能が開花する子供と、そこまでに至らない子供の二つ目の違いは、保護者がお手本となるような姿を見せることができているかどうかだ。子供のEタンクを満たすという大事な役目を果たす以外に、保護者が発言と行動を通じてロールモデルになることが大事だ、とブルームは言う。子供の才能を伸ばすことができた両親は、「空があなたの限界」“Sky is the limit（限界はない）”であると伝えてきたそうだ。「彼らが子供たちに伝え続けてきたメッセージは、『やる気があり、努力し続けられる限り、自分でやると決めたことは何だってできる』ということだ」

また、その保護者たちは、自ら率先して「こういうふうにしてほしい」と思った行動を取り、子供たちのお手本となるようにしていたそうだ。

ブルームの研究の結果報告によると、「彼らは、子供たちに規律と責任感を身に付けることを促し、自宅における日頃の行動を通じてそれらを身に付けることには、様々な利点があるということを示してきた」「努力をし続け保護者の無条件のサポートがあれば、多くの子供たちは、才能のある子供たちと同じことを成し遂げることができる」ということを、ブルームは研究を通じて示した。子供に並外れた才能があるかどうかにかかわらず、子供の才能を開発できる方法はある、ということをブルームの研究は示唆しているのだ。

段階的な才能開発

ブルームの研究は、才能ある若者のキャリアを三つの段階、初期、中期、後期に分けている。私は、哲学者アルフレッド・ノース・ホワイトヘッドの言葉を拝借し、「楽しさを求める段階」「技術を求める段階」「上達を求める段階」と呼んでいる。

1．楽しさを求める段階

初期の段階。ある子供はスポーツをするのが大好きだ。彼女は外に飛び出していき、ボールを蹴ったり、キャッチボールをしたり、プールに飛び込みたくて仕方がない。この子供は直ちに成功を収めるだろう。彼女はまわりの友人よりもスポーツが得意なので、さらにやる気が出る。ブルームの研究の言葉を借りると、「水泳という競技と楽しく出会う数年間」である。

この段階では、楽しめるかどうかが重要なポイントだ。「最初の数年間、楽しさのあまり興奮する、ということがなければ、中期と後期は訪れない」のだ。ある水泳選手は言った。「練習は楽しかったです。楽しすぎて、疲労困憊していても気付かないのです」

この段階における監督の役目は興味深い。最初の監督がポジティブな人であることは非常に重要だ。スポーツを始めて間もない選手の指導者となる監督のほとんどは、技術的な専門家ではなく、選手をやる気にさせるのが上手で、その競技が好きで熱心だ。

ブルームの研究によると、「質的に大事だったのは、彼ら（監督たち）が初期の学びを楽しい、やりがいのあるものにしたことだ」。彼らは、子供たちを繰り返し褒め、ほとんど注意しなかった。しかし、彼らは決して甘いとか手ぬるいというわけではなかった。ルールや目標値を設定し、子供たちが上達していくことを求めた。しかしそれらは、ほぼ肯定と称賛のみを通じて行われたのだ。

あるとき、誰かが（多くの場合は保護者が、ときにはスカウトが）子供の才能に気付くと、中期、またの名を「技術を求める段階」へとステップアップする。

2．技術を求める段階

この段階は、技術的に熟練した監督がその子供の世界に出現することをもって幕開けする。正しいやり方を確実に学べるように、専門家から指導を受けられるように誰かが手配するのである。この段階への移行は、危険をはらんでいる。

映画『ボビー・フィッシャーを探して』（１９９３年、監督スティーヴン・ザイリアン）は、才能のある子供が（この映画ではチェスの才能のある子供が）楽しさを求める段階から技術を求める段階に移行する際に、危険な目に遭う可能性があることを検証し伝える、素晴らしい映画だ。息子、ジョシュ・ウェイツキンのチェスの才能に気付いたジョー・マンテーニャ扮する父親は、チェスのコーチを雇い入れた。ベン・キングズレー扮するコーチのブルースは、なんらかの苦痛を抱えて生きているような人だった。その後、ジョシュとブルースの会話から、ブルースは道半ばで挫折した、かつてチェスの神童と呼ばれていた人物だということが判明する。ジョシュを自分の二の舞にはしたくないという強い思いから、ブルースは彼を厳しく指導し、ジョシュはチェスに対して感じていた情熱を徐々に失っていく。父親の暗黙の後押しもあり、ブルースはジョシュが公園で大好きなストリート・チェスをすることを禁じた。これを知ったジョシュの母親は愕然とし、以前はこんこんと湧き出ていたやる気を完全に失ってチェスを重荷に感じ始めてしまっている我が子を見て悲しむ。

ブルースは、ジョシュのモチベーションを上げるために、ポイント制度を導入し、最終的にジョシュはチェスマスターの称号を手に入れるが、そのポイントという「ご褒美」の使いすぎで、ある反動に悩まされる。十分予想できたはずだが、ご褒美の使いすぎで、ジョシュの内因性モチベーションが低下してしまったのだ。

ジョシュ：何点もらえるんですか？
ブルース：（驚きながら）最初の一手を打つことで、か？
ジョシュ：そうです。
ブルース：ポイントをもらえるからじゃなくて、チェスが好きだから打つことはできないのか？
ジョシュ：何点もらえるんですか？

この映画では、主人公はハッピーエンドを迎えることができるが、現実の世界では多くの場合、「単純に楽しいスポーツ」から「正しい技術」への移行期に、多くの子供たちが脱落してしまう。技能に焦点が移ると、スポーツは楽しくおもしろいものではなく、任務のように感じるようになってしまうからだ。スポーツから喜びが消えてしまうと、子供はできるだけ早くそのスポーツから身を引こうとするのである。

3. 上達を求める段階

子供の才能が開発され、全国または国際レベルという大舞台で活動するようになると、次の段階に到達したと言える。ほとんどの子供はこのレベルに到達することはできない。なぜか。その一つの原因は、前述の通り、ここまで上達するのに必要な熱心さと努力を支える「プレーすることの喜び」を途中で失ってしまう子供が多いからである。

うまく移行する

スポーツをする子供を持つ保護者がブルームの研究から学ぶべき最も大事なことは、楽しさを求める段階から技術を求める段階に移行するときに子供が急かされないように、しっかりと管理することが必要だということではないだろうか。

スポーツを「任務」として捉えることを子供に期待するタイミングが早すぎると、子供は「もうやらない」と決め込み、上達を求める段階に到達できなくなる可能性が高まってしまう。技能を重視するのが早すぎると、「楽しさ」という才能開発の原動力を失ってしまうことになるかもしれないのだ。

やる気を出させる会話術：セカンド・ゴール・ペアレントにとって最も効果的なツール

ユーススポーツに長年関わってきた中で、スポーツのせいで親子関係にヒビが入るということを何度か見てきた。自分の子供がスポーツでよい結果を出すことを望むあまりに、保護者は繰り返しアドバイスし、若いアスリートとの関係が緊張感のあるものとなってしまう。人前でプレーすると、世界中の人に見られているかのようにも感じられるため、成果を出さなければならないというプレッシャーを子供たちは感じる。そのような心境の中、監督から十分に指導されているにもかかわらず、さらに保護者が繰り返しアドバイスしようとした場合、「うるさい」と選手たちが感じたとしても、それは仕方のないことかもしれない。

保護者の最も重要な役目は、子供に寄り添い、Eタンクを満たすことだと述べた。多くの場合、保護者によるアドバイスはタンクを枯らす要因になってしまう。繰り返しアドバイスされると、親から無条件のサポートを受けているのではなく、パフォーマンスを発揮しなければならないという責任を押し付けられているように感じるのだ。一方、子供の話を聞くことは、ほとんどの場合、タンクを満たす行為となる。

強固な絆を築き維持するためには、話し合い、相手の話をよく聞き、会話をすることが必要だ。コミュニケーションがないと、関係は弱体化していく。最もよいコミュニケーションの形式は、会話だ。多くの保護者は、話すのが保護者の役目で、聞くことが子供の役目であるかのように振る舞っている。しかし実際は、その逆の方が真実に近い。聞くのが保護者の役目で、話すのが子供の役目なのだ。

保護者が子供と会話すれば子供にやる気を出させ、数々の挑戦を乗り越えられるように手助けできる。オレゴン州政府エネルギー局で若い担当者だった時代に、私はウォルト・ポロックの下で働くという幸運に見舞われた。

どのように取り組むべきか迷ったときには、ウォルトに相談した。明確な指示がほしくてウォルトの席に行くのだが、なぜかいつも会話するはめになっていた。彼は単に私に指示を出すのではなく、私に質問し、私の返答に熱心に耳を傾けてくれた。不思議なことに、ウォルトと会話し、彼の部屋を後にする頃には必ず私の頭には現状を打破するための方策が最低でも一つや二つは浮かんでいた。さらに、それらを試そうというやる気さえもみなぎっていたのである。

十二ステッププログラム（依存症からの回復プログラム）に参加していた友人がしてくれた話を思い出した。アルコール依存症から回復した女性であった彼女は、かつて自分が患っていた病気を二十代の息子が患っているのではないかと心配していた。クリスマス休暇中に家族とともに食事の準備をしていると、電話が鳴った。それは、同じくアルコール依存症から回復しようとしている仲間からの電話だった。電話の向こうの友人は、お酒を飲みたくなってしまったが、その誘惑に負けて飲まずに済むように仲間に電話してきたのだった。その友人の相談に乗っていると、息子がジャガイモを剝きながら、電話のこちら側の話を盗み聞きしていることに気付いた。

彼女は、以前から自分がどのように回復したかを息子に話したいと思っていた。彼も依存症を患っているのではないかと疑い始めてからは、特にそう思うようになったが話せる機会には恵まれなかった。しかしその日、かねてから息子に話したいと思っていたことを仲間に言っているのを息子が聞いているという非常に好都合な状況になったのだ。

彼女がその会話を終え、食事の準備に戻ると、息子が彼女に尋ねてきた。「お母さん、僕はアルコール依存症だと思う?」と。そう聞かれると彼女は「そう思うわ。私と一緒にＡＡ（アルコホーリクス・アノニマス）の相互援助の集まりに参加しなければならないわ」と言いたかった。しかし、それはこのタイミングで言うことではない、と理性でその衝動を抑え、「それはあなた自身しかわからないわ。あなたはどう思うの?」と聞き返した。

このような状況のもと、このような対応ができたこの女性は、賢く、強い自制心の持ち主であるに違いない。長年アルコールから距離を置くという努力を彼女自身がし続けてきた経験から、心を開いたばかりの息子をそのタイミングで叱ってしまったら、瞬時に彼は心の扉を閉じてしまうということがわかっていたのである。

そのときの彼女の目的は、息子が挑戦しようと思えるように、会話を通じてやる気を出させることだった。彼女は息子に寄り添う親友のように振る舞うことができたのだ。

親子で真の会話をして、相手の話に耳を傾けることができるということは、本当に素晴らしいことだ。子供のスポーツに対するやる気を出させるような、よい会話をするための六つのステップを紹介しよう。

1．目的を設定する―同輩として会話する―

会話は同輩の間でなされるものだ。王様は家来と会話をしない。命令する。子供との会話に臨む前に、そのスポーツはあなたのためのものではなく、子供のためのものであり、あなたは子供をサポートしたいのだということ、この会話でその子の味方だということを伝えようとしているんだということを自分に言い聞かせよう。あなたの目的は、その子がよりよい選手になるためにアドバイスをすることではない。同輩として子供と会話することであり、仲間としていつもその子のそばにいるということを伝えることなのだ。

2．「それから？ もっと聞きたい」という態度で聞く

ブレンダ・ウエランドは、「もっと聞きたい（Tell Me More）」という、人間関係に関するエッセー史上最も重要なものの一つを書いている。彼女は聞く力について、次のように説明している。「言いたいことを誰かが聞いてくれると、それにより私たちはつくられ、縮こまっていたものが開かれ、拡張していくのです。私たちの中で新たなアイデアが芽生え、命が吹き込

まれていくのです」

お子さんには、「もっと聞きたい」という姿勢で接しよう。「あなたが何を考えているか、本当に知りたいのよ。話してくれる?」と。お子さんの言うことが賛同できないことだったり、あなたの意向に沿わないことだったとしても、そうすることで、(ウエランドの言葉を借りると)お子さんの「想像力豊かな小さな泉」にあなたはアクセスできるようになるのだ。

「疲れていて、どこか無理をしているようなとき……この小さな泉の水は泥水となり、その表面にはゴミが溜まってしまっている状態です。……人々が静かな興味をもち、耳を傾けてくれると、この小さな泉は蘇り、驚くほどの速さで回復していくのです」

子供との会話を、審査員によって審査されるオリンピック競技のようなものだと考えてみよう。九点か十点というのは、子供がほとんどしゃべっており、親がほとんど聞いているという状態だ。会話をし始める前に、これくらいのバランスを目標として設定するといいだろう。

3. とにかく聞く!

人の話を聞くのは、予想以上に難しいことだ。特に、子供に伝えたくて仕方ないアドバイスが頭の中で渦巻いているようなときには。子供の中の小さな泉が湧き出るように保護者としてできる有効な方法を紹介しよう。

言う（指示する）のではなく、問い尋ねよう

大抵の場合、子供が上達するためには何をした方がいいかあなたにはわかるだろう。しかし、子供とすべきなのは「会話」だということを忘れてはいけない。あなたの目標は、自分が伝えたいことを言うことではなく、スポーツ体験について子供に話してもらうことなので、子供に質問をしよう。自分が言いたいことがあっても、それは次回まで取っておこう。

答えに広がりのある質問をする

質問によっては、一言で答えることができてしまうものもある。「今日の練習はどうだった？」「よかった」。一言で答えられないような質問を選手たちにすると、頭で考え、言葉を選んだ上での答えを期待できる。それではどのような質問をすればいいだろうか。


「今日の練習・試合で一番おもしろかったのは？」

「何がうまくいった？」

「何があまりうまくいかなかった？」

「今日学んだことで、将来自分のためになると思ったことは？」

「次の試合までに、練習したいことは何だろう？」


試合を最初から最後まで見ていたとしても、子供自身の視点から見たことを語らせることがあなたの目標であるべきなのだ。そのため、「さらに活躍するためには、こうした方がよかった」などとあなたが話す必要はない。また、人生の教訓や人格形成に関わるテーマについても

質問しよう。「今週練習で学んだことで、今後の人生にも役立つと感じたものはあっただろうか？」

聞いているということを伝えよう

話を聞くことは、保護者が子供にできることの中でも、最も大事なことの一つだ。子供にとって、話を聞いてくれたあなたがどう思うのかということは気になることだ。そのため保護者は、子供の話を聞いた後、何も言わずに静かにしていてはいけない。話をちゃんと聞いているということを子供に伝えるために、目を見たり、頷いたり、子供の話の流れを遮らないような相槌を打つといい。私たちは声に出して打つ相槌のことを「聞いている音」と呼んでいる。スピーチ・コンサルタントのエレン・ドッジは、何年か前に「聞いている音」の効果について話してくれた。ワークショップ参加者の監督や保護者が発言しているときには、PCAトレーナーは聞いている音（「う〜ん」「はい」「なるほど」、クスクスと短く笑う等）を発するといい、というアドバイスだった。また、「講演内容にちゃんとついていけているということを合図するために、『聞いている音』を発してほしい」と参加者にワークショップのはじめにお願いするといい、と彼女はトレーナーたちに勧めている。

4．話すタイミングは子供に任せる

会話は、子供が主導権を握るようなものとした方が、よりよいものとなるだろう。子供が自分の体験について話す準備ができると、多くの場合、「キュー出し」をして、そのことを知らせようとする。試合後に無理やり会話をしようとするのは、話す心の準備ができたと子供が合図するまで待つのと比べると、成果が期待できる方法ではない。

効果的な会話は、必ずしも長いものである必要はない。子供が短い会話をしたい場合には、本人の意向に沿うものにしよう。「スポーツに関する会話はすべて長くなるに違いない」と彼が感じるようになると、子供は会話を避けるようになってしまうかもしれない。

ＰＣＡ顧問委員会のメンバーであり、*Real Boys: Rescuing Our Sons from the Myths of Boyhood* の著者ウィリアム・ポラック博士は、子供によってそれぞれ異なる「エモーション・スケジュール」があり、そのスケジュールによって、ある体験についていつ話す準備ができるかが決まるという。特に男の子は女の子と比べて話すまでに時間がかかり、話す準備ができたという合図が間接的なものとなる傾向がある。男の子の場合、「試合について話せるようになったよ」ではなく、「何か食べるものはある？」と言い、あなたが軽食を準備しているときに、とつとつと試合について感じたことを話し始めるかもしれない。

5. アクティビティを通じてつながる

会話の糸口を見つける一番いい方法は、子供が好きなことを一緒にすることだという場合もある。すごろくやチェスのようなボードゲーム、卓球、バスケットボールのシュート練習、ジグソーパズルなどを一緒にすることで適度な距離感を保つことができるため、考えていることや感じていることを自発的に話せるようになることもある。ポラック博士曰く、これは特に男の子と話すときに、有効な方法なのだそうだ。男の子を隣に呼び寄せて「話そう」と言って、会話を始められるかというと、そうはいかないときもある。それよりも、彼が好きなことを一緒にやると、その何かをやっているということで心理的に安全なゾーンを彼は感じることができ、彼自身のタイミングで、試合とその試合におけるパフォーマンスについて話し始めることができるようになるのだ。

6. （あなたとの会話を楽しんでくれる子供がいるということを）楽しむ!

子供が話しているときに、「もっと聞きたい」という態度で耳を傾けることが大事だと説明したが、それはそうすることにより、子供が親と話したいと思うようになるからだ。子供が成長していくにつれ、あなたと話すことを楽しんでくれる子供がいる、ということは、とても幸運なことだと気付くだろう。

帰宅する車の中で ―PGAを避ける―

2001年12月のことだった。NCAA女子水球大会中に行われていたスキル・クリニックに通うユースアスリートたちの保護者を対象に、会場となっていたスタンフォード大学で講演することになった。私の講演後に、スタンフォード大学の選手が、一部リーグに所属する大学でスポーツをすることの難しさについて説明した。彼は、私がその直前の講演で話したことを一部ピックアップして話した。それは、試合の後に帰宅する車の中での会話についてだった。彼は、「試合から帰宅する車の中で、自分は疲れ果てていて、しばらくは試合のことは忘れたいのに、父親が試合を事細かく分析し、その一つ一つの要素につき話そうとすることが、嫌で嫌でたまらなかった」そうだ。

Institute for International Sport の Center for Sports Parenting のリック・ウォルフ会長は、この父親の破壊的な行為のことを「ＰＧＡ＝Postgame analysis（試合後分析）」と呼んでいる。保護者たちにはＰＧＡをしないことを勧める、とリックは言う。選手がスポーツを楽しんでいたとしても、ＰＧＡを行うことで、即座に楽しさを奪ってしまいかねない。そもそも、子供でなかったとしてもコートを離れた直後に分析され、批判されることを快く思う人はいるのだろうか。

「あなたは〇〇な人」という発言

拙著、*Positive Coaching* では、高校のフランス語教師のジャルビス先生との印象深い会話について言及した。彼女は、私が少々やんちゃな友人たちと一緒にいるところを見て、私をこう叱った。「あなたは、やる気になれば、人生で何だってできるタイプの人間なのよ」と。

これが、私が覚えている中で最も古い、「あなたは〇〇な人」と言われた記憶だ。その後、何度も何度も「あなたは○○な人」と言われてきた。

ジョン・ガードナーは、全米で最も大きな組織の一つ、カーネギー・コーポレーションの社長を務めていたときに感じていたフラストレーションについて話してくれた。カーネギーは、研究者による研究とその研究内容について本を書くための資金援助をしている。しかし、資金援助した多くの研究者は研究することに手一杯で、なかなか本を書かなかったそうだ。彼らが本を書かないと、世界は彼らの発見について知る術がない。

この話をしてくれたときに、一冊目の拙著 *Positive Coaching* の前書きも書いてくれたジョンは私にこう言った。「本を書ける人種がいる。そして、どうやっても本を書けない人種もいる。君は本を書ける人だ」

ジョンが私に言ってくれた「あなたは○○な人」発言は、つらいときに私に力をくれる。締め切りを過ぎてしまい、一生懸命書かなければならないような、まさに「今」のようなときに、私は彼の言葉を思い出し、なんとか書き続けることができるのである。あのジョン・ガードナーが、私のことを物書きだと断言するのであれば、それに誰が異論を唱えることができるだろう。彼が正しいということを証明するために、私は一生懸命頑張るしかないのだ。

私たちが子供に、「あなたは○○な人だ」と言うと、その子供の脳裏にそのフレーズが焼き付き、その後何年も覚えているかもしれない。内容によっては、子供の力にならず、その逆になる可能性もあるため、発言をする際には十分に注意する必要がある。たった一度、「失敗したな！」と責めただけで子供は「お前は、いつも失敗ばかりで一度も正しくできたことがない！」と言われていると誤解してしまうこともあるのだ。

ベンジャミン・ブルームの研究によると、「多くの監督が信じるところによると、水泳選手が成功を摑むことができたのは、その選手の決意が固く、競争心があり、成功したいという欲求が強かったため」だそうだ。それを聞くと、監督が幼い水泳選手たちに「君たちは、水泳選手として成功することを意識していて、一生懸命頑張っているから、その目標を達成できる人たちだ！」と声を張り上げて言い聞かせていることを容易に想像できる。

このフレーズは、スポーツ競技場の外でも効果がある。子供を読書好きに育てたいと思ったら、彼が本を読んでいるのを見かけた後に「はやぶさの本を読んでるのを見たよ。楽しんで読書できる人になってて、嬉しいよ」と言ってみよう。

子供が試合で頑張っている姿を見た後には、「試合の終盤に、ボールを追いかけて遠くまで走ってたのを見たよ。簡単に諦めない選手になって、お父さんは誇りに思うよ」などと言おう。子供たちが自分自身のことをどのように捉えるかを形作る力を、私たち大人は持っている。私たちが注意深く「あなたは○○な人」発言を子供に対しすることにより、子供たちは「自分には能力があり、よい特性の持ち主なんだ」と自分のことを捉えられるようになるのである。

複雑な関係――監督と協力関係を築くためには――

保護者と教師が協力し合うと、子供の成績は向上する傾向があるということは数々の事例により証明されている。学校の成績がそうなのであれば、ユーススポーツにおいても、同様の効果があると考えて間違いはないだろう。

分数の誤った教え方

学校から帰宅したゲリーは、その夜、食卓で繰り広げられるであろう会話のことを思うと、嫌で嫌で仕方なかった。また同じ話になることが目に見えていたからだ。そして、夕食の時間が来ると、彼の予想通りとなった。ジャガイモが載った皿がゲリーの方に回されると同時に始まったのだ。「算数担当のあのベンソン先生は、一体何を考えているんだ。分数をあんなやり方で教えるなんて。もっといい方法で教えれば、分数はもっと簡単にわかるようになるはずだ」

この例はあまり現実的なものではないかもしれない。子供の前で、教師の教え方について批判する保護者はあまりいないかもしれない。しかし、ユーススポーツの世界では、珍しいことではない。

選抜チームに、十一歳のジェッドという男の子がいた。あるとき、「スターティングメンバーの一塁手よりも、ジェッドの方がいい一塁手だ」と父親が言った、とジェッドが教えてくれた。それを聞き、私は彼を一塁手として配置すべきかどうか検討した。選抜チームだっただけに、所属チームで内野手を務めていた選手でも、このチームでは外野手に配置していた。彼はもう一人の選手と比べると、ゴロを拾って送球することがあまり上手ではなかった。それに、ジェッドは足が速かったため、守備範囲の広いポジションで使いたかったということもある。また、選抜戦では、遠くに飛ばすことができる選手が多く出場しているため、シーズン戦よりも外野の守備が重要だった。しかし、ジェッドは自分が外野手であることに不満を持っていて、それが彼のプレーに悪影響を及ぼしていた。

彼の父親が私のところに来て直接話してくれていたら、私の考えを彼に説明できていただろう。それができていたら、次のいずれかが起こっていたはずだ。(1) ジェッドの父親も私の考えを理解し、ジェッドが外野でプレーしているのを見ても不満を持たなくなる。(2) 短時間であってもジェッドが一塁手としてプレーできるように、父親が私を説得し、私が了承する。(3) 父親はジェッドを外野手として使いたいという私の判断には賛同しないかもしれないが、彼がそれをジェッドとの間で話題にすると彼の外野手としてのパフォーマンスに響くため、ジェッドの前では話さないことを約束する。

しかし残念なことに、ジェッドの父親は、私の野球体験もジェッドの野球体験も損なってしまった。このようにユーススポーツでは、悪気のない保護者が無意識に子供のベストパフォーマンスの邪魔をしてしまうことが多々ある。また、ジェッドの父親は、ジェッドが不満を持ったときに、最初は自分の思い通りにいかなくても諦めずに努力し続けるべきだという大事な人生の教訓を教える機会を逃してしまった（選抜チームの活動期間のちょうど半分くらいに差し掛かったとき、ジェッドはついに練習に来なくなり、それ以来、ジェッドの姿も彼の父親の姿も見ていない）。

保護者たちにとって、子供のチームの監督にどのような対応をするかという側面が、ユーススポーツで最も難しい問題なのではないだろうか。監督が「いい」監督かどうかは、どのように判断できるのだろうか。子供がよいスポーツ体験ができるように、保護者はどのように監督と協力すべきだろうか。子供がチームでうまくやっていけていないときには、いつ、どのように介入すべきだろうか。

「いい」監督とは

このお題について書こうとすると、長編の本になりそうだ。いい監督は、その競技のスキルや戦術に関する技術的な知識を持ち合わせている。また、選手たちが実力を伸ばせるように、どのように教えればいいか理解していて、コミュニケーション能力に長けている。競技に対する熱意を選手たちと共有している。競技に敬意を払うロールモデルとなり、選手たちにも同様に行動するように指導する。それ以外にも多数の要件があり、挙げ始めるとキリがない。

ここでは、よいユース監督の最も大事な特徴について説明しよう。お子さんのチームの監督にこの特徴が備わっていれば、何か欠点があったとしても目をつぶるべきだ。この最も大事な特徴とはどのようなものだろうか。子供がその競技が好きという気持ちを維持し、さらに伸ばすことができる能力である。

十一年間NBAで活躍したリッチ・ケリーは、知り合いの監督たちに、学生時代のバスケットボール練習で何をしたかを聞いて回り、それを参考にバスケのコーチング・クリニックをすることにした。しかし、監督たちはほとんど何も覚えていなかった。実は、それがまさにリッチが確認したかったことだった。スポーツで何をしたかという細かいところはあまり重要ではなく、何よりも楽しむことが重要だということを彼は伝えたかったのである。バスケットボールを楽しいと感じれば、翌シーズンもプレーすることになるからだ。

South Bend Tribune 紙のリポーターでありユース監督でもあるデイビッド・ハーフの監督としての目標は、「チームの選手を一人も辞めさせないこと」だそうだ。彼のチームは勝った試合よりも負けた試合の方が多かったそうだが、彼は終わったばかりのシーズンについて自慢げにこう教えてくれた。

勝利が多かったシーズンではなかったものの、選手全員が全練習、全試合に参加したため、選手たちにとって楽しいシーズンにできたそうだ。チームの選手は全員来シーズンも参加することになっているという。

スタンフォード大学女子バレーボール部のジョン・ダニング監督は、2001年にチームをNCAA優勝に導いた。毎シーズン、最も大事な二つの目標の一つは、「シーズンが終わったときに、シーズンの初めと同じくらい選手たちがバレーボールを愛していること」だそうだ（ちなみに、彼のもう一つの目標は、「シーズンが終わったときに、シーズンの初めと同じくらいかそれ以上に選手たちが身体的に健康であること」だという)。

ベンジャミン・ブルームによる、才能がある子供たちの研究については前述した。「最初の数年間、楽しさのあまり興奮する、ということがなければ、中期と後期は訪れない」。最初の数年は、高度な技術的知識を授けることよりも、競技が楽しいと感じ、やる気が出るように働きかけることの方がはるかに重要なのだ。

子供の能力が伸びていくにつれ、技術的に熟練した監督がつくことが重要になっていく。それは、新しいことを学び、新しいスキルや能力を開発していくことで、より多くの喜びを選手にもたらすことができるからだ。しかし、この段階に到達したとしても、技術と努力に集中するあまりに純粋なスポーツの楽しさを見失ってしまうことがないよう気をつけなければならない。

結局、いい監督というのは、どのような監督なのだろうか。まず最も大事なのは、選手たちが常に楽しいと感じながら取り組むことができるような指導ができる監督だ。特に、勝つ試合よりも負ける試合の方が多くなっているとき、それができるかどうかが非常に重要である。お子さんのチームの監督がそれができている監督であれば、何か比較的小さな欠点があったとしても目をつぶってあげよう。最も大事な特徴を備えている監督で「よかった」と思うようにしよう。なぜなら、その監督は、お子さんにとって「いい」監督だからだ。

監督—保護者間関係ガイドライン

ユースアスリートたちにとって可能な限りよい経験となるように、保護者として監督—保護者間関係にどのように寄与していけばよいだろうか。

1. 監督がどのような決意をしてその職に就いたか認識する

監督は練習や試合以外にも、準備のために何時間も時間を費やしている。そのような犠牲を払うには決意と覚悟が必要だ。その決意を認識し、決して報酬目当てでその職に就いているわけではない、ということを理解しよう。シーズン中に、物事が思うようにいかないときに、このことを思い出そう。

2. 早めに、ポジティブな内容で監督とコミュニケーションを取る

お子さんの監督が誰かわかった時点で、監督に連絡し自己紹介をしよう。また、今シーズンがお子さんにとってできるだけよい経験となることを望んでいて、子供の力になっていきたいということも伝えよう。あなたが置かれている状況にもよるが、「何か監督の力になれることがあったら、お手伝いしたい」ということも伝えられるといいだろう。監督と早い段階で交流し、よい関係を築くことにより、後で何か問題があったときに話しやすくなるという利点がある。

3. 監督のEタンクを充填する

監督が行っていることに賛同する場合は、そのことを監督に伝えよう。監督はストレスが多い仕事だ。保護者が監督に連絡するのは、大抵の場合、何か不満があるとき。監督のEタンクを満たせば、それが監督としてのパフォーマンスにもつながっていく。監督のやり方に賛同することとやり方を支持することを以前伝えたことがあれば、後に問題が生じたときに、相談しやすくなるはずだ。ほとんどの監督は、様々な努力をしているし、様々なことを上手にやっている。少し時間を取って、そのようなプラスの側面を探してみよう。探せばたくさんあるはずだ。

4. 試合や練習のときに指示しない

若いアスリートにとって、試合とはどのようなものだろうか。私は、トム・クルーズ主演の映画『トップガン』で、戦闘機パイロットたちが死につながりかねないカオスの中で状況を飲み込もうとしている場面を思い浮かべる。敵の戦闘機がどの方向から来てもおかしくない状況で、パイロットたちは周囲に敵の姿がないか目を凝らし、次はどこから攻撃されるか必死に予測しようとしている。

子供が試合に集中し、監督に言われたことをやろうと頑張っている姿を思い浮かべてほしい。彼は、スポーツイベントの予測不能なカオスの中、できる限りうまく立ち回ろうとしているのだ。その場面に、子供に対し大声で指示を出している保護者を追加してみてほしい。これは、子供のためになることだろうか。ほとんどの場合、このような行為は子供のためにはならない。子供が成果を出せずにいるのを見て、やきもきしている保護者の苛立ちを解消する効果はあるかもしれないが、子供のためにはならないのだ。

PCAは、宣誓に保護者たちの署名を取り付けることをユーススポーツ組織の指導者たちに推奨している。その宣誓にはいくつかの項目が記載されているが、「試合中に子供に指示を出さない」ということも含まれている。お子さんが所属する組織はこのような宣誓に署名を求めていないかもしれないが、そうだとしても、ほとんどどのような場合であっても、試合中にお子さんに対し指示を出すべきではない。あなたは監督ではないので、お子さんがベンチで待機していたとしても、どのようにプレーすべきか指示しないでほしい。代わりに、お子さんやチームメイトに応援の言葉をかけることに集中しよう。

5. 監督との間に選手を挟まない

先ほども説明したが、子供の前で監督を批判することはよくあることだ。しかし、これは幼い選手を難しい立場に置くことになってしまう。子供が二人の異なる立場の人に忠誠心を誓わなければならないと感じるようになると、パフォーマンスに支障をきたすかもしれない。逆に、保護者たちが監督をサポートすると、子供たちは全身全霊でプレーに打ち込むことができるようになる。

監督が状況にうまく対応できていないと感じたとしても、お子さんにそのことを言う必要はない。相談したいことがあると監督に直接申し出よう。

6．クールダウン期間を設ける

何か気になることがあったとしても、試合の後、最低二十四時間待ってから監督に話すようにしよう。試合直後だと、あなたも監督も感情が高ぶっていることが多いため、一日我慢してから監督に連絡した方が建設的に話し合うことができる。一日置けば、あなたも自分の目的が何で、何をどのように伝えたいか頭の整理ができるだろう。

7．監督に話すべきでないこと

監督に話すべきでないことはどのようなことだろうか。お子さんの試合観戦に行く場合、一番見たいものは何だろうか。あなたが私と少しでも似たような人間であれば、お子さんがプレーするところをなるべく長く見たいという気持ちがあるだろう。しかし、お子さんの出場時間が短かったとしても長かったとしても、それについては監督に何も言うべきでない（一つだけ例外がある。リーグが最低出場時間に関する規則を設けていて、監督がその規則を守っていない場合だ）。

繰り返しになるが、必ず覚えておいてほしいことなので再度言おう。あなたは監督ではない。どの選手がどれくらい出場するか時間を割り当てるのは、監督の役目である。直接、選手が監督にもう少し長時間試合に出してほしいと直談判することは問題ない（その思いを伝えるために監督に、「もっと試合に出させてもらうために、何を改善すべきでしょうか」と聞くことは、問題ないし、よい言い方だろう)。しかし、(監督ではないあなたも含む)保護者は、子供の出場時間について、監督に意見を言うべきではない。これは、監督がその役目を引き受けたのと同時に任された責任であり、特権でもあるからだ。監督だけが、どの選手がどれくらいの時間プレーするかを決めることができるのである。

出場時間は、議論をし始めると白熱しがちな話題だ。監督が聖人のような人でない限り、出場時間に関する議論をして、円満に解決することは期待できない。監督は、どの選手がどのポジションでどれくらいの時間プレーするかを決めるのは、自分の特権だと思っている。そのため、あなたがお子さんのことを思って嘆願したとしても、監督の能力を疑う侮辱行為だと解釈されてしまう可能性があるのだ。

選手全員の保護者がいる前でないと、出場時間に関する相談を受けつけないという、高校フットボール部の監督がいた。子供をもっと試合に出場できるようにしてほしいと保護者が監督に要請することは(子供の出場時間を減らすことを求める保護者は稀だ)、監督がどこから出場時間を捻出することを期待しているということと同義だ。それに対し監督は、「その時間は他の選手から取り上げなければ実現しない」と指摘する。ある保護者が子供の出場時間について監督と会話の場を設けたい場合、その保護者は、他の全選手の保護者を集めなければそのような場を持てない。一人の選手の出場時間を増やすということは、最低一人他の選手の出場時間を減らすことになるからだ。

その監督によると、今まで一度もそのような場が設営されたことはないそうだ。大事なことなので最後に一度だけ、なるべくストレートに表現しよう。子供の出場時間に不満があったとしても、監督に対し何も言うべきでない。

8. チーム全体のEタンクを補給する

保護者が子供のためにできる最も大事なことは子供に寄り添うことだということは、すでに説明した。競争が求められるスポーツに参加すると、選手たちは多くのストレスを抱えて帰宅するため、家に帰ってからも批判されると、参ってしまう。子供のための応援団になってあげてほしい。彼らが間違ってやっていることに注目するのは監督に任せ、上手にできていることに集中しよう。

上手にプレーするかどうかに関係なくあなたはいつも応援している、ということが子供に伝わるようにしよう。それだけでなく、チームの選手全員を応援しよう。何かが上手にできた選手に気付いたら、その選手（とその保護者）にそう伝えよう。そうすれば、他の保護者たちとよい関係を築くことができ、彼らからとても賢い人だと思われるようになる。

9. 競技に敬意を払い、他の保護者たちも同じようにするよう勧める

相手チームや審判に対し敬意を欠くような言動は控えるべきだ。それだけでなく、他の保護者たちも競技に敬意を払うよう促そう。チームの選手の保護者が審判に対し声を荒げるような

ことがあった場合、穏やかな口調で彼らにこう言おう。

「おっと！ それは競技に敬意を払っているとは言えないのではないでしょうか？ ここではそういうふうにしないことになっていると思います」

介入が必要なとき

ときには、監督―保護者間関係ガイドラインに沿って行動するだけでは不十分なこともある。お子さんのチームの監督がやり方を変えるべきときなど何らかの介入が必要なときだ。例えば、お子さんがあるポジションをやってみたいのに、その機会を与えられていないというシチュエーションはどうだろうか。まず自分に問いかけてみよう。それは「子供が自分で解決すべき問題だろうか」と。

子供が自分で言える勇気を持てるように手助けする

保護者ではなく子供が監督に直接話す方が、多くの利点がある。多くの監督にとって、保護者からの提案より子供からの提案の方が受け入れやすい傾向がある。しかし、最大の利点は、監督との話し合いの結果、子供の望み通りの結論に至らなかったとしても、子供にとっては非常に意味のある経験になるということだ。

監督と話すことによって何かを変えようと勇気を振り絞り行動に移すことは、子供にとって非常によい経験となる。監督と話すことで、権力ヒエラルキー上、自分よりも上位の人に対しどのように話したらいいかということを学ぶことができる。ここで学んだことは、将来社会人になり、上司に何かお願いをしたいときなどに役立つことになるのではないだろうか。*Good Sports: The Concerned Parents Guide* の著者リック・ウォルフは、子供が監督と話すための準備を手伝ってあげることを保護者に推奨している。

高校や中学に通う多くの子供たちにとって、監督と一対一の会話をすることは、気乗りしないことだ。会話をするためには、勇気、交渉術、そして何よりも監督が言うことを注意深く聞き瞬時に理解することが求められる。お子さんは監督との話し合いの準備を一人ではできないため、あなたの助けを必要とするかもしれない。そのようなときには、お子さんが伝えたい要点を書き出す手助けをし、その「プレゼンテーション」の予行練習の相手をしてあげよう。監督に聞きたい質問をリストにして、監督の答えを注意深く聞くように促すといいだろう。

監督との話し合いの前に、何を目的としていて、その会話をどのように始めたいかということ（「私は一塁手をしてみたいと思っていて、その機会を与えてもらうためにはどうすればいいか考えています」）をあらかじめ準備しておくことは、子供の自信につながる。また、それらの質問に対し、想定できる監督の返答内容としてどのようなものがあり、それぞれに対してどのように返答しようと思うか、子供に尋ねてみよう。

監督はこう言うかもしれない。「君を一塁に配置していないのは、速い送球が来ることを恐れているようだからだ。君が怪我してしまう可能性があるから心配するし、それによってチームは負けてしまうかもしれない」

それに対し、次のように返事ができるといいだろう。「速い送球も上手に受けられるように、特別に努力したらどうですか？ それができたら、一塁を守る機会をいただけますか？ 練習か、試合の場合は得点差が開いているときでいいので」。このような会話をしても納得しない監督は、あまりいないはずだ。

ときに、監督は子供と会話し、考えを変えることもある。このようなことがあると、子供のEタンクはたっぷりと満たされる。ほとんどの場合監督は考えを変えないが、もしそうだとしても、セカンド・ゴール・ペアレントであるあなたが、その出来事を消化できるように手伝ってあげると、子供にとってはとてもよい経験になるはずだ。

子供が説得を試みたが、監督は考えを変えなかったとする。その対話の内容を、子供にやる気を出させる会話方式で一緒に復習してみよう。まずはお子さんにこう尋ねよう。「監督と対話をしてみて、どのように感じている？」。また、子供の頭に残るような「あなたは○○な人」形式の言葉をかけてもいいだろう。「自分がどのようにしていきたいか監督に伝える勇気がある子で、お母さんは嬉しく思っているよ」

成功してもしなくても、若いアスリートはこのような経験を通じ、大事なことを学ぶことができる。リック・ウォルフはこう指摘する。

「自分の思い通りにいっていないときにも礼儀正しい話し方をする能力は、スポーツにおいても人生においても大事なことである。問題に真っ向から取り組む術を若いアスリートに教えることができれば、スポーツのみならず人生においても選手の財産となるだろう」

私もその通りだと思う。

介入するときに注意すること

先ほどの例は、監督が善良な人であり、正しく適切なことをしようと努力しているという前提で挙げたものだ。しかし、もしお子さんのチームの監督がそのような人でなかった場合はどうすればいいのだろうか。残念ながら、子供たちのことを第一に考えていないような人物が監督を務めている場合もあり、そのような人が指導者だと、子供たちに被害が及んでしまうこともある。

監督について相談しに来る保護者がいるが、ほとんどの場合、「大目に見てあげてほしい」と私は伝えている。ユーススポーツの監督は、多くは大した報酬をもらっておらず、なかには全くもらっていない人もいる。その上、その役割を果たすために大変多くの時間を費やしており、監督本人からすると、あまりにもやることが多すぎて途方にくれることもあるくらいだ。試合で戦術的なミスをしたり、誤って子供を違うポジションに配置したり、練習が非効率だったりすると、私は「監督の補助をする役目を買って出ることもできたのに、私は何もやっていないんだ」と自分に言い聞かせている。

とはいえ、大事な例外が一つだけある。監督が選手や審判に対し、暴力的な場合だ。ユーススポーツでは、暴力や暴言で選手たちを心理的に抑圧しようとするような行為は、いかなる場合も許容されない。学校で教師が生徒をいじめたり、侮辱したりすることは許されることではない。ユーススポーツでも同様だ。もしそのようなことが起きた場合、その問題から目を逸らさないようにしよう。

多くの場合、スコアボード上の成果を挙げている監督は、いじめに近いような行為や暴力的な言動をしても許されてしまう傾向がある。昔のことだが、私が保護者として介入せざるを得ないと感じたことが二度あった。一度は、ある監督が暴言を吐いているところに出くわし、それについて校長先生に伝えたところ、数日以内に見違えるほど状況は改善した。二度目のケースは、先の監督よりもさらにひどい行為だったが、私が意見を言っても誰にも取り合ってもらえず、その後も全く状況に変化はなかった。その監督はその日以降、私を見るたびに嫌な顔をするようになったが、それ以外は、何も変わらなかった。

このような差はなぜ生じてしまったのだろうか。今思い返すと、二人目の監督は成果を挙げている監督で、一人目の監督はスコアボード上とても厳しい状況に置かれていた監督だったからではないかと思っている。

前に、元ＮＦＬ監督のジョン・マッデンの言葉を引用した。「勝利が最も有効なデオドラントだ」という言葉だ。しかし、監督がいかに多くの勝利を収めていたとしても、暴力的な言動はデオドラントを使用していたとしてもまだ臭う行為だ。そのような行為が行われた場合には、状況が改善されるまで対応が必要である。

一般的な状況は少しずつよくなっていると私は感じている。ここ数年、優秀な戦績を挙げている監督であっても、暴力行為が原因で解雇されたという事件はいくつも報道されているし、耳に入ってきている。そのようなことは二十年前には考えられなかったことだ。このような変化が起きているのは、ひとえに、「競争に勝つためにしごいている」という大義名分で子供たちに暴力的な行為をすることは許されないということを誰かが（多くの場合は保護者の皆さんが）勇気を振り絞って訴えかけ続けてくれているおかげだろう。

前述したいずれの例も、私自身の子供のチームのことではなかった。もしそうだったとしたら、私は介入する前に息子と会話する機会を設けていただろう。これから自分がどうするつもりかあらかじめ子供に伝え、それに対し彼がどう思うか聞いていただろう。ある友人は、介入しようと思って娘に話したところ、当時ティーンエイジャーだった彼女の反応は、「自分が対応したい」というものだったため、介入することは控えたそうだ。状況を正確に理解できないくらい幼い場合以外は、介入する前に子供と話す機会を設けることをお勧めする。

子供に話したところ「介入しないでほしい」と言われた場合、それでも介入せざるを得ないくらい深刻な状況かどうかを判断しなければならない。子供に次のように言ってみよう。「監督に言ってほしくないとあなたが思っていることはわかったけど、とても大事なことだから、言わざるを得ないと思っている」

暴力的な言動など、子供が一人で解決できないような問題が生じている場合、直接監督に話すか、もしくは監督ではなく、監督に対し監督責任を負っている役職の人または組織（ユーススポーツ委員会またはスポーツディレクター、代表など）に相談するかを判断しなければならない。私は、まずは問題に直接関係のある当事者に話すようにしている。

それは、最初に監督と話すことを意味する。実行に移す前に、何が問題か、また、監督に何を伝えたいか等、十分に頭を整理しなければならない。問題が生じていることに感情的になっている場合は、冷静になり、何を言うかあらかじめ準備する必要がある。直ちに対処しなければならないほど危険な状況でない限り、二十四時間のクールダウン期間を設けることを強くお勧めする。憤りを感じている場合でも、会話のテクニックとして、リック・ウォルフが言うところの「対立の精神ではなく協力の精神」で対応した方がよりよい結果を出せるのだ。

監督に話しかけるときには、まわりに誰もおらず、他の人に話を聞かれる危険性のない場所とタイミングを選ぶようにすることが大事だ。試合や練習の最中に監督と話そうとするのは避けよう。選手や他の保護者たちがまわりにいて、話を聞かれてしまいそうなシチュエーションだと、監督は防御的な姿勢で話し合いに臨むことになるかもしれない。

言いたいことを書き出して、あなたのイメージ通りに聞こえるようになるまで何度も声に出して練習してみよう。例えば、「監督、最近息子が練習から帰ってくると落ち込んでいることが多いんです。ミスをしたときに批判されるとモチベーションが下がり、そのためプレーすること自体が楽しくなくなってしまっているんだと思います」。監督に自分が言いたいことを伝える手段として、場合によってはＥメールが最適だと思われることもあるかもしれないが、大抵の場合、面と向かって話すのが最も効果的な手段だ。

問題となるシチュエーションの例を挙げてほしいと監督に言われるかもしれないので、あらかじめ準備しておこう。そして、監督が言うことに注意深く耳を傾けよう。監督が状況を改善するつもりがなさそうな場合は、組織内でもう少し上の立場の人に相談する必要があるかもしれない。この場合も、何をどう言いたいか、あらかじめ頭の整理をし、準備してから臨もう。組織のスポーツディレクター、校長、リーグの会長などに相談する場合は、監督との会話のメモを参考にしながら準備するといいだろう。また、準備の一環として、どのような解決策であれば、あなたにとって受け入れ可能か考えておこう。

例えば、子供を他のチームに転入させるという解決策が提示された場合、あなたはそれを適切な対応として受け入れることができるのだろうか。それとも、監督の行動があまりにもひどいため、解雇を求めるのだろうか。

たとえあなたが望んだ結果が得られなかったとしても、暴力問題に対し行動を起こし介入することは、意味のあることだということを覚えておいてほしい。監督に対し監督責任のある立場の人に暴力問題について提言することで、関係者たちに問題意識を抱かせ、そのような問題に対し敏感にさせることができる。また、同じような問題の再発防止策が講じられることにもつながる。どのようなシチュエーションであっても、暴力の危険性の高い環境に子供を置いておくかどうかという最終的な決断は、あなたがしなければならない。

究極の介入

暴力問題に対し、他のすべての方策を試しても状況が改善しない場合には、究極の介入が残っているということを忘れないでほしい。子供を辞めさせ、そのような危険な環境から解放することだ。ときには、そこまでする必要がある状況に出くわすこともある。

アメリカのスポーツコラムニスト、ジョーン・ライアンがフィギュアスケートや器械体操の選手たちの真実を描いた衝撃作『魂まで奪われた少女たち』に基づき製作された映画の終盤に、考えさせられるシーンがある。体操選手の母親が、娘に対する監督の暴力的な言動につき問題提起し、「監督であるあなたには私の娘を故障から守る責任がある」という趣旨のことを言う。それに対し、監督は、私の仕事は「チャンピオンを育てることだ。子供の健康管理をするのは親の役目だ」と強気な態度で反論する。それを聞いた母親は、監督の言葉通り母親としての役目を果たし、子供の健康と安全のために、辞めさせることにしたのだ。

最も難しい関係

私たち保護者は子供について、いつも不安を感じている。子供がろくな大人にならなかったらどうしよう、麻薬に手を出したらどうしよう、不公平に扱われたらどうしよう、子供の言動を見た人に「躾がなっていない。保護者の顔が見てみたい」と思われたらどうしよう、などなど……。

不安を抱いていることを意識しているときもあるが、多くの場合、無意識に不安感を表層から離れたところに内包し、自分でも不安を抱いていることに気付いていないことが多い。大抵の場合、その不安感が手に負えなくなるようなことはない。しかし、ユーススポーツにおいては、なぜか知らず知らずのうちに手に負えなくなってしまうことがある。

人前で子供たちが奮闘している姿を見ると、彼らの努力が実を結ぶことを期待し、子供の成功を強く欲してしまうのだ。秩序の欠如に対し不安を感じ、子供を取り巻く世界を自分の手でコントロールできないことに焦燥感を感じると、ユーススポーツの試合を観戦する私たち保護者は、まるでやんちゃな幼児であるかのように振舞ってしまうことがある。家に幼児がいると、何か夢中になれることを与えておかないといたずらをするだろう。保護者も同じだ。取り組むべきポジティブな課題がないと、子供が他者と競争することに熱中し、感情が支配され、問題を起こしてしまうかもしれないのだ。

ＰＣＡのリーダーシップ・ワークショップでは、保護者たちが審判に対し怒鳴り声を上げたり、子供に対し指示を出したりしないようにするために、保護者が取り組めるようなポジティブな課題を考案し、それをユーススポーツ指導者に提供している。しかしあなたは、その指導者たちからの依頼を待つことなく行動に移すことができる。セカンド・ゴール・ペアレントとして果たせる役目の一つとして、「対象を決めて声援を送る」というツールがあるので紹介しよう。

対象を決めて声援を送る

医者が患者の膝の特定の部分を叩くと、膝から下が跳ね上がる。医者が膝を叩くという刺激に対し、反射が起こっているからだ。多くの場合、人間は刺激反応の自動装置のように機能している。何かが起こると、大して考えもせず、反射的に反応するのだ。スポーツ試合を観戦する保護者たちほど、このような反応が顕著に表れる集団はないかもしれない。チームが得点すると、歓声を上げる。相手チームが得点すると沈黙するか、さらにひどい反応をすることもある。審判がチームに不利な判定をするとブーイングする。刺激と彼らの反応の間には、あまり思考が入り込む余地はなさそうだ。

しかし、セカンド・ゴール・ペアレントであるあなたは違うはずだ。将来こうなってほしいと思うような理想的な言動を子供がしたときに、それに気付き、意図的に褒めるのである。子供のよい姿勢、態度、言動を伸ばしてあげることで、子供が将来成功を収め、社会の中で幸せを築いていけるよう、手助けをすることができるのだ。

「対象を決めて声援を送る」というツールについて説明しよう。試合前に、子供やチームメイトのどのような行動について声援を送るか決める。単純に結果（チームが得点したか否か）に注目するのではなく、実ったかどうかに関係なく努力を称えるといいだろう。また、他のチームメイトをサポートするような言動、頑張りや諦めない気持ちが表れる言動などにも声援を送るといい。さらに上級者向けのチャレンジ課題としては、相手チームのよいプレーや努力に対して声援を送るというものがある。声援を送る対象を何にするかメモし、試合に持参しよう。そうすることで、忘れそうになったときにそれを見て思い出し、準備した通りの行動ができるようになる。「もっとこういう行動をしてほしい」と思うようなものに対し、意識的に声援を送ろう。

防止策を準備する

グラウンド以外では完全に理性的なのに、勝敗がかかっている試合が始まったとたん、たがが外れてしまう保護者がいる。思い通りに進まないと自分をコントロールすることが難しくなってしまうという自覚がある人は、子供のスポーツ体験を台無しにしないよう、防止策を準備しておこう。

自分の思い通りに事が運ばなかったときにどのように振る舞うべきか、あらかじめ書き出しておこう。例えば、審判が子供のチームに不利な誤審をすると自分をコントロールできなくなる、試合中に子供にアドバイスせずにはいられないというような状況が発生したときにどのように振る舞うべきか、あらかじめ計画を書き出し、準備しよう。

次のように書いてはどうだろう。「審判が誤審をしたとしても、私は沈黙を守る。誤審が発生したと思った瞬間、センターポールを見て、そこから目を逸らさないように注意しながら、百から五十までカウントダウンする。その後、『私は沈黙を守る』と十回自分に言い聞かせる。そして、口をつぐんでいられると自信を持てるようになったら、再び試合の方に目を向ける」

自分をコントロールするために、何らかのインセンティブが必要となるかもしれない。そのようなときには、「公言する」という方法がある。尊敬する人（配偶者や、試合に来る予定の他の保護者など）に、あなたの目標、何に対して声援を送るか、何かが思い通りにいかなかったときにどのように振る舞うかなど、試合でどのように振る舞う予定かを話しておこう。こうすることで、やると言ったことをやらないと恥ずかしい思いをするため、有言実行できる可能性が高まる。

「子供の試合で自分の目標を達成できないかもしれない」と不安を感じる場合には、イメージトレーニングをするといいだろう。問題となるシチュエーション（子供がシュートしようとしていたときに、それを邪魔するような判定を審判がするなど）を思い浮かべ、それに対し冷静な反応や理想的な振る舞いをしている自分を思い浮かべよう。座って目を閉じて、それらの光景が鮮明に見えるようになるまで繰り返す。

トップアスリートたちも、困難な状況を乗り越えられるようになるように、このような方法を使って訓練している。マラソンの終盤に「壁にぶつかる」ことを懸念するランナーは、最後まで力強く走り切り、ゴールラインを越える光景をイメージする。アメリカンフットボールのプレースキッカーは、キック練習をしながら、試合時間残り十秒で勝敗を決めるロングキックをしている自分をイメージする。大きなプレッシャーの中で活躍するアスリートたちにとって有効な訓練方法なので、この方法を実践すれば、きっとあなたも子供のために理想的な振る舞いができるようになるはずだ。

最後に、試合に小道具を持参することをためらわないでほしい。ある父親は、リラックスできる折りたたみ椅子と読みたかった本や雑誌を子供の試合に持っていくことにしているそうだ。試合も目に入るような位置に椅子を置き、読みながら試合観戦をするのだという。また、別の父親は、毎日新聞に載っているクロスワードパズルを一週間分取っておき、試合中にやるために持っていくそうだ。

また、監督やチームのためになることをボランティアとしてやる保護者もいる。ある保護者は得点の記録係、別の保護者はポジティブ記録係、別の保護者は、得点以外のスタッツ記録係を務める。ある母親は、チームの選手全員のEタンクを試合終了までに補給するということを目標としている。簡単なことだ。何かポジティブなことに集中すると、子供と自分自身が恥ずかしい思いをするようなネガティブな言動を抑えることができるのである。

子供の「そばにいない」ようにする

息子の試合があると、私は必ず観戦に行っていた。スポーツをしている子供の保護者として、それは当たり前のことだと思っていた。しかし、最近ニューヨークタイムズ紙に掲載された、ジェーン・スコットの記事を読み、ハッとさせられた。筆者の母親は、一度たりとも筆者の兄の野球の試合を観に行ったことがないという。

私の兄は、強豪チームのスター選手でした。私の母は、そのような見応えのある試合をなぜ観に行かなかったのでしょうか。母は野球が好きじゃなかったわけではありません。彼女は野球という競技を心から素晴らしいと思っていました。長男のことを誇りに思っていなかったわけでもありません。

試合後に帰宅した兄が、試合の一コマ一コマを丁寧に説明すると、母は喜んで聞き入り、褒め言葉をふんだんに使いながら相槌を打っていました。長男の下に三人の子供がいる、育児意識が高い母にとって、夕方から夜にかけて野球を観に行くことは、生活パターンに馴染まなかったのです。「優先すべきことを優先しないと」というのが母の口癖でした。

そして、筆者が「百回目くらいに感じる」息子の試合を観戦していると、試合終了間際にあることに気付いたそうだ。

他の保護者たちと一緒になって立って応援していると、ふと母が試合を観に行かず家に残ることで、逆に兄に与えたものがあったのだということに突然気付いたのです。当時兄は、大好きな野球を独り占めできていたのです。調子がいいときも、悪いときも、兄は母や私たち兄弟の期待に応える必要がなかったのです。誇らしい勝利も悔しさも、その一晩の楽しいイベント自体も、一部たりともまわりと共有する必要がなかったのです。兄はグローブを自転車のハンドルにかけ、一人で帰宅しながら、その日の試合を頭の中で整理し、次の試合に期待を寄せていたことでしょう。

ときには、子供がプレーする試合を意図的に観に行かないのもありだろう。体験した試合を、試合後に自分の言葉で語るという機会を子供に与えるのもよいものだ。子供とそのような会話をする場合には、先ほど説明した「やる気を出させる会話術」を用いて子供との絆を深めてほしい。

一歩下がって「大きな絵」を見よう

アルバカーキ・トリビューン紙のダニエル・リビットは、あるユース野球選手の父親、ポール・メレンデスが「大きな絵」に気付いた話を記事にしている。

「私の友人、アンソニー・チャベスが教えてくれた話です」とメレンデスは回顧します。「アンソニーが知る幼いスター選手たちと、その子供たちに対しいつも厳しい父親たちの関係に関する話ですが、子供たちが十三歳になると、突然全員が野球を辞めたそうです。さらに、彼らが十八歳、二十歳になったときには、父親の近くにだけはいたくないと思うようになったそうです。

私は息子とよい関係を保ちたい。彼が二十五歳になっても、一緒に朝食をとろうと電話で誘ってほしいのです。そういうことの方が、最高の小さな野球選手にすることよりもはるかに大事なことだと私は思うのです」

セカンド・ゴール・ペアレントとしての役目を思い出させてくれるテクニックが、映画づくりの世界にある。映す対象からズームアウトし、「引く」という撮り方である。

本章のはじめに説明した通り、狭い視野を持ちズームインすると、そこに見えるのは小さな絵だ。ユーススポーツにおける小さな絵とは、「子供がどれだけ上手にプレーするか」である。全体像、すなわち大きな絵は、「ユーススポーツに参加することで、子供がいかに人生に役立つことを学べるか」。私たちは、子供がよいプレーをできないと苛立つ。そのようなときには、引いて、大きな絵を見るようにしよう。そうすることにより、子供がよいプレーをできていないときは、メンタルを強化し、立ち直り方を学ぶよい機会だということに気付くはずだ。

トップアスリートは、大事なプレーの前に落ち着き、集中することができるように、筋肉の記憶を呼び覚ますための「引き金」となる動作を取り入れることがある。それと同様に、あなたが落ち着きを取り戻し、何をすべきか思い出すための引き金として、この「引く」という動作を取り入れるといい。それを繰り返すことで、よいセカンド・ゴール・ペアレントに近づくことができるのである。

古きよき時代

最近は、息子がスポーツをしているのを見る機会がなくなってしまい、寂しく感じている。彼がサッカー、バスケットボール、そして野球をしていたとき（さらには合気道レッスンに参加し、サーフィンまで始めたとき）には、それがいつまでも続くような気がしていた。しかし、そのような時期は突然終わりが来てしまった。ある日、彼はスポーツをするのを辞めてしまったのだ。

保護者の皆さんにお伝えしたい結論はこれだ。今ユーススポーツをしていても、いつかは終わりが来てしまう。そして、その日は突然訪れるかもしれない。あなたも私と同じように、「ああ、もう少し楽しんでおけばよかった。子供のパフォーマンス、チームの勝率、子供が私の期待通りに試合に出してもらっているか、子供が適切なポジションで出場させてもらえないのはなぜかなどということに、あんなにこだわらなければよかった。貴重なあの時間をもっと楽しんで過ごせばよかった」と思うかもしれない。

子供がユーススポーツに参加している保護者の皆さんには、まだ時間がある。楽しむことが何よりも大事だ。楽しんでほしい。それだけだ。終わりは思ったよりも早く訪れるものだ。子供の頃に聞いた言葉で、それ以来ずっと頭に残っている言葉がある。

「今、この瞬間が、君にとっての古きよき時代になるんだ」。本当にそうなのだ。子供がスポーツをしているのを見ることができる時代は黄金時代である。その黄金時代を過ごしている皆さんには、それを大事にしてほしい。将来振り返ったときに、大して長期的な影響がないささいなことに気を取られているうちにその大切な時期が終わっていた、ということがないようにしてほしい。

ユーススポーツは強烈な体験なので、子供たちがユーススポーツに参加している期間や子供と密な時間を過ごせる期間がいかに短いかを忘れてしまいがちだ。しかし、今が古きよき時代なのだ。存分に楽しんでほしい！

おわりに

子供のパフォーマンスを引き出す

純粋な良心をひとさじ与えられて、それでよい作用が全くない人はあまりいないはずである。

――マーク・エドムンドソン

Teacher: The One Who Made the Difference

野球監督たちの前で講演を行ったときのこと。彼らは参加していたものの、あまり乗り気ではなかった。所属リーグの会長に言われて、しぶしぶ聞きに来ていたのだった。

私は彼らに「選手だったときに、最も素晴らしい監督はどのような人でしたか？」と質問したが、彼らのボディーランゲージから、その場にいることに苛立ちを感じており、「私の質問なんかに答えるものか」と考えていることがありありと伝わってきた。彼らは帽子を目深にかぶり、胸の前で固く腕組みをし、高圧的な態度を崩すことなく、口を閉ざしていた。

私が辛抱強く待っていると、前列に座っていた一人の男性が手を挙げてくれたため、私の不安な気持ちは一時的に和らいだ。彼はこう言った。「今でも日々の生活を送る中で、毎日考えさせられるようなことを教えてくれた監督がいます。リトルリーグの監督でした」

彼はその後、まるで聖人について説明しているかのように話を続けたため、他の参加者たちは居心地が悪そうにしていた。なかには、鼻で笑う人もいた。

「今でもその監督に連絡することはありますか?」と私は彼に聞いた。すると、その監督は何年か前に亡くなってしまった、とのことだった。

この五十代の男性は、四十年も前に指導を受け、何年も前に亡くなっている故人の教えを胸に、今も日々を過ごしているという話だった。今までに、数え切れないほどの四十~五十代の男女から似たような昔話を聞き、私は一部の監督の不滅性を信じるようになった。

私たちが監督として今行っていることは、これから大人に成長していく子供たちの中で生き続けていく。私たちがこの地球上からいなくなってからも、私たちが教えたことは永く生き続けることができる。先ほどの参加者の話は、監督が子供に与えたよい影響の話だった。しかし、監督が子供に与える影響は、必ずしもよいものばかりではない。

私は何年か前にベイ・エリアのロータリークラブのメンバーを前に講演を行った。講演が終わると、内に熱意を秘めた目をした紳士が、私に近づいてきてこう言った。「私は六十六歳です。高校時代、四年間(アメリカで高校は四年制)同じ監督から指導を受けました。その四年間、監督はいつも決まって同じことしか私に言いませんでした」

興奮してその話をしてくれていたので、とても特別なことを言われていたのだろうと私は予想した。「監督は私にいつもこう言っていました。『アホならアホで仕方ないが、頼むから必要最低限にしてくれ！』」。それはある意味、特別な一言だったのかもしれない。この男性が五十年間嫌悪感を抱き続けるくらい極めて不快な一言だったのだ。

監督の教えは子供たちの中で生き続け、自分たちが思っている以上の影響力がある。マーク・エドムンドソン著 *Teacher: The One Who Made the Difference* は、彼の人生に大きな影響を与えた教師に関する回顧録だ。多くの人は、自分の人生に大きな影響を与えた先生を思い浮かべることができるのではないだろうか。ある人から昔聞いたところによると、生徒に大きなインパクトを与える教師は、何か普通でない特徴を持った人なのだそうだ。社会からとても大きな象徴的な力を託されてユーススポーツチームの頂点に立つ存在である監督は、たとえ平凡であったとしても、選手たちにいい意味でも悪い意味でも影響を与える。

本書は、ポジティブ・コーチング・アライアンス運動の一環として執筆しているものだ。その運動と同様に、本書の目的は監督たちが（1）子供たちのスポーツや運動に対する愛を育み、（2）運動場で過ごす限られた時間の中で、子供たちが人生に役立つ教訓を得られるように手助けし、（3）子供たちの自己認知能力を伸ばし、人生という不確実な競争において成功する可能性を高める手助けをできるように、監督たちを支援することだ。

私は長年、監督とはどういうものかということについて考え、話し、執筆し続けてきた。その過程で、「監督」の定義に関する私の個人的な考えは、次のようなものに進化した。

「監督とは、平凡な人から非凡なパフォーマンスを引き出すことができる人であり、時間をかければ平凡な人が非凡な人になる手助けをできる人である」

読者の皆さんが指導する子供たちや彼らの保護者が卓逸した人間になれるように、本書が彼らの本来の力を引き出すための一助となることを心から願っている。

【著者紹介】
ジム・トンプソン（JIM THOMPSON）

スタンフォード大学アスレチック・デパートメント（スポーツ部を統括する独立部署）に設置された非営利組織 ポジティブ・コーチング・アライアンスの創始者。スタンフォード大学にて、リーダーシップ、コーチング、スポーツとスピリチュアリティに関する講義を行っている。主な著書に『ダブル・ゴール・コーチングの持つパワー』『セカンド・ゴール・ペアレント』（特定非営利活動法人 スポーツコーチング・イニシアチブ）がある。

【訳者紹介】
鈴木 佑依子（SUZUKI YUIKO）

1980年愛知県生まれ。慶應義塾大学法学部政治学科卒。大手総合商社に12年間勤務。うち4年間はマレーシアとシンガポールに駐在。世界各国との契約交渉を担当し、某国の外務大臣、エネルギー大臣の通訳含め、英和・和英の翻訳・通訳業務も行っていた。訳書に『ロジャー・フェデラー FEDEGRAPHICA』（東洋館出版社）がある。

※協力：特定非営利活動法人 スポーツコーチング・イニシアチブ

ダブル・ゴール・コーチ

勝利と豊かな人生を手に入れるための指導法

2021（令和3）年9月1日　初版第1刷発行
2022（令和4）年3月4日　初版第3刷発行

著　者：ジム・トンプソン
訳　者：鈴木　佑依子
発行者：錦織　圭之介
発行所：株式会社東洋館出版社
〒113-0021　東京都文京区本駒込5-16-7
営業部　TEL 03-3823-9206／FAX 03-3823-9208
編集部　TEL 03-3823-9207／FAX 03-3823-9209
振　替　00180-7-96823
U R L　http://www.toyokan.co.jp

装　幀：水戸部功＋北村陽香
印刷・製本：藤原刷株式会社
ISBN978-4-491-03590-1／Printed in Japan